Reinaldo Arenas, aunque anochezca

―textos y documentos―

COLECCIÓN POLYMITA

EDICIONES UNIVERSAL, Miami, Florida, 2001

Luis de la Paz, Editor

Reinaldo Arenas, aunque anochezca

—textos y documentos—

Copyright © de los textos de Reinaldo Arenas: Estate of Reinaldo Arenas
Copyright © de los otros textos, sus propios autores

Primera edición, 2001

EDICIONES UNIVERSAL
P.O. Box 450353 (Shenandoah Station)
Miami, FL 33245-0353. USA
Tel: (305) 642-3234   Fax: (305) 642-7978
e-mail: ediciones@ediciones.com
http://www.ediciones.com

Library of Congress Catalog Card No.: 2001094972
I.S.B.N.: 978-0-89729-958-9

Diseño de la cubierta: Luis García Fresquet

Motivo de la cubierta:
Uno de los «cuños» de una carta «cuñada y recuncuñada» enviada por Reinaldo Arenas desde Nueva York a José Abreu Felippe entonces en Madrid (1984).

Todos los derechos
son reservados. Ninguna parte de
este libro puede ser reproducida o transmitida
en ninguna forma o por ningún medio electrónico o mecánico,
incluyendo fotocopiadoras, grabadoras o sistemas computarizados,
sin el permiso por escrito del autor, excepto en el caso de
breves citas incorporadas en artículos críticos o en
revistas. Para obtener información diríjase a
Ediciones Universal.

ÍNDICE

Introducción 9

Carta de despedida de Reinaldo Arenas 11

PRIMERA PARTE: ENSAYO
  Reinaldo Arenas
    La persecución (intelectual) en Cuba 15
  Luis de la Paz
    10 años sin Reinaldo Arenas 26
  Anezka Charvátová
    Los escritores cubanos en los Estados Unidos 30
  Pío E. Serrano
    La narrativa cubana del/desde/en el exilio 50
  Julio Hernández Miyares
    La hipérbole, la fantasía y el humor en *Adiós a mamá*
    de Reinaldo Arenas 61
  Lourdes Arencibia
    Cuando lleguen los grandes aguaceros 73
  Madeline Cámara
    Reinaldo Arenas: la palabra rebelde 106

SEGUNDA PARTE: POESÍA
  Reinaldo Arenas
    Voluntad de vivir manifestándose 111
    Soneto desde el infierno 112
    Introducción del símbolo de la fe 113
  Rafael Bordao
    Inaplazable fugitivo 116
  Maya Islas
    A Reinaldo Arenas: ¿el portero? 118
  Joaquín Gálvez
    Reinaldo Arenas, antes que anocheciera 120
  William Navarrete
    Eclipse de sol 121
  José Abreu Felippe
    Dos poemas y un breve comentario 122

TERCERA PARTE: NARRATIVA
    Reinaldo Arenas
        Final de un cuento 127
    Carlos Victoria
        La estrella fugaz 140
    Armando Álvarez Bravo
        Anochecer de Reinaldo Arenas 160
    Armando de Armas
        Réquiem por el Rey 166
    Rodolfo Martínez Sotomayor
        En la biblioteca 170

CUARTA PARTE: TESTIMONIOS
    Nedda G. de Anhalt
        La luz que ilumina *Antes que anochezca* 177
    Nicolás Abreu Felippe
        Mi amigo Reinaldo Arenas 184
    Héctor Santiago
        Reinaldo Arenas, las cucarachas y yo 194
    Esteban Luis Cárdenas
        Reinaldo Arenas: el brillo de la gloria 199
    Antonio Conte
        Memoria de Arenas 207

AUTORES (notas biográficas) 211

FOTOS   217

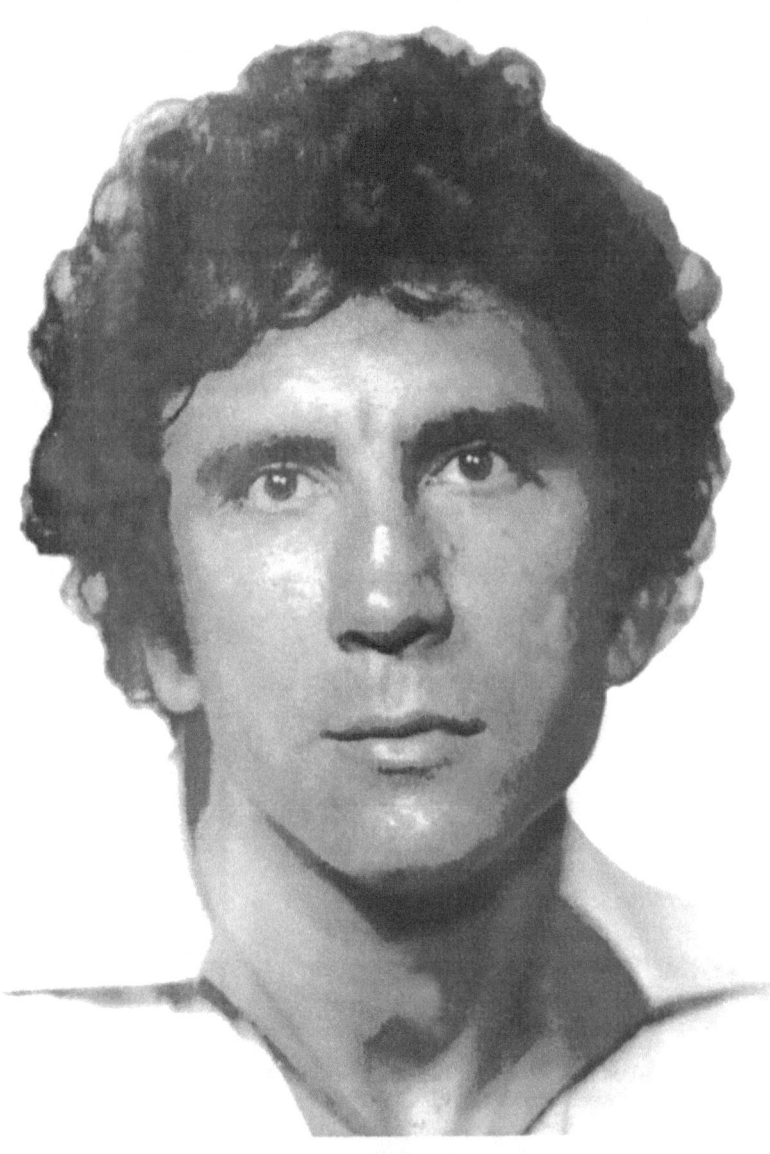

Reinaldo Arenas (Foto del archivo del *Diario Las Américas*)

Edición príncipe de *Celestino antes del alba*: La Habana, Ediciones Unión, 1967.

INTRODUCCIÓN

Luis de la Paz

Una razón poderosa... era el mejor

Si algo resulta un misterio indescifrable es el destino, que de repente le imprime giros insospechados y extraños a la vida, arrastrando la carga de satisfacciones, dolor, sombras, y en ocasiones lucidez, que encierra afrontar un hecho. De forma tal que en ese singular camino se instala este libro, claro fruto del azar.

Una tarde pensaba que en diciembre de 2000 se cumpliría una década de la muerte de Reinaldo Arenas. Ya en esos días corrían la voz de que Julian Schnabel preparaba una película basada en la autobiografía del escritor, y me preguntaba qué podríamos hacer los escritores cubanos para homenajear a Reinaldo, una de las voces fundamentales de la literatura cubana del recién concluido siglo XX, y sin lugar a dudas el escritor más original, versátil, desenfadado e iracundo que surgió en la isla después del triunfo de la revolución castrista, además de uno de nuestros contemporáneos, pues de no haber muerto, este autor tendría la misma edad de muchos de los autores que aportaron sus trabajos para este libro.

Unas semanas después, en casa del poeta Carlos Sotuyo, mientras trabajábamos en los archivos, las fotos, y las portadas de los libros que irían a uno de los número de la revista electrónica de literatura cubana *Nexos*, donde juntos intentamos, de alguna manera, muy modestamente, suplir la falta de publicaciones literarias impresas, le hablé del proyecto. Sotuyo se entusiasmó con la idea; lo demás quedaba en mis manos, el siempre difícil trabajo de coordinar el número en homenaje al autor de obras como *Otra vez el mar* y *El color del verano*.

Sin perder tiempo, que siempre apremia, le envié imeles a más de un centenar de escritores, profesores y personas interesadas en el arte y la literatura, que componen mi directorio cibernético. De inmediato recibí una avalancha de respuestas, algunas me prometían trabajos, otras me estimulaban y aportaban ideas de cómo preparar el homenaje. Así, entre imel e imel, fueron llegando los textos que fui agrupando en un file abierto expresamente para ese fin. Poemas, artículos, memorias, reseñas sobre libros de Arenas, valoraciones profesionales sobre su obra, iban dándole forma al número de la revista, y a lo que sería después *Reinaldo Arenas, aunque anochezca,* el libro que hoy tengo el placer de presentar.

El volumen pretende trazar en su primera parte, a través de varios ensayos, un rápido panorama del mundo literario y social en que vivió Reinaldo Arenas. Pío E. Serrano, Lourdes Arencibia, Julio Hernández Miyares, Madeline Cámara y Anezka Charvátová, hispanista y traductora checa, la única autora no cubana que aparece en esta recopilación, se encargan de poner en contexto la realidad cultural cubana, y situar el entorno en que se desarrolló la vida de Arenas.

La segunda y tercera partes del libro es literatura: poemas de Rafael Bordao, Maya Islas, Joaquín Gálvez, William Navarrete, José Abreu Felippe; cuentos de Carlos Victoria, Armando Álvarez Bravo, Rodolfo Martínez Sotomayor y Armando de Armas, escritos en homenaje a Reinaldo, teniéndolo a él como protagonista o dedicados a su persona. La última parte agrupa una variedad de valiosísimos testimonios: Nicolás Abreu Felippe, Héctor Santiago, Nedda G. de Anhalt, Antonio Conte y Esteban Luis Cárdenas, personas que lo conocieron, que estuvieron cerca de él en los momentos de persecución y goce, de huida y exilio.

Finalmente lo que debió ser lo primero, darle gracias a los autores que enviaron sus trabajos de manera desinteresada y a Juan Manuel Salvat, presidente de Ediciones Universal, que acogió la idea de publicar el libro.

CARTA DE DESPEDIDA DE REINALDO ARENAS

Queridos amigos: debido al estado precario de mi salud y a la terrible depresión sentimental que siento al no poder seguir escribiendo y luchando por la libertad de Cuba, pongo fin a mi vida. En los últimos años, aunque me sentía muy enfermo, he podido terminar mi obra literaria en la cual he trabajado por casi treinta años. Les dejo pues como legado todos mis terrores, pero también la esperanza de que pronto Cuba será libre. Me siento satisfecho con haber podido contribuir aunque modestamente al triunfo de esa libertad. Pongo fin a mi vida voluntariamente porque no puedo seguir trabajando. Ninguna de las personas que me rodean están comprometidas en esta decisión. Sólo hay un responsable: Fidel Castro. Los sufrimientos del exilio, las penas del destierro, la soledad y las enfermedades que haya podido contraer en el destierro seguramente no las hubiera sufrido de haber vivido libre en mi país.

Al pueblo cubano tanto en el exilio como en la isla los exhorto a que sigan luchando por la libertad. Mi mensaje no es un mensaje de derrota, sino de lucha y esperanza.

Cuba será libre. Yo ya lo soy.

Firmado,

Reinaldo Arenas

R. ARENAS
Box 674
Times Sq Station
New York N.Y 10108

DIARIO LAS AMERICAS
Director
2900 N.W 39 st
Miami FLA, 33142-

CARTA DE DESPEDIDA.

Queridos amigos: debido al estado precario de mi salud y a la terrible depresión sentimental que siento al no poder seguir escribiendo y luchando por la libertad de Cuba, pongo fin a mi vida. En los últimos años, aunque me sentía muy enfermo, he podido terminar a mi obra literaria en la cual he trabajado por casi treinta años. Les dejo pues como legado todos mis terrores, pero también la esperanzas de que pronto Cuba será libre. Me siento satisfecho con haber podido contribuir aunque modestamente el triunfo de esa libertad. Pongo fin a mi vida voluntariamente porque no puedo seguir trabajando. Ninguna de las personas que me rodean están comprometidas en esta decisión. Sólo hay un responsable: Fidel Castro. Los sufrimientos del exilio, las penas del destierro, la soledad y las enfermedades que haya podido contraer en el destierro seguramente no las hubiera sufrido de haber vivido libre en mi país.

Al pueblo cubano tanto en el exilio como en la isla los exhorto a que sigan luchando por la libertad. Mi mensaje no es un mensaje de derrota, sino de lucha y esperanza.

Cuba será libre. Yo ya lo soy.

Firmado,
Reinaldo Arenas.

PARA SER PUBLICADA EN

PRIMERA PARTE

ENSAYOS

Edición príncipe de *El palacio de las blanquísimas mofetas*:
Venezuela, Monte Ávila, 1980.

LA REPRESIÓN (INTELECTUAL) EN CUBA[1]

Reinaldo Arenas

Por primera vez soy un hombre libre, por lo tanto, por primera vez existo. Mi vida hasta ahora ha transcurrido entre dos dictaduras; primero la de Batista; luego, la dictadura comunista. Precisamente por estar por primera vez en un país libre puedo hablar. Y como puedo hablar, puedo decir cosas que seguramente no gustarán a muchos ciudadanos de este país libre, y mucho menos a sus gobernantes. Claro, si estuviera en un país totalitario (en la Cuba actual) tendría que decir lo que le placiera al dictador, o no decir nada. He aquí las ventajas de estar en un país libre: se puede ser un tipo desagradable, se puede caer mal. Es decir, se le puede decir al pan, pan, y al vino lo que se nos ocurra.

Este es un congreso que tiene como tema central *la represión en Cuba*. Yo podría empezar a hablar ahora sobre ese tópico y no terminar hasta dentro de treinta y siete años, y sólo haber contado la represión que yo conozco; la que viví y padecí; una ínfima parte de la gran represión, de toda la represión padecida (y por padecer) en Cuba. Yo podría comenzar a hablar de cómo, desde 1963, se crearon en Cuba campos de concentración; citar, por ejemplo, de los que entre miles y miles por allí pasaron, a Nelson Rodríguez... ¿Alguien recuerda ese nombre? ¿Recoge la Historia ese nombre?... Nelson Rodríguez era un joven escritor cubano que ahora tendría mi edad de no haber sido porque, luego de haber salido enloquecido de esos campos de concen-

---

[1] Conferencia pronunciada el 30 de agosto de 1980 en la Universidad de Columbia en Nueva York, con motivo del Segundo Congreso de Intelectuales Disidentes.

tración, intentó (oh, hereje) abandonar por cualquier vía aquel paraíso, y fue fusilado junto a otros más... Averigüen, indaguen: Nelson Rodríguez nacido en 1943, fusilado en 1971, autor de un libro de cuentos *El regalo*, publicado por Ediciones R, dirigidas entonces (brevemente) por Virgilio Piñera... Yo podría decirles, por ejemplo cómo vivió y murió Virgilio Piñera, cómo se le vejó incesantemente, cómo se le citaba incesantemente por la policía ante la cual tenía que disculparse (y arrepentirse) aterrorizado, por haber leído un poema en casa de Olga Andreu o en casa de Johnny Ibáñez, sus mejores amigos. Y cómo tenía que mostrarse satisfecho, aliviado, feliz porque el Estado se conformaba, esta vez, con hacer desaparecer su obra inédita (unos diez libros) y no su persona... Porque, en definitiva, ¿quién iba a proteger a Virgilio Piñera? ¿Quién iba a pedirle cuentas al Estado cubano cuando el mismo Virgilio hubiese aparecido estrangulado en una escalera, precipitado desde un quinto piso, o como finalmente apareció: muerto, solo y *repentinamente*, a consecuencias de un supuesto "infarto" que desde luego el mismo hospital del Estado se encargó de certificar? Por cierto, ¿no sabían ustedes que el cadáver de Virgilio Piñera fue retirado de la funeraria "Rivero" donde estaba tendido, y vuelto a traer ya cuando sólo faltaban pocas horas para su entierro? (Al parecer, la quisquillosa policía cubana quiso someterlo a un interrogatorio... póstumo). También de muerte "repentina" muere Lezama Lima, en un hospital del Estado. Ingresa un viernes por la tarde, no recibe atención médica el viernes, por haber ingresado por la tarde; el sábado, por no tener el médico visita, y el lunes ya está muerto... ¿Alguien podría explicar aquí cómo murió el poeta y crítico cubano Oscar Hurtado, que de intelectual lúcido pasó a la categoría de zombi a partir de 1969 en la ex-ciudad de La Habana, luego de haber sido despedido de su trabajo y de la Unión de Escritores y Artistas de Cuba?... Por otra parte, todos ellos ya hacía casi diez años que habían muerto para el Estado desde el punto de vista literario; es decir, desde el único punto de vista que los justificaba.

Que esas muertes hayan sido "naturales" o "estatales", ¿quién lo podría averiguar? ¿Se encargará este congreso de hacerle la autopsia a la Historia? ¿Alguna comisión de la ONU (esa institución tan patéticamente irrisoria) irá, con picas y tridentes, a desenterrar los cadáveres de Virgilio, de Lezama, de Nelson Rodríguez, de Oscar Hurtado, los miles de cadáveres que se pudren anónimamente en cualquier lugar de la Isla? ¿Se encargará la Comisión de Derechos Humanos de resucitar a los suicidas José Hernández, novelista; a Marta Vignier, poeta, y a los miles de suicidas más, que anónimamente se lanzan desde cualquier balcón en la ex-ciudad de La Habana?... ¿Le devolveremos con este congreso la razón a Delfín Prats, uno de los mejores poetas jóvenes cubanos, reducido a ayudante de cocinero, beodo perpetuo en trance de perder definitivamente el juicio?... Sigamos citando. Citemos a José Yánez, expulsado y censurado; a Lorenzo Fuentes, también anulado y amordazado; a José Cid, muerto también en olor de Seguridad (del Estado). Todo el mundo vejado, todo el mundo censurado, todo el mundo *confesado*; pues si de algo no puede prescindir un ser humano en un país comunista es de la confesión. Hay que confesar y comulgar, en la estación de policía, en el centro de trabajo, en la cuadra, o, si somos más tercos, en la oscura e incomunicada celda, donde ni la algarabía, ni el cacareo de los escritores "progresistas" de occidente resolverán nada... Se confiesa no solamente no lo que hemos hecho, sino lo que el Estado nos indique que debemos confesar. Y qué manera de indicar, de convencer: en una minúscula cabina herméticamente cerrada, con baños, ora hirviendo, ora congelados; con bofetadas, ya en el vientre, ya en el rostro; con patadas, ya en la cabeza o ya en el culo. Después de este método, y de otros aún más eficaces: cómo no vamos a confesarnos culpables, contrarrevolucionarios, traidores, cómo no vamos a delatarnos y a delatar... Unos van a una prisión de un año, como en mi caso; otros, de tres, como Daniel Fernández; otros, de ocho, como René Ariza; otros, de treinta, como Miguel Sales o Armando Valladares: a otros se les fusila, como a Nelson Rodríguez. Y a otros se les pone delante una cámara cinematográfica y se les conmina a que hagan públicas sus confesiones. Y, desde luego, también se les fusila; porque luego de haber cumplido un año o treinta, quedamos de todos modos liquidados. Pues no se trata de cumplir una condena, se trata de ser ya para siempre un condenado: un cadáver ambulante, un zombi, que naturalmente debe *manifestar* incesantemente su amor al Máximo Líder, Primer Secretario, Comandante en Jefe, Presidente del Consejo de Ministros y del Consejo de Estado, en fin, el Gran Hermano... Esto es así. Y no admite discusión alguna. A no ser, desde luego, con los funcionarios del Estado cubano o con intelectuales de las "dotes" de un Julio Cortázar, o de un Gabriel García Márquez, o con esbirros de menor cuantía...

Ahora bien: ¿qué se resuelve con esta perorata? ¿Resucitará Virgilio? ¿Volverá Prats a la razón?... Más bien yo afirmaría que mañana, o cuando esto se divulgue, a Prats se le citará (o se le "visitará") y se le conminará a desmentir mis palabras y a insultarme, o de lo contrario dentro de poco, Prats irá para la cárcel, no naturalmente por un delito político (no seamos tan ingenuos: estoy hablando de una dictadura de "izquierda", mucho más taimada, minuciosa y eficaz que las burdas y torpes dictaduras de derecha). Prats irá a la cárcel por perversión sexual, escándalo público, desacato, peligrosidad, predelincuencia, como sucedió conmigo, y como sucede diariamente con miles de cubanos, que se pudren en cualquier prisión o campo de trabajo, y que desde luego nadie ve, nadie puede ir a fotografiar, entrevistar ni mucho menos liberar. No podemos olvidar que en un país comunista, Estado y justicia son la misma cosa, es decir una sola infamia: y que si en última instancia no hay un delito bajo el cual encasillarnos y encarcelarnos o discriminarnos, se inventa por una resolución ministerial dicho delito. Y asunto concluido... Por eso, más que denunciar una represión que todo el que tenga un ápice de sentido común ya habrá descubierto –pues no por el placer de coger un baño de sol 130 mil cubanos se lanzaron al mar en dos meses (y unos tres millones más están esperando la menor oportunidad para hacerlo), sin más tesoro que las huellas de los golpes y pedradas recibidos–, más que denunciar esa represión, a estas alturas, se debería pensar de qué manera atacarla, o al menos detenerla. Detenerla por lo menos aquí, ya que allá lo más que se puede hacer es salir huyendo, y, para eso con los riesgos concernientes a todo prófugo que escapa de una prisión.

Ser prostituta voluntaria no es lo mismo que serlo por obligación, a no ser que una alta dosis de masoquismo nos embriague. Y me pregunto: ¿son todos esos intelectuales que aún le siguen haciendo el juego a dictaduras tan minuciosas como la cubana, prostitutas voluntarias o masoquistas? ¿o secretamente los une una relación contante y sonante, y por lo mismo constante?... Pero no estamos aquí para hacer un estudio general de la prostitución intelectual; sino para denunciar la represión. El caso es que, cuando un intelectual precisamente por querer seguir siéndolo abandona si puede un país comunista, lo espera del otro lado del mar, o del muro, no la cortina de hierro, pero sí la cortina del silencio. Choca que ese perro flaco que huye de la perrera miserable les venga a estropear a los perros gordos su jueguito o su ilusión, sostenidos precisamente a expensas de los perros flacos. Les molesta que los conejos escapen del laboratorio. Les molesta, en fin, a los señoritos intelectuales de "izquierda", que paradójicamente ocupan casi todas las posiciones culturales en las democracias occidentales (las únicas que existen) que un condenado a muerte se escape y les restriegue en sus rostros mofletudos el currículum de su hipocresía... Por eso, para esos señores de las "izquierdas" occidentales, lo mejor es condenar al silencio a esos intelectuales anticomunistas que (oh, qué mal gusto) aborrecen los campos de concentración, la farsa monolítica y las consabidas retractaciones.

¿No sabían ustedes que a una escritora como Lydia Cabrera nunca se le otorgó una beca en EE.UU.? Una de esas tantas becas que pululan por las universidades de este mundo; a pesar de que en un tiempo la solicitó. ¿No sabían ustedes que a autores como Carlos Montenegro, Labrador Ruiz, Lino Novás Calvo, y la misma Lydia Cabrera de querer publicar sus obras tendrían ellos mismos que costeárselas?... Así, el intelectual cubano en el exilio está condenado a desaparecer dos veces: primero, el Estado cubano lo borra del mapa literario de su país; luego, las izquierdas galopantes y preponderantes, instaladas naturalmente en los países capitalistas, lo condenan al silencio. Para esos señores de las izquierdas occidentales, turistas de los países socialistas, ser anticomunista es de mal gusto; *pero no es de mal gusto cobrar en dinero capitalista*, vivir bajo el confort y la seguridad de las democracias capitalistas y, espléndidamente ataviados, mirar, (como miraban los agentes fascistas por las mirillas de los crematorios) cómo millones de seres humanos, a golpes de puntapié, son reducidos a la terminología de "masa", a un anónimo y planificado bloque unidimensional, hambriento y amordazado, compelido siempre a arañar la tierra y aplaudir o sencillamente perecer. Ninguno de estos "señores" se preocupó nunca por saber ciertamente qué ocurría con los intelectuales cubanos. No fueron capaces de preguntarse por qué a Piñera no se le publicaba una cuartilla, por qué Lezama no podía salir del país a pesar de las incesantes invitaciones recibidas, por qué René Ariza fue reducido a prisión... Ah, pero cuando luego de las mil y una aventuras y calamidades un intelectual logra, al fin, salir del bloque monolítico, entonces sí están prestos a interesarse por él: es decir, a detractarlo o a ignorarlo. Se le estampa la etiqueta de "reaccionario" y se le anula. Para esos señores, aborrecer los campos de trabajo forzado es reaccionario, no admitir el pensamiento amordazado es ser reaccionario; querer ser un ser humano, una posibilidad y no una máscara, un zombi, una sombra, es ser reaccionario. ¿Cuál es el futuro que quieren estos señores? ¿El del escritor perseguido? ¿el del pensamiento unilateral?, ¿el de la mano levantada incondicionalmente? ¿el de la inmensa y asfixiante prisión custodiada día y noche por centinelas y guardacostas y por los mismos prisioneros? Y bien: si ese es el futuro que desean, ¿por qué están aquí, en el pasado, obstaculizando o anulando la labor de los que decididamente no queremos tal futuro?

Pero no es precisamente de las prostitutas voluntarias, ni de los héroes de la patria de los que quisiera hablarles. Porque en fin, tanto el héroe como la gran puta, gozan de fama universal. Hablaré, no para resaltar el heroísmo de los hombres que resisten las torturas, o de los que padecen en las cárceles, sino para atacar los sistemas que convierten al hombre en el *héroe* o en un *miserable*, en fin, en una víctima. Debemos hablar para condenar los sistemas donde los hombres ya no pueden seguir siendo dueños de sus principios, y pública y oficialmente tienen que renunciar a ellos, para secretamente seguir alentándolos.

Sería casi ingenuo analizar aquí la represión a través de aquellos hombres que el sistema ha decidido condenar a prisión o fusilar. Más sutil, más siniestra, más inmoral, más imposible de constatar y más terrible, es la represión del silencio, de la compulsión, de la amenaza, de la extorsión cotidianas, el amago oficial incesante, el miedo desatado a través de mecanismos perfectos que hacen del hombre no sólo un reprimido, sino, un autorreprimido, no sólo un censurado, sino, un autocensurado, no sólo un vigilado, sino, un autovigilado, pues sabe (el sistema se ha encargado en hacérselo saber) que la censura, la vigilancia, la represión, no son simples manías sicológicas, delirios de persecución, sino aparatos siniestros, prestos a fulminarnos silenciosamente sin que el mundo libre (el otro no cuenta para el caso) llegue siquiera a saber a ciencia cierta qué ocurrió con nosotros.

Yo estoy aquí, no porque haya sido un héroe, sino por hacer sido un cobarde. De haber sido un héroe en el sentido romántico del término, no estuviera ahora aquí hablando, sino en una mazmorra, o en el mejor de los casos, en una anónima porción de tierra, pudriéndome.

Cuando se habla de derechos humanos, de libertad, etc, debe tenerse en cuenta que esos derechos, esas libertades, funcionan allí, donde no es necesario reclamarlos, es decir, donde hay un estado democrático. Me parece una admirable ingenuidad hablarle de derechos humanos a los dictadores, cuando precisamente ellos existen porque han suprimido esos derechos. La finalidad de un poder totalitario es, sencillamente, *el poder*. Por y para el poder existen las dictaduras. Para mantener ese poder, *por ese poder*, serán y son capaces de cualquier cosa, no digo yo de destruir a un ser humano (cosa en verdad muy frágil), a un escritor, a un intelectual, a un obrero, sino a generaciones completas; a un pueblo en general. Y, de ser posible, *al ser humano en su totalidad*. Y cuando digo al ser humano en su totalidad, no estoy esbozando el capítulo de una novela fantástica; sino fatídicamente constatando una realidad padecida. Pues no podemos afirmar sin pecar de ingenuos que Stalin haya aniquilado solamente a quince o veinte millones de seres humanos; el sistema totalitario ha aniquilado sencillamente a todo el pueblo ruso al igual que en Cuba se aniquila a todo el pueblo cubano. Puesto que todos los habitantes de esos sistemas totalitarios tienen que renunciar para poder sobrevivir, precisamente a su condición humana, a la vida, colocarse una máscara, representar un papel, dejar de ser. La autenticidad (y no ya la intelectual, sino cualquier actitud vital) pasa al terreno de la clandestinidad. Somos públicamente los enemigos de nosotros mismos, para secreta, taimada, eventual y cada vez más fugazmente ser nosotros mismos en la sombra... Por mi parte, aún no deja de maravillarme el hecho de que en los países democráticos se condene a muerte a una persona, sin obligársele primero a que aplauda y pida a gritos dicha sentencia. Qué privilegio, para mí realmente increíble, este de poner la cabeza en la picota tranquilamente, sin antes tener que improvisar y obligatoriamente un discurso elogiando la magnanimidad del verdugo, sin antes haber tenido que convertirnos en nuestros propios verdugos.

Los intelectuales, y cualquier hombre que viva bajo una dictadura monolítica (y en Cuba, que es la mejor que conozco), están completamente impotentes, sin protección, sin apoyo, sin ningún tipo de garantía ni siquiera moral, por muchas conferencias, por muchos congresos, simposios, encuentros, coloquios, o reuniones que, como éste, celebremos. Y se sienten así, impotentes e incomunicados, sin ningún tipo de seguridad; porque realmente así están; porque, a una dictadura monolítica y siniestra en su perfecta represión y en su control, le importa un bledo, no este congreso, sino un millón de congresos como éste; porque la historia de los países comunistas no es la consecuencia de un acontecimiento, el resultado de una acción o el transcurrir de la vida, sino el postulado *a priori* de una resolución ministerial. Esa abstracción atroz bajo la cual se engloba a todo un país, y que se llama *masa*, no es para el dictador más que el juguete e instrumento de su delirio, su terquedad, su ambición, su cólera o su euforia; jamás la expresión de un pueblo. Porque para un dictador la expresión *el pueblo soy yo* le viene como anillo al dedo, no porque represente genuinamente al pueblo; sino porque es el único que puede hablar, disponer y actuar en nombre de ese pueblo. *El pueblo soy yo, el estado soy yo, el poder soy yo, la literatura soy yo, la patria soy yo, la historia soy yo, yo yo yo, y sólo yo...* He ahí el infinito monólogo de un dictador... Y mientras existan dictaduras existirá ese *yo* que hablará por todos los *yo*, por todos nosotros, que no seremos más que sombras adulteradas y distorsionadas, conminadas por la metralla y el estruendo, por el estupor y el sabernos en manos (y sin ninguna protección) de un criminal, a aplaudir y apoyar ese *yo* que no somos, que no seremos nunca, nosotros.

Este congreso de intelectuales disidentes se celebra en los Estados Unidos, pero seguramente el pueblo de los Estados Unidos –uno de los pueblos políticamente más torpes de la tierra– está al margen del mismo, al igual que su gobierno y la prensa, aún más torpe que el pueblo y que el mismo gobierno, que es mucho decir... gobernantes que actúan no por principios filosóficos o ideológicos, sino por intereses inmediatos y superfluos; pueblos que no eligen a sus gobernantes por la profundidad de sus ideas o la real defensa de la democracia, sino por su envoltura, su fachada o su etiqueta; pueblos en fin estupidizados por una prensa, un cine, una literatura, que generalmente, en lugar de enaltecer la belleza, la profundidad, la meditación, el amor, la aventura y la vida, propala y enaltece en forma masiva la imbecilidad, el sensacionalismo, la locura y el crimen; universidades minadas de profesores mediocres y resentidos que quieren escudar y justificar su incapacidad y miseria –su fracaso– arremetiendo globalmente contra todo el sistema, lo que viene a ser matar al enfermo en vez de curar su enfermedad; prensa miope, estupidizada, ambiciosa y corrompida, que con un infantilismo digno de las peores historietas, confunde liberalismo con comunismo y sus derivados, es decir, campos de concentración, censura, fusilamiento, hambre y exterminio... Y digo todo esto, porque a pesar de todo amo a este pueblo y de alguna manera desearía que recuperara la vitalidad y nobleza, la grandeza, que una vez tuvo. Porque este pueblo está condenado a renacer o desaparecer.

Las democracias contemporáneas no están a la altura de su enemigo irreconciliable, el totalitarismo; no están a su altura no ya en el plano ofensivo, ni siquiera en el plano defensivo. Con ademanes y posturas versallescas, con gestos titubeantes y fachadas puritanas (tras las cuales se esconde generalmente la ignorancia, la maldad y la ambición) no se detiene una horda de criminales internacionales perfectamente diseminados por el mundo entero, que en 24 horas engulle una nación completa, como hicieron con Afganistán, como han hecho con Hungría, con Checoslovaquia, con Polonia, con Cambodia, con Estonia y Lituania y como seguirán haciendo con todos los pueblos, ante los hasta ahora impasibles ojos de la llamada "primera potencia de Occidente".

En gran medida los Estados Unidos han sido responsable del avance del totalitarismo comunista en América Latina, al apoyar invariablemente las diversas y sucesivas dictaduras llamadas de "derecha" que han padecido y padecen muchos pueblos latinoamericanos. Esas dictaduras –la represión y la miseria que las mismas implican– han sido un excelente caldo de cultivo para el avance del comunismo y para la estatización de sistemas totalitarios, más perfectos en su atrocidad y control y por lo tanto más difíciles de combatir que las tiranías que los engendraron, pues además de eliminar a sus contrarios (y hasta los indiferentes) tienen el apoyo directo de la potencia imperialista más agresiva y militarizada del momento, la Unión Soviética.

Si los Estados Unidos persisten en apoyar las dictaduras llamadas de derecha, pronto se verán cercados e invadidos por las dictaduras de izquierda y, más temprano que tarde, el mismo territorio de los Estados Unidos caerá en manos de ese tipo de dictadura, contra la que no valdrán congresos, organizaciones, protestas ni alianzas, pues precisamente todo eso habrá sido eliminado.

Una democratización y un desarrollo económico dentro de los países latinoamericanos, que ha de incluir reformas agrarias, educación gratuita, ayuda y desarrollo a los pequeños propietarios y productores, y control de los mayores, son indispensables para el avance y subsistencia de esos pueblos como estados independientes y libres.

El totalitarismo triunfa allí donde no hay libertad ni esperanzas. Como una enfermedad atroz se apodera primero de los organismos más débiles. La Unión Soviética, incesantemente a la caza de descontentos, airados, oprimidos o resentidos que ven en sus promesas (las del comunismo teórico y utópico) una posibilidad de redención no va a desperdiciar, como así lo vemos constatado cada día en la práctica, ese inmenso *filón* propicio para ser penetrado y engullido, que se llama América Latina, administrada por caudillos matones, militares prepotentes y empresas multinacionales ávidas y sagaces en el oficio de hacer millones, pero de una torpeza y ceguera sin límites para conservarlos... Si los Estados Unidos no lleva a cabo en forma urgente y plena (directa o indirectamente) un proceso de democratización y desarrollo económico autóctonos en los países subdesarrollados, pronto todos esos países atrapados y engarzados bajo la trampa sin escapatoria del comunismo internacional (administrado naturalmente por la URSS), serán sus invasores. Invasión que por otra parte desde hace ya muchos años se viene practicando en forma sistemática y premeditada, a través de innumerables instituciones llamadas "culturales" y que no son más que instrumentos de propaganda a favor de la penetración soviética.

Si a estas alturas los Estados Unidos (es decir, la gente que aquí aún piensa y desea seguir siendo libre) no se ha dado cuenta de que una enorme y taimada invasión ideológica se ha apoderado de casi todas las universidades y de la mayoría de sus centros culturales y de difusión, habría entonces que admitir que una torpeza suicida cubre todas sus esferas políticas e intelectuales y, por lo tanto, ha neutralizado sus intereses vitales; cosa que, desde luego, además de patética sería trágica.

¿Es posible que los Estados Unidos no hayan comprendido aún dónde están sus intereses vitales? ¿Es posible que los Estados Unidos no hayan intuido que cuando se interviene una caballería de tierra a un campesino en Cuba (pues en Cuba la tierra no se reparte, sino se quita) se están afectando sus intereses vitales; que cuando un joven cubano recibe una bofetada o es conducido a la cárcel por ostentar un peinado que no concuerda con las disciplinas oficiales, se está atentando contra sus intereses vitales; que cuando un intelectual es obligado a retractarse, cuando un judío es perseguido, cuando un negro es discriminado, cuando un homosexual es confinado a un campo de trabajo forzado, cuando se ampara a Pinochet, cuando miles de soldados cubanos (obligados y disfrazados, ya de maestros voluntarios, ya de obreros o profesionales) son diseminados por África, Asia o América Latina, cuando cinco millones de seres humanos son aniquilados en Cambodia, o Polonia y Nicaragua son nuevamente sojuzgadas, se está atentando contra sus intereses vitales?... Puesto que los intereses vitales de los Estados Unidos no son –no pueden ser– las inversiones económicas (también en peligro) que se mantengan aquí o allá, sino *la dignidad del género humano*... Los mayores, los decisivos intereses vitales de los Estados Unidos están sencillamente en la Unión Soviética. Cada zarpazo que desde allí, u ordenado desde allí, se dé en cualquier lugar del mundo, es un paso de avance que se da en contra del pueblo de los Estados Unidos, contra su propio corazón y contra sus conquistas más elevadas.

No por azar los intelectuales, y los hombres en general, que han padecido los sistemas totalitarios, son los que más aman la libertad y los mejores aliados de la democracia. Si ustedes quieren encontrar verdaderos anticomunistas, verdaderos enemigos del totalitarismo, búsquenlos en los países comunistas... Si pudiéramos secretamente interrogar la conciencia de esa "masa" amordazada que desfila aplaudiendo bajo la tribuna del "Máximo Líder", obtendríamos sin duda la más objetiva, verídica y patética –la más radical– de las impugnaciones hechas a ese sistema que aplauden.

Pero les toca no a los que están dentro de los países comunistas (presos que no pueden hacer más que sobrevivir, y ya es bastante), sino a las naciones libres, y muy especialmente a los Estados Unidos, *determinar*; es decir, decidirse a perecer más o menos a corto plazo, o pasar urgentemente de la actitud pasiva a la actitud de rescate, a la actitud ofensiva de renacer como estados vitales y por lo tanto violentos, sagaces y dinámicos.

Mientras las potencias democráticas mantengan en su política exterior e interior esa actitud de dama fatigada, adormecida, matizada de resabios, complejos, ambiciones corrompidas, intereses mezquinos e inmediatos, componendas, negociaciones y contemplaciones titubeantes para con sus propios sepultureros, este congreso, y cualquier otro, será en el plano práctico inútil.

Pero es bueno, no obstante, que el mismo se celebre aquí, en Estados Unidos. Porque al menos, de no tomarnos en cuenta, cuando la barbarie universal haya engullido todos los baluartes de la libertad quedará quizás en algún sitio remoto el testimonio, no por desesperado menos objetivo, de quienes por haber padecido ya esa barbarie, por haber sido sus víctimas, supimos denunciarlas.

10 AÑOS SIN REINALDO ARENAS

Luis de la Paz

En muchas ocasiones hemos escuchado una misma pregunta, qué hacía usted el día de un evento determinado. ¿Qué hacía usted cuando asesinaron al presidente Kennedy? ¿Recuerda las circunstancias que lo rodeaban cuando el hombre llegó a la luna? ¿Qué emoción experimentó cuando supo de la caída del muro de Berlín?... Hoy pregunto ¿qué desolación lo embargó a usted al enterarse de la muerte de Reinaldo Arenas, uno de los escritores cubanos más importantes, si no el más importante, que ha surgido en la isla en los últimos cuarenta años?

Arenas se suicidó en Nueva York el 7 de diciembre de 1990, ciudad que amó y odió, tras librar una larga batalla contra el Sida, justo después de concluir apresuradamente sus dos proyectos finales, *El color del verano*, la cuarta parte de su pentagonía, y *Antes que anochezca*, la autobiografía que había comenzado a redactar, justamente antes que anocheciera, pues no había luz eléctrica, estando escondido de la policía política cubana, en las alcantarillas y árboles del Parque Lenin, un enorme terreno en las afueras de La Habana.

Su muerte ocurrida hace 10 años, dejó literalmente un vacío en el panorama cultural cubano, y aunque la expresión suene manida –tanto que a veces ya parece muchas veces escuchada–, la realidad es que Reinaldo Arenas ha sido, en opinión de muchos escritores, una de las voces más privilegiadas de las letras cubanas.

La vida de Reinaldo Arenas fue siempre muy azarosa. Nació en el campo en medio de una numerosa familia compuesta de once mujeres, todas, al decir de Reinaldo, abandonas por sus maridos. Allí, en su

Holguín natal, comenzó a escribir ante el asombro de su madre y tías que lo miraban como un ser endemoniado. Ya sea en el tronco de un árbol, en pequeños pedazos de papel, en los márgenes de revistas y periódicos que llegaban a aquel sitio inhóspito, escribía largas historias, que según confesara Reinaldo, eran remedos de las radionovelas que escuchaba.

Siendo un adolescente se lanzó a la Sierra para unirse a los alzados que encabezaba Fidel Castro. Como llegó sin un fusil, no lo admitieron y lo mandaron a matar a un soldado de Batista para quitarle el arma, cosa que naturalmente no hizo. Con el arribo al poder del gobierno de Castro, el escritor se traslada a La Habana para estudiar y trabajar en el Instituto de Reforma Agraria. Allí se entera de un concurso de cuentos que convocaba la Biblioteca Nacional, y se presenta, impactando al jurado. A través de esa narración inició su vínculo directo con el mundo cultural.

Comenzó a trabajar de bibliotecario y a escribir. Su primer libro, y el único que publicó en Cuba, *Celestino antes del alba*, fue la primera mención en el concurso de la Unión de Escritores en 1965. La obra se publica en 1967. En ese período recibe también reconocimiento, y mención de un jurado, por otra novela *El mundo alucinante*. Esa segunda obra nunca se publicó en la isla, aunque la edición estaba casi lista (Reinaldo poseía la portada del libro). Probablemente paralizó su edición el escándalo con el premio a *Fuera del juego* de Heberto Padilla, que ya había estallado. A partir de ese momento se recrudeció la censura, y sólo se publicaban aquellos textos que respondieran al compromiso político de sus autores. La primera edición en español de *El mundo alucinante* apareció en México, por Ediciones Diógenes. En Francia, tuvo un éxito total, lo que le valió el premio como la mejor novela extranjera.

Desde la publicación de esos dos primeros libros, Reinaldo Arenas, rebelde e irreverente, anticastrista y homosexual militante, se convierte en un símbolo para los escritores jóvenes, una curiosidad para los escasos periodistas extranjeros que llegaban a La Habana, y una pesadilla para los funcionarios de cultura, que llegaron incluso a negar la existencia en Cuba de un escritor que respondiera a ese nombre.

A principio de los setenta, Reinaldo es sometido a juicio por un supuesto asunto de homosexualidad, pero la verdadera causa es política e intelectual. Sin embargo, como su propio personaje de Fray Servando en *El mundo alucinate*, Arenas escapa aparatosamente de sus captores. Tras la huida busca llegar nadando a la base naval norteamericana de Guantánamo, pero fracasa en su intento. Luego regresa a La Habana y se refugia en el Parque Lenin, donde era asistido por los hermanos Abreu, que le suministraban las cosas que necesitaba, a parte de lo elemental, libros, papel y pluma, para comenzar a escribir *Antes que anochezca*.

Tras casi dos años de prisión Reinaldo continúa su vida de no persona en Cuba, donde no se le publica ni una línea, mientras en el extranjero alcanza reconocimiento. En 1980, sale de la isla durante el éxodo del Mariel, otra vez sorteando a los perseguidores, en este caso falsificando su carnet de identidad.

El exilio para Reinaldo, como para la mayoría, fue duro, pero a su vez siempre resultó una esperanza... esperanza de algo que nunca se sabe qué es, y que sólo el tiempo va definiendo, y que en el caso del escritor parece radicar en la publicación de su obra, y el poder escribir sin el temor constante de que la policía le hiciera un registro y le incautara sus manuscritos.

Para el escritor su salida le abrió las puertas de importantes editoriales donde aparecen *Otra vez el mar*, *Termina el desfile* y *El central*. Manteniendo firme su propia definición de "no detenerse", Reinaldo crea junto a otros escritores llegados a Estados Unidos durante el éxodo, la Revista Mariel, que en opinión de José Abreu Felippe "fue la publicación que sirvió de puente para mostrar la existencia y la calidad de una serie de escritores que habían estado silenciados en Cuba, por la sola condición de no someterse a patrones oficiales".

Reinaldo Arenas se estableció en Nueva York donde realizó una activa labor creativa, y política. Desde allí lanzó una contundente carta con la firma de importantes intelectuales, pidiéndole a Fidel Castro un plebiscito al estilo de Pinochet en Chile. La obra literaria de Arenas es vasta, *La loma del ángel*, *Libertad de vivir manifestándose*, *Leprosorio*, *El portero*, *Viaje a La Habana*, *Necesidad de libertad*, etc. Sin embargo es significativo que las poderosas casas editoriales que lo publicaron cuando salió al exilio, luego dejaron de hacerlo. Tras su muerte, vuelven a editarlo, y todo parece indicar que Cuba lo quiere utilizar, como hizo con otros escritores, como Lezama Lima y Virgilio Piñera y más recientemente con Gastón Baquero. El escritor Carlos Victoria dice al respecto: "Reinaldo ahora se ha puesto de moda en Cuba. Hay quienes repiten que sus problemas en la isla sólo fueron por su condición sexual. Decir eso es una infamia. Reinaldo odiaba toda forma de dictadura, de coerción, y de mordaza. Y por eso tuvo que pagar el precio de la cárcel y el exilio. Ahí están sus libros para confirmarlo".

Reinaldo poseía un mundo muy personal, y un estilo narrativo, con un lenguaje, un ritmo interno y una manera de entrelazar los textos, que lo definían, pero que también atraían seguidores, de ahí, en parte, su influencia sobre sus contemporáneos. El escritor y editor Carlos Díaz Barrios, sentencia que: "Reinaldo Arenas era como esa fuerza que viene del fondo de las cosas y nos eleva por encima de nosotros mismos". Esa influencia fue tal, que muchos escritores que han buscado un acercamiento con los de la isla, no se hubieran atrevido a hacerlo si Reinaldo viviera. El propio Carlos Díaz Barrios esclarece esa idea cuando afirma: "Su muerte significó la pérdida de la lucidez y el decoro de muchos, que pronto comenzaron a hacer pactos y a visitar la isla. Cuando él vivía muchos se cuidaron de hacer eso, porque él era como una conciencia que a diario recordaba que éramos, de alguna manera, hijos de ese infierno".

En el exilio Reinaldo Arenas tuvo también que pagar un precio por su homosexualidad, pues a pesar de su postura de confrontación y dignidad, había quienes recelaban de él por sus inclinaciones sexuales. Algunos homofóbicos no lo consideraban una imagen visible del exilio cubano de Miami.

A diez años de su muerte, el homenaje más oportuno se lo ha rendido un cineasta norteamericano, Julian Schnabel, llevando al cine *Antes que anochezca*, la autobiografía de Reinaldo, que ha alcanzado notable éxito en la mayoría de las plazas donde se ha presentado.

La realidad es que el viernes 7 de diciembre de 1990, tal vez uno de esos días fríos y grises de Nueva York, Reinaldo Arenas, tras concluir su obra, entendió también que concluía su vida, y se suicidó. El día siguiente amaneció un Miami tibio y tranquilo. La noticia apareció en el periódico de la mañana sin muchos detalles, anunciando que Reinaldo había muerto. A las pocas horas los amigos se llamaban, buscaban detalles. Se abatía sobre la ciudad la pena y la desolación en que había quedado la literatura cubana. Para Reinaldo Arenas todo estaba claro. Él ya era libre.

LOS ESCRITORES CUBANOS
EN LOS ESTADOS UNIDOS
(Cien años después)

Anezka Charvátová

Ahora me comen.
Ahora siento cómo suben y me tiran de las uñas.
Oigo su roer llegarme hasta los testículos.
Tierra, me echan tierra.
Bailan, bailan sobre este montón de tierra
y piedra
que me cubre.
Me aplastan y vituperan
repitiendo no sé qué aberrante resolución que me atañe.
         Me han sepultado.
Han danzado sobre mí.
Han apisonado bien el suelo.
Se han ido, se han ido dejándome bien muerto y enterrado.

Este es mi momento.
        (Reinaldo Arenas: *Voluntad de vivir manifestándose*)

Si hace cien años fueron los Estados Unidos quienes ganaron la guerra contra España, contribuyendo a terminar la larga lucha por la independencia cubana y a crear el 20 de mayo de 1902 la República de Cuba, hoy es por el contrario la hispanidad quien paulatinamente va ganando terreno en los EEUU. En 1898, los EEUU personificaban para Rubén Darío un Calibán mítico que devora a sus víctimas latinoamericanas; desde la perspectiva actual, la misma imagen aparece invertida: los pies sureños del Calibán norteamericano se ven roídos y transformados por sus antiguas "víctimas".

En la contienda español-norteamericana del siglo pasado Cuba cumplía el rol del tercero que ríe cuando dos pelean; hoy por hoy son precisamente los cubanos los que más cambian el perfil cultural de Estados Unidos. Ya sin reírse tanto y con enormes esfuerzos, siempre desde su posición de marginados triples: son una minoría, la hispana, dentro de otra, la de la cultura en general, cuyos representantes, los intelectuales, suelen ser tradicionalmente de izquierda. A pesar de eso, estos marginados invierten hoy la derrota española del siglo pasado en un triunfo demográfico y cultural, el de la idiosincrasia hispana en el sur de los EEUU. Una mirada a las estadísticas es bastante elocuente: del número total de ciudadanos estadounidenses, el 11,2% es de origen hispano[1]. Y hay zonas donde los hispanos prevalecen absolutamente: tal es el caso de la ciudad de Hialeah en el condado de Miami-Dade, donde su número llega al 98%. Miami es la ciudad hispana y cubana por excelencia, a la vez "capital del absurdo cubano" y "metáfora y fuente de esperanzas"; es donde tarde o temprano los cubanos terminan asentándose, después de vivir desperdigados por los EEUU, porque para ellos es "la ciudad única, la ciudad elegida, en la que casi olvidan que son extranjeros"[2].

En Miami florece una verdadera vida cultural hispana: el Pen Club de Escritores Cubanos en el Exilio, recién fundado, trata de integrar con varias actividades a todas las comunidades hispanas; en Miami trabaja desde 1968 la casa editorial Ediciones Universal, creada por Juan Manuel Salvat, cuya importancia para la formación de los escritores cubanos del exilio fue crucial, y algunas editoriales hispanas menores, como La Torre de Papel del poeta cubano Carlos Díaz. Se editan allí revistas hispanas de cultura (*Catálogo de Letras*), periódi-

---

[1] El semanal *Respekt* (Praga) No 36/IX, 28-9-1998 / 4-10-1998, p. 14.

[2] Juan Abreu, *A la sombra del mar (Jornadas cubanas con Reinaldo Arenas)*, Barcelona, Ed. Casiopea, Colección Ceiba, 1998, pp. 29 y 30. Sigue en la p. 31: "Miami es el lugar donde podemos ser, al tiempo que devoran nuestro ser. El nuevo hogar que nos permitió sobrevivir, pero donde perdimos el alma."

cos en español (p. ej. *Diario Las Américas*, *El Nuevo Herald*), y se podría continuar con un largo etcétera)[3].

El destierro estadounidense tiene una larga tradición en las letras cubanas del siglo pasado (Varela, Heredia, Villaverde, Martí), pero nunca ha sido tan masivo como en los últimos 40 años. Los primeros en invadir en gran número los EEUU fueron los cubanos arribados a finales de los 50 y al comienzo de los 60 (el llamado exilio "histórico", compuesto por una comunidad fundamentalmente blanca y de valores conservadores)[4]. Ellos se integraron sin mayores dificultades e hicieron nacer la imagen arquetípica de un Miami furiosamente anticomunista y tradicionalista. Había entre ellos profesores, eruditos y escritores de gran envergadura que crearon obras valiosas, pero se quedaron aislados. No pretendían llevar a cabo actividades comunes y no constituyeron una verdadera generación literaria[5].

Los escritores de la primera ola de exiliados tienen en común prácticamente sólo la fecha de la salida al exilio. Algunos, nacidos a comienzos del siglo, eran ya antes del 1959 autores de una extensa obra (Lydia Cabrera, nacida en 1900 y en el exilio estadounidense desde 1960, el novelista Lino Novás Calvo, nacido en 1905 y en los EEUU desde 1960, etc.), mientras que otros llegaron al exilio siendo todavía niños o adolescentes, con sus padres o tras ellos (dentro del marco del programa "Pedro Pan", que rescataba a los niños de la Isla

---

[3] En este estudio dejamos de lado la comunidad chicana, concentrada sobre todo en California, donde la situación es diferente, como lo atestiguan las recientes polémicas en torno al bilingüismo y al sistema escolar hispano. Además varios escritores chicanos ya han adoptado el inglés, mientras que los escritores cubanos siguen aferrándose al español como una de sus herramientas imprescindibles en la búsqueda de su identidad.

[4] Cfr. Iván de la Nuez: *Miami, ciudad poscomunista*, "Lateral" (Barcelona), No 36, dic. 1997, Año IV, p. 12.

[5] Por la denominación "generación literaria" entenderemos un grupo de creadores que tienen aproximadamente la misma edad, la misma formación intelectual, un programa común, relaciones de amistad dentro del grupo; se caracterizan por realizar obras conjuntas, por venerar las mismas autoridades literarias, filosóficas y morales, por rechazar la generación anterior y por compartir el modo de expresar sus preocupaciones. En el caso de los escritores exiliados hay que añadir otros criterios: 1) El de la fecha de su salida del país, que puede llegar a ser más importante que la fecha del nacimiento, porque determina las experiencias generacionales y el tipo de formación intelectual; 2) El del lugar (no sólo de la fecha) de sus primeras publicaciones, que les sitúa dentro o fuera del panorama literario oficial de la Isla. Para muchos de los escritores exiliados, el habitual rechazo a la generación anterior se transforma en el rechazo a todos los que hacen concesiones para poder publicar "oficialmente" en la Isla.

para reunir familias; fue el caso de Dora Amador, nacida en 1948)[6]. A pesar de que los autores del exilio "histórico" no comparten casi ningún rasgo generacional, es posible detectar algunos grupos más compactos dentro de este conjunto ocasional.

Uno de ellos fue formado por los jóvenes de la llamada "generación herida"[7]. Sin embargo, este grupo se formó más por razones ideológicas que por la necesidad de la creación literaria y al perder sus ideales y dispersarse por el mundo, se fue deshaciendo sin llegar a crear una verdadera obra.

Otro núcleo generacional de la ola "histórica" se juntó más tarde en las páginas de la "Revista de Literatura y Arte Mariel", fundada en 1983, que pretendía rescatar a grandes escritores cubanos situados fuera del ámbito oficial. Los editores de la revista pidieron colaboración a la escritora y etnóloga Lydia Cabrera (1900–1991 Miami), al novelista Enrique Labrador Ruiz (1902–1991 Miami, en los EEUU desde 1979) y publicaron en las páginas de la revista algunas obras del cuentista y novelista Carlos Montenegro (1900–1981 Miami, en los EEUU desde 1962). Pero la agrupación de estos autores fue efecto de un impulso llegado desde fuera, no desde ellos mismos; los juntaron los jóvenes escritores del éxodo masivo del Mariel en 1980 por razones extraliterarias por el hecho de compartir la misma condición difícil de la vida en el olvido injusto del exilio. Veían en ellos a sus precursores. Fue justamente organizando un homenaje a estos tres autores que los artistas del Mariel manifestaron su existencia como grupo por primera vez después de su llegada al exilio.

---

[6] Dora Amador ha trabajado como columnista de "El Nuevo Herald" en Miami. Recientemente ha abandonado la vida social para recluirse en un convento. Se dedicó sobre todo a la investigación del exilio cubano (*El archivo del exilio*, 1985; *El exilio cubano: del trauma al triunfo. 30 años de historia*, 1989). Ganó el premio Guillermo Martínez Márquez de la Asociación Nacional de Periodistas Hispanos de Estados Unidos con su reportaje *Los otros cubanos* sobre los negros cubanos en el exilio. Últimamente ha publicado una selección de artículos escritos para "El Nuevo Herald" a partir de 1990, donde se funden sus reflexiones sobre el pensamiento disidente en Cuba con la crítica de algunos fenómenos negativos del exilio estadounidense. Cfr. Dora Amador: *La sonrisa disidente. Itinerario de una conversión*, Miami, Ed. Universal, 1998.

[7] Se trataba de jóvenes expulsados de su patria en cuanto hijos de "gusanos". En la segunda mitad de los 70 algunos de ellos se dejaron llevar por su nostalgia de los orígenes y apoyaron el diálogo entablado entre el exilio y Fidel Castro. Formaron la Brigada Antonio Maceo y en 1977 emprendieron un viaje a Cuba para descubrir sus raíces, tratando de reconciliarse con la Revolución. De "gusanos" se metamorfosearon en "mariposas" y publicaron sus historias del desarraigo en el libro *Contra viento y marea* (1978), que ganó el Premio Testimonio de Casa de las Américas. Cfr. Adriana Méndez: *Metamorfosis de una mariposa*, Encuentro de la cultura cubana, Madrid, No 8/9, primavera/verano de 1998, pp. 172-84.

La segunda promoción de exiliados, que fueron saliendo a lo largo de la segunda mitad de los años 60, en general rumbo a Europa, fue literariamente más compacta. En su mayoría pertenecían a la llamada generación de la Revolución, es decir eran autores nacidos a finales de los 20 o al comienzo de los 30, que empezaron a escribir y a publicar en Cuba con el triunfo de la Revolución o un poco antes, pero alcanzaron su mayor fama sólo después de irse de su patria. Al comienzo apoyaban los cambios revolucionarios (muchos de ellos habían participado en la lucha armada contra Batista), desempeñando papeles importantes en la incipiente vida cultural de la nueva sociedad. Los futuros exiliados más famosos eran vinculados al suplemento literario "Lunes de Revolución", fundado en 1959 en La Habana por Guillermo Cabrera Infante y clausurado por el gobierno en 1961 bajo el pretexto de la escasez del papel, pero en realidad por razones ideológicas. Con *Lunes* colaboraban sobre todo los jóvenes escritores que admiraban la vanguardia literaria norteamericana y europea y pretendían modernizar la literatura cubana; eran amigos y tenían una formación intelectual, cultural y política similar –todos ellos vivieron en su adolescencia el esplendor y la miseria de La Habana de los 50–. La experiencia de seguir de cerca el derrumbe de la sociedad vieja y la paulatina pérdida de ilusiones y esperanzas en la sociedad nueva se convirtió en una huella traumática presente en la mayoría de sus textos. A lo largo de los años 60, el grupo original se fue escindiendo al compás del creciente carácter represivo de la política cultural: algunos se quedaron en la Isla, admitiendo algunos más, otros menos, convivir con el castrismo (p. ej. Humberto Arenal, Pablo Armando Fernández); los disidentes, decepcionados por la censura y la atmósfera antiintelectualista, iban saliendo al exilio antes del cierre de las fronteras en 1970; otros se quedaron marginados en el exilio interior (p. ej. Antón Arrufat, que no pudo publicar durante catorce años). En el exilio, adonde llegaron cada uno por su cuenta, el grupo de "Lunes de Revolución" se dispersó y no volvió más a realizar proyectos comunes. Fue más bien un vivero de grandes individualidades, de autores que son considerados los más representativos del exilio cubano: Guillermo Cabrera Infante (nacido en 1929, en el exilio desde 1966, actualmente reside en Londres), el premio Cervantes del 1998; Carlos Franqui (1921), fundador del diario "Revolución" (1959), quien marchó a Italia en 1968;[8] el poeta Heberto Padilla (1932-2000, desde 1980 en los

---

[8] Actualmente es uno de los editores de la revista político-cultural "Carta de Cuba". *La escritura de la libertad*, editada en San Juan de Puerto Rico, donde se publican crónicas, artículos y noticias de los periodistas independientes de Cuba y de sus colaboradores en el exterior. En los números 3 y 4 de la primavera y del otoño de 1997 la revista publicó un

EEUU), cuyo libro de poemas *Fuera del juego* (1968) desencadenó el bien conocido "Caso Padilla", señalando el fin de la política cultural relativamente abierta; el cuentista y novelista Benigno S. Nieto, en 1985 ganador del premio "Linden Lane Magazine" para escritores de lengua hispana residentes en los EEUU, quien vivió también en España y Venezuela.

Nos parece superfluo detenernos comentando obras de Padilla o Cabrera Infante, ya que existe una bibliografía extensa sobre ellos; al contrario resulta útil analizar el asunto de la última novela de Nieto, *Los paraísos artificiales* (Miami, Ed. Universal, 1997). Esta novela se puede interpretar como la metaforización del conflicto típico de su generación. Es la historia personal de una pareja (enamoramiento, matrimonio, distanciamiento, desilusión, separación); en el trasfondo de esta "pequeña" historia desfila la "gran" historia de Cuba desde finales de los años 50 hasta comienzos de los 70. Los sucesos históricos marcan profundamente la relación de la pareja y llegan a ser la razón decisiva de la inevitable separación. La frágil y dulce Anita –una delicada chica del campo, algo ingenua, de educación católica– simboliza la cultura, la sensibilidad, los viejos tiempos; su marido Luis, inteligente, pero egoísta hasta la crueldad, se adhiere al movimiento estudiantil contra Batista por el ansia de hacerse ver jugando al héroe y después ingresa a las filas del Partido Comunista por oportunismo, personifica por el contrario al hombre de acción, no malo del todo, pero poco sensible. La nueva sociedad, representada en la novela por Zoila, mujer vulgar y militante fanática del Partido, aplasta al final a la heroína tanto en el plano personal –Luis comete el adulterio con Zoila– como en el plano histórico. Anita, expulsada de su trabajo de maestra de piano, opta por el exilio. En el personaje de Anita ya es posible rastrear algunos de los rasgos que van a caracterizar a los protagonistas de las obras de la promoción siguiente: el miedo, la frustración, la impotencia. El estilo de la obra no presenta grandes innovaciones, el interés se centra más en el asunto (desilusión generacional) que en la manera de contarlo; los sucesos aparecen presentados desde el punto de vista de la joven ingenua, con un leve toque de ironía.

La historia contada en esta novela se detiene precisamente en el punto donde la retoman varias obras de los autores de la promoción siguiente, que hacen hincapié especialmente en los difíciles años 70. Por ejemplo la novela *La travesía secreta* (1994) de Carlos Victoria (nacido en 1950) podría constituir por su asunto el segundo tomo de

---

cuento de G. Cabrera Infante, *Delito por bailar el Cha-cha-chá*.

la novela de Nieto, si su tono no fuera mucho más crudo y amargo. El protagonista Marcos (que por su sensibilidad exacerbada y sus inclinaciones artísticas bien podría ser el hermano menor de Anita) vive su educación sentimental en una sociedad cubana mediocre y hostil de la segunda mitad de los 60 y la de los 70, que no admite ninguna *otredad*. No queriendo perder su individualidad y conformarse, se sitúa él mismo al margen y se convierte en un joven frustrado, pícaro a su pesar, prematuramente adulto, que se agarra a los momentos fugitivos de la felicidad, buscada casi siempre en vano en el amor, en la poesía, en la amistad, en la familia, en el exilio. Carlos Victoria sintetizó en esta novela épica de hechura clásica los rasgos característicos del "héroe maldito" de su promoción.

Y fue justamente su promoción, la de los jóvenes "perdidos", nacidos a finales de los años 40 y en los 50 y frustrados en su adolescencia, la que más cambió las facciones del exilio cubano en los Estados Unidos. Carlos Victoria desembarcó en Cayo Hueso en 1980 junto con otros más de 125 000 cubanos que se fueron de Cuba a través del puerto de Mariel tras haber experimentado horrorosos actos de repudio en su patria por querer abandonarla. Fue como una "invasión inesperada y bárbara"[9] que impuso su sello indeleble a la sociedad norteamericana y destruyó con su furia libertadora los viejos clichés. Pero sobre todo cambió el panorama de la literatura cubana del exilio, dándole un gran impulso vivificador. Los artistas arribados por el Mariel suelen ser denominados "La Generación del Mariel" o "Generación Mariel". Su denominación tiene valor metafórico: el concepto no se puede estrechar sólo a los llegados directamente por el Mariel (pertenecen al grupo creador también los que salieron un poco antes o después de 1980) y tampoco ensanchar a todos los que publicaban en las páginas de la "Revista de Arte y Literatura Mariel", creada en 1983, cuya importancia para la formación de la generación fue capital[10].

Iván de la Nuez subraya en su ensayo *Mariel en el extremo de la cultura*[11] el hecho de que "la Generación Mariel abarca la narrativa, las

---

[9] Iván de la Nuez: *Mariel en el extremo de la cultura*, Encuentro de la cultura cubana, ed. cit., p. 109.

[10] El primer número de la revista, editada en Nueva York e impresa en Miami en primavera de 1983, apareció preparado por la suguiente nómina de colaboradores: Consejo de dirección: Juan Abreu, Reinaldo Arenas, Reinaldo García Ramos. Consejo de Editores: Juan Abreu, Reinaldo Arenas, René Cifuentes, Luis de la Paz, Reinaldo García Ramos, Roberto Valero, Carlos Victoria. Editora administrativa: Marcia Morgado. Diseño gráfico: Abreu Felippe, Marcia Morgado. Asesora: Lydia Cabrera. Tipografía: Jorge M. Díaz.

[11] Iván de la Nuez, op. cit., p. 106.

artes plásticas, la poesía, la música, el periodismo, la enseñanza universitaria, el teatro". Entre los miembros de la Generación cita al lado de los más famosos (el escritor Reinaldo Arenas y el pintor Carlos Alfonzo) los siguientes: "Carlos Victoria o Guillermo Rosales (narrativa), Alfredo Triff o Ricardo Eddy Martínez (música), Jesús Ferrera Balanquet (videoarte), Juan Boza o Juan Abreu (artes plásticas), René Ariza o José Abreu Felippe (dramaturgia), Esteban Luis Cárdenas y Roberto Valero (poesía)." Jesús J. Barquet, que es uno de los miembros de la Generación, añade en su estudio *La generación del Mariel*[12] otros nombres. Según sus criterios, pertenecerían al grupo al lado de los editores de la revista "Mariel" los escritores que se iban revelando como parte del grupo desde las páginas del "Mariel" y/o desde otras publicaciones (Miguel Correa, Rafael Bordao, Jesús J. Barquet, Carlos A. Díaz, Andrés Reynaldo, Manuel Matías Serpa, también conocido como Manuel Matías, Milton Martínez, Rolando Morelli, Guillermo Hernández y Pedro F. Báez) y otros creadores que salieron al exilio de forma individual inmediatamente antes y después del Mariel (René Ariza, Antonio Benítez Rojo, Daniel Fernández, Esteban Luis Cárdenas, Vicente Echerri, Manuel Ballagas, Guillermo Rosales, Armando Álvarez Bravo, César Leante, Heberto Padilla, Belkis Cuza Malé y Rogelio Llopis). Juan Abreu, también miembro de la Generación, menciona además a Lydia Cabrera, Enrique Labrador Ruiz y al cineasta Néstor Almendros[13].

Sin embargo, el hecho de publicar en la revista "Mariel" o de salir al exilio por dicho puerto no puede ser suficiente para definir la pertenencia a una generación literaria compacta, con valores e ideales compartidos. La revista fue abierta "a todos los cubanos de talento"[14] y en sus páginas se encontraron creadores de tres promociones sucesivas de escritores exiliados que sería erróneo mezclar. Al lado de los autores ya mencionados del exilio histórico aparecían en las páginas de "Mariel" autores de la generación de la Revolución, nacidos alrededor de los años 30, que habían pertenecido en Cuba por un tiempo más o menos largo a la cultura oficial (p. ej. C. Leante, nacido en 1928, H. Padilla, nacido en 1932, A. Álvarez Bravo, nacido en 1938, B. Cuza Malé, nacida en 1942). Tales autores quedan necesariamente al margen de la Generación del Mariel, porque la fecha y el lugar de las primeras

---

[12] Jesús J. Barquet: *La generación del Mariel*, Encuentro de la cultura cubana, ed. cit., p. 110-125.

[13] Juan Abreu, op. cit., p. 26.

[14] Jesús J. Barquet, op. cit., p. 114.

publicaciones (el hecho de ser parte o no de la cultura oficial) juega el papel decisivo en la definición de la misma. El rasgo más característico de su núcleo original, que se formó en La Habana a finales de los 60, fue su deliberada e intransigente posición antioficialista y antiautoritaria, que conllevaba la imposibilidad de publicar –la necesidad de "engavetar" sus manuscritos– y la marginalización absoluta. Sólo Reinaldo Arenas (nacido en 1943), precoz y el más viejo del grupo "del Parque Lenin", donde se solían juntar a leer sus obras los incipientes escritores Juan, José y Nicolás Abreu, Luis de la Paz, Marcos Martínez, José Díaz y varios amigos ocasionales, tuvo tiempo de publicar en 1967 en Cuba su primera novela *Celestino antes del alba*. Después del 68, la política cultural se ideologizó y resultó prácticamente imposible dar a conocer públicamente cualquier obra que no siguiera las pautas permitidas del realismo socialista. Las obras de los jóvenes rebeldes, escritas en aquel entonces y a menudo perdidas, confiscadas, destruidas y finalmente varias veces reescritas, se convirtieron en letra impresa sólo muchos años más tarde en el exilio. Y fue entre otras cosas esta rabia impotente de saberse condenados al silencio y al ostracismo la que originó el tono de furor e ira, típico para los marielistas, a veces llevado hasta las formas más extremas y señalado por ellos mismos como una de las características principales de sus obras[15].

Desde la perspectiva de las últimas publicaciones sería posible añadir otros nombres. En la editorial Universal, promovedora de obras marielistas, han aparecido en los últimos años dos libros que por su temática y estilo se acercan al espíritu marielista y cuyos autores, nacidos en la misma época, tienen experiencias similares. Ricardo Menéndez, nacido en La Habana en 1942, salió de Cuba en 1979 tras haber cumplido 9 años de cárcel por actividades insurreccionales; actualmente vive en Virginia. En su primera novela *La "Seguridad" siempre llama dos veces...; y los orichas también,* publicada en 1997, cuenta la saga de un cubano que llega a Miami para descubrir la Cuba que nunca llegó a conocer en la Isla, en particular a sus dioses yorubas. El tema principal se puede resumir como la búsqueda de la vieja/nueva identidad. Otro autor es Alberto Hernández Chiroldes, nacido en 1943 como Arenas, quien vivió exiliado en varios países, incluidos los

---

[15] Ibídem, p. 111. El mismo tono furioso se percibe en las obras de los autores norteamericanos de la famosa "beat generation". También ellos se sentían relegados, marginalizados, "pegados" ("beat") por el *establishement*. También ellos rompían los viejos tabúes y llevaron el sexo en todas sus formas al Olimpo literario como su tema por excelencia y al mismo tiempo su arma de protesta contra las convenciones. Pero a diferencia de los autores del Mariel, los de la Beat Generation por lo menos podían dar a conocer su furor públicamente, mientras que sus colegas cubanos sufrieron un desfase enorme entre el momento de concebir sus obras y publicarlas.

EEUU. En 1996 publicó una selección de cuentos *A diez pasos del paraíso*, una visión carnavalesca de Cuba, cuyo humor grotesco e imaginación desbordada se parecen al estilo de Reinaldo Arenas: juegos de lenguaje, conceptualismo barroco ironizado, guiños al lector, intertextualidades posmodernas (auto)paródicas. Sin embargo, estos dos autores no comparten con los demás las relaciones de amistad y colaboración creativa, tan características del grupo del Mariel.

El núcleo de la Generación del Mariel se formó en la atmósfera represiva de la década de los 70, llamada gris o negra, alrededor de Reinaldo Arenas, un escritor maldito ya consagrado (sobre todo fuera de su país, gracias a la novela *El mundo alucinante*, cuyo manuscrito sacó del país de modo clandestino; se imprimió primero en la traducción francesa, en 1969 también en español). Lo constituían lectores apasionados con ambiciones de crear grandes obras literarias, nacidos en la segunda mitad de los 40 y al comienzo de los 50. Compartían las mismas experiencias vitales y la misma fe en la fuerza redentora de la literatura, a pesar de (o a lo mejor por) no haber podido estudiar carreras literarias a causa de su "diversionismo ideológico". Se formaron solos, como autodidactas, leyendo vorazmente y prestándose libros prohibidos. Eran admiradores de la obra de Lezama Lima, su maestro en el campo de la literatura, arte, filosofía y también ética; les gustaban autores heterodoxos, poco aceptables para las mayorías u olvidados (el cubano Virgilio Piñera, Franz Kafka, Marqués de Sade). Organizaban tertulias de lectura clandestina, llegaron incluso a crear una rudimentaria revista generacional *Ah, la marea*, cuyos pocos ejemplares artesanales circulaban entre personas de confianza. Después del arresto de Reinaldo Arenas, el grupo, presionado por la policía, aminoró sus actividades literarias. Fue en Miami, en el espacio reducido del exilio, donde a partir de este núcleo se formó la verdadera generación: el grupo se estrechó aún más para hacer frente a la nueva realidad, que también los marginaba, y se ensanchó al absorber creadores de otros campos culturales y de otras ciudades cubanas. El resultado fue una promoción coherente de escritores, artistas plásticos, críticos literarios, profesores universitarios, periodistas, cineastas, músicos y bailarines.

La característica principal del grupo inicial era la inconformidad (según Juan Abreu, su lema pudo haber sido "Fuera de la Revolución todo, dentro de la Revolución nada")[16]. A las restricciones absurdas y a la mediocridad institucionalizada oponían el afán por buscar la libertad ilimitada, absoluta, tanto en su modo de ser como en su modo de expresarse. Cada uno exteriorizaba las angustias y frustraciones de

---

[16] Juan Abreu, op. cit., p. 20.

acuerdo con su propio talento, sus inclinaciones y capacidades, pero todos hicieron de la desesperación más negra el manantial de su fuerza furiosa, manifestando su voluntad de vivir plenamente a pesar de todo[17]. La lectura, la literatura en general y su propia escritura en particular, tenían para ellos un valor trascendental (para no decir sagrado, ya que eran conocidos profanadores y heterodoxos), debido a que la concebían como la única puerta abierta hacia la libertad. Pero escribir obras inconformistas les condenaba al mismo tiempo al silencio o incluso a la prisión. De ahí las paradojas y los desniveles de sus obras, donde la escritura es un acto de venganza furiosa y al mismo tiempo una búsqueda de la salvación. En sus textos se confunden dos tendencias: el afán por dejar testimonio (de las condiciones en las que les toca vivir, pero también de la mencionada voluntad de vivir), junto a la obstinación de dejar una Obra con mayúscula, fruto de una imaginación libre y desenfrenada. La tensión entre estos dos polos explica en parte la oscilación de sus obras entre la escritura innovadora (cuando prevalece la imaginación) y convencional (de sus textos críticos y de sus ensayos)[18]. Así que dentro de la obra de un escritor puede coexistir un libro de memorias que diga lo mismo que una novela, pero sirviéndose de otros recursos (tal es el caso de Reinaldo Arenas, sus memorias *Antes que anochezca* tratan el mismo tema que las novelas de la llamada *Pentagonía*, en especial *El color del verano*, sólo que el estilo de las memorias es menos innovador y alucinado, más convencional, aunque el tema sí es muy atrevido).

Reinaldo Arenas subrayó la importancia de la imaginación en cuanto puerta abierta hacia la libertad y al mismo tiempo peligro mortal en una sociedad autoritaria ya en su ensayo sobre José Martí, leído en 1968, que se puede considerar el manifiesto de la poética de la Generación del Mariel. Dijo proféticamente: "La opresión resulta intolerable para el poeta porque la imaginación es la expresión más absoluta de la libertad. El poeta que no conoce la libertad, la imagina, y si es un genio, y está ubicado en el continente americano, convierte esta visión en realidad palpable, o perece"[19].

Esta fe casi mística en el poder redentor de la imaginación, patente en todas las obras de Reinaldo Arenas, es característica para él y para

---

[17] Es muy elocuente al respecto el título de un poemario de Reinaldo Arenas: *Voluntad de vivir manifestándose* (Madrid, Ed. Betania, 1989). El poema con el mismo título, compuesto en la prisión del Morro en 1975, encabeza este texto como su *motto*.

[18] Cfr. Iván de la Nuez, op. cit., p. 108.

[19] Juan Abreu, op. cit., p. 79.

todos los marielistas[20]. La imaginación les permite crear mundos independientes de la realidad circundante, que compiten con ella y a veces la vencen, aunque el precio de esta victoria suele ser la muerte de los protagonistas. Pero es una muerte feliz, en la que los protagonistas se sienten por fin liberados de las ataduras del mundo real, tan mediocre y hostil.

El mismo Arenas ponía de relieve este poder creador de la imaginación comentando sus novelas. En una carta a su amigo Juan Abreu, fechada el 11 de febrero de 1983 en Nueva York, sugiere una lectura en este contexto de su novela *Otra vez el mar* (en Cuba varias veces reescrita, publicada finalmente en 1982 en Barcelona), cuya interpretación resultaría difícil sin esta llave imaginativa. Arenas subraya el hecho de que sólo un personaje –Héctor– "tiene nombre en la obra"; todo lo demás existe sólo en su imaginación, él lo está inventando todo[21]. La novela corta *Arturo, la estrella más brillante* (escrita en La Habana en 1971, publicada en 1984 en Barcelona) se puede leer entera como la tematización del poder de la imaginación que salva al protagonista del infierno del trabajo forzado y lo vuelve feliz en el momento de su muerte. Para no sucumbir, Arturo construye en su mente con suprema meticulosidad un mundo virtual de palacios, jardines, ciudades fantásticas, obedeciendo sólo a los impulsos de su imaginación desencadenada, desenfrenada, completamente libre: "era el delirio de la construcción, el hechizo, el goce de la creación, era el poder de hacerlo todo, el poder de participar en todo, el poder de poder zafarse de pronto de la mezquina tradición, de la mezquina maldición, de la miseria de siempre, el rompimiento con esa figura tenebrosa, encorvada, pobre, asustada y esclavizada que había sido él (que son ellos, los otros, los demás, todos) y ahora, libre, Dios, crear el universo añorado, su universo... a veces levantaba de golpe una iglesia imponente tan sólo por el goce de crear innumerables triforios; a veces su entusiasmo era tanto que no se preocupaba por coherencia alguna y terminaba colocando un mata de cerezas sobre un reloj de sobremesa, una bailarina camboyana sobre un cocotero..."[22]

---

[20] Para evitar confusiones, empleo hablando de la Generación del Mariel el nombre sustantivo o adjetivo "marielista". Prefiero no usar la palabra habitual –y despreciativa– "marielito", que abarca a todos los cubanos salidos por el Mariel, echando en el mismo saco a criminales, enfermos mentales, presos políticos, artistas y gente común.

[21] Juan Abreu, op. cit., p. 201.

[22] Reinaldo Arenas: *Arturo, la estrella más brillante*, Barcelona, Montesinos, 1984, pp. 81-82.

En el mismo libro aparece sin embargo también otra vertiente de la escritura marielista: el ansia de dar testimonio, la conciencia de ser testigo de algo atroz y la voluntad de comunicar su horror a los demás. Compartir sus sentimientos con alguien se convierte en otra posibilidad de la salvación: "...y todos, sin protestar, con la ingenuidad típica de los animales, hubiesen reventado en silencio, todos, todos, todos menos él, porque él se iba a rebelar, dando testimonios de todo el horror, comunicándole a alguien, a muchos, al mundo, o aunque fuese a una sola persona que aún conservara incorruptible su capacidad de pensar, la realidad"[23].

Es curioso que estos dos niveles de las obras marielistas –la fe en el poder supremo de la imaginación y la voluntad de dar testimonio, sacudir al prójimo en busca de la imposible comunicación– se encuentren expresados por palabras e imágenes que ya son reconocibles en la obra del poeta y dramaturgo español Federico García Lorca (1898-1936). Con la misma sensibilidad poética minoritaria, constantemente herida o amenazada por "los otros", "el público", es decir la mayoría bienpensante, las convenciones y las autoridades, García Lorca y Arenas expresan su necesidad del amor "verdadero", su miedo de "los otros" y al mismo tiempo su ansia de comunicarse con los demás. Lo que sus personajes no encuentran en el mundo que les rodea, lo tienen que buscar en su imaginación. En sus mentes nacen imágenes cargadas de simbolismo, a menudo de raíz surrealista o barroca, que personifican sus demonios personales y cuya interpretación en un segundo nivel de lectura resulta sumamente exigente al mismo tiempo que reveladora[24].

---

[23] Ibídem, p. 43.

[24] En la farsa *El amor de don Perlimplín con Belisa en su jardín* (escrita en 1929, estrenada en 1933) García Lorca pone en escena a un viejo que se casa por obligación, pero después se enamora de su joven esposa. Debido a que él ya no puede satisfacer sus deseos ardientes, inventa para ella a un joven amante y logra que ella se enamore perdidamente del misterioso joven. Cuando Marcolfa le echa en cara las infidelidades de su esposa, Perlimplín le contesta que gracias a Belisa ha conocido la felicidad, aprendió muchas cosas y sobre todo puede "*imaginarlas*". Al final Perlimplín, esbozado en la capa rojinegra del amante inventado por él, mata a su invento y con él a sí mismo. Pero muere victorioso después de oír la confesión amorosa de Belisa: "¡Es el triunfo de mi imaginación!", dice. La imaginación salva al hombre de la vida donde la felicidad es imposible, según lo demuestra la obra dramática de Lorca, y lo lleva a la muerte, en la que puede triunfar. Aún más patente es el papel de la imaginación en las obras experimentales, *El público* y *Así que pasen cinco años*. Robert Lima (in F. Ruiz Ramón: *Historia del teatro español. Siglo XX*, Madrid, Cátedra, 1980) recalca que en este drama toda la acción se desenvuelve en la mente del protagonista, donde viven y actúan los demás personajes que no son sino reflejos de sus pensamientos y ansias. Y el arte tiene para García Lorca el mismo valor redentor como para los marielistas, su concepción es también mesiánica: "En nuestra época, el poeta ha de abrirse las venas para los demás," dijo Lorca.

Tanto Lorca como Arenas levantan el grito contra el principio de la autoridad, personificado a menudo en el personaje de la Madre omnipotente y omnipresente que castra metafóricamente a sus hijos. La madre lorquiana quien grita "¡Silencio! ¡Aquí no ha pasado nada!" personifica el mismo principio de la autoridad cruel y tiránica como aquél contra el que se rebelan los marielistas.

Arenas puso de manifiesto la afinidad de su obra con la de Lorca en su libro de cuentos llamado significativamente *Adiós a mamá* (Barcelona, 1995). El cuento *El cometa Halley* es una continuación apócrifa de *La Casa de Bernarda Alba* de Lorca. En la versión de Arenas, Adela no muere ahorcada después de la huida de Pepe Romano, sino que se zafa con sus hermanas del poder funesto de la vieja Bernarda y huye con ellas a Cuba, donde se dedica (por fin) a la vida sexual desenfrenada. Sus hermanas, más viejas, no encuentran pretendientes y envejecen amargadas hasta el momento en que la Tierra se ve amenazada de aniquilación por el choque con el cometa Halley. Adela obliga a sus hermanas a salir de la casa y a aprovechar los supuestos últimos momentos de la vida en una orgía callejera. El choque no se realiza y las cinco hermanas terminan convirtiéndose en dueñas del famoso prostíbulo El Cometa Halley. Arenas parafrasea irónicamente el final: "Sólo podemos afirmar, y con amplio conocimiento de causa, que ninguna de ellas murió virgen"[25]. Es justamente en este final donde mejor se percibe la diferencia entre los dos autores: los personajes de Lorca en su mayoría no se atreven a rebelarse contra la autoridad; los que se rebelan, lo pagan con su muerte. En Arenas, la pasión carnal que "arrastra" a las heroínas lorquianas como una fuerza oscura llevándolas a la muerte, se convierte en una fuerza salvadora que permite a las protagonistas romper sus paredes y salir hacia la libertad.

Aunque algunos críticos niegan la existencia de la Generación del Mariel alegando la gran diversidad formal y temática de sus textos, es posible encontrar en las obras marielistas muchos otros rasgos comunes, al lado de la presencia mencionada de estos dos niveles contradictorios –el imaginativo y el testimonial–. Los propios marielistas suelen subrayar dos aspectos en los que coinciden sus obras: el tono de angustia y furia, y las imágenes de libertad y opresión que aparecen en sus textos[26]. A continuación vamos a señalar otros núcleos temáticos, motivos y símbolos recurrentes, que parten en general de la visión minoritaria del mundo.

---

[25] Reinaldo Arenas: *Adiós a mamá*, Barcelona, Áltera, 1995, p. 107.

[26] Cfr. Jesús J. Barquet, op. cit., p. 111.

El héroe (o mejor dicho antihéroe) marielista suele ser un marginado, un paria, tanto en las obras ambientadas en la Isla como en las del exilio. Puede ser marginado por borracho, drogadicto, loco, homosexual, negro, extranjero, o sólo por ser un artista con una concepción propia del mundo, o sea por ser "otro". Su punto de vista, es decir el enfoque desde la minoría, es el que prevalece en las obras. Todo el discurso literario del Mariel es minoritario. Los marielistas parecen condenados a ser minoría donde quiera –en su patria por inconformistas, en los EEUU por haber venido del Mariel junto con la "escoria"–. Los parias apátridas de las obras marielistas tienen que enfrentarse dondequiera al poder nefasto y aplastador –político o económico, del qué dirán o de la familia, real o producto de la imaginación paranoica–, representado por personajes reales o por símbolos muy personales. A menudo la única posibilidad de escape que les queda frente a este poder es la creación, el dejar volar su imaginación. En ella hay un poder que les exime de sus pecados y les libera. Otro símbolo de la libertad es para ellos el mar, abierto, indomable, siempre rugiente, infinito y hermoso, a pesar de ser su muro de Berlín[27].

En las obras escritas o ambientadas en la Isla los motivos de la opresión de los héroes, en su mayoría autobiográficos, se deben sobre todo a razones políticas. Sin embargo, el mismo sentimiento de "otredad" caracteriza a los héroes de obras ambientadas en el exilio. Emblemático sería el caso del protagonista de la novela *Boarding Home* de Guillermo Rosales, cubano que llega a Miami y no logra adaptarse a la realidad de la ciudad, es repudiado por su familia y termina en un asilo para desamparados y locos.

En el exilio se vuelve más apremiante un motivo que siempre ha sido propio de la literatura cubana –la búsqueda de la identidad, de la cubanidad–. La generación del Mariel se enfrenta con el problema de no ser nadie, ni cubano ni ciudadano americano, y a veces ni siquiera hombre –sólo escoria–. Esta búsqueda de la identidad aparece a menudo vinculada con reflexiones acerca del lenguaje –en la variante lúdica, sobre todo– y con el ansia de comunicarse y la consecuente frustración ante la imposibilidad de lograrlo. No es suficiente poder gritar libremente, también hay que hacer escuchar su grito, encontrar para él un eco. "Tender un puente en la oscuridad hacia su hermano," lo expresó

---

[27] El mar o imágenes vinculadas con él figuran a menudo en los títulos de sus obras: *Otra vez el mar* de R. Arenas, *La travesía secreta* o *Las sombras en la playa* de C. Victoria, *A la sombra del mar* de Juan Abreu, etc.

Carlos Victoria en su novela *Puente en la oscuridad*,[28] donde presenta al tipo de protagonista antológico de obras marielistas: un cubano de 39 años exiliado en Miami, "tipo soñador, sin lazos familiares, sin hijos, sin esposa y sin patria, abstraído en la rutina diaria",[29] que "no se sentía feliz con su presente; por otra parte, su pasado se le había vuelto ajeno";[30] reflexionaba "invariablemente sobre la muerte, la soledad, el destierro, el hecho incomprensible de estar vivo",[31] se sentía "parte de aquel mundo postizo, de aquella gente que no cabía en su patria ni en lugar alguno"[32].

El problema central de esta novela, la búsqueda de la comunicación con el prójimo y la imposibilidad de lograrla, quedando siempre al margen, es otro de los temas generacionales. Aparece también como eje principal en la novela de R. Arenas *El portero* (1989), su única novela ambientada en los EEUU. El portero es aquí un personaje simbólico. Abriendo puertas reales en un lujoso edificio de Manhattan intenta encontrar una misteriosa puerta hacia la libertad (su imaginación); marginalizado por los "suyos", es decir la comunidad cubana del exilio, narradora irónica del libro, trata de comunicarse con los inquilinos del edificio (todos locos y cada uno con su particular manía hiperbolizada *ad absurdum*), pero nadie está dispuesto a escucharlo.

El sentimiento de la otredad fatal de los héroes malditos del Mariel contiene una incertidumbre ontológica (¿se puede existir de veras en un país donde la mentira está institucionalizada?, ¿se puede existir fuera de su patria? ¿cuál es la relación entre la mentira y la verdad, entre la realidad real y la inventada, ficticia?). Es significativo que la relación entre la realidad real y la ficticia quede a menudo invertida. Los marielistas ponen en duda la veracidad de la realidad circundante, valorada como aparente y mentirosa. En la imaginación de los protagonistas o narradores, la realidad "real" es fácilmente sustituible por alguna otra, sea la de detrás del espejo (otro motivo recurrente de muchas obras marielistas), sea una totalmente inventada, nacida en una mente alucinada. Con una fuerte dosis de humor negro, los marielistas mezclan lo real con las peores pesadillas que al final resultan más

---

[28] Carlos Victoria: *Puente en la oscuridad,* Colección "Letras de Oro", Instituto de Estudios Ibéricos, Univ. de Miami, 1994.

[29] Carlos Victoria, op. cit., p. 1.

[30] Ibídem, p. 2.

[31] Ibídem, p. 4.

[32] Ibídem, p. 11.

reales que la realidad. Como si fuera un paso más allá de la *Metamorfosis* de Kafka: lo que allí puede ser aún entendido como pesadilla, aquí se convierte en la única verdad posible. Es sobre todo en los cuentos de René Ariza, donde la diferencia entre esta y la otra cara del espejo se borra del todo. Son significativos los títulos de algunos cuentos suyos: *Kafkiana, El Fantasma del Puerco, Realidad Parodial, Mascarada, Las Leyes del Espejo, Máscaras, Apariencias, El hombre del espejo, Sueño*. Este último, de cinco líneas, puede demostrar bien esta sustitución de lo vivido por lo soñado: "Sueña que un policía lo detiene. Le dice: "¡identifíquese!", y él busca en los bolsillos del pijama, pero no tiene nada. "Déjeme despertar un momentico, por favor, que es que no tengo aquí mis documentos". "De eso nada", –contesta el policía–, vas a seguir soñando"[33]. Es decir: nuestra vida es sueño o más bien pesadilla, de la cual nos está prohibido despertar. En otro cuento, *El Fantasma del Puerco*, el narrador es un niño cuyos padres son ciegos; un día lo confunden con el puerco y empiezan a cuidar a éste como si fuera un niño. El verdadero niño se esconde para que no lo maten y coman, hasta que al final, no pudiendo más de hambre, los viejos ciegos matan al puerco, sin saber con certeza a quién están matando, si al niño o al puerco, y se lo comen. El niño-narrador vaga por la casa, sin dejarse atrapar, persiguiendo a los viejos y haciéndoles creer que es el fantasma del puerco, o sea del niño comido por ellos.

El mundo de la pesadilla en este cuento contiene otros motivos típicos: imágenes de miedo y de derrumbe, que contrastan con la visión cliché del trópico alegre y luminoso: "Y entonces yo cogí un poco de miedo, como ya iba diciendo, y el miedo aquel creció como si fuera un puerco enorme y jíbaro que ataca en medio de la noche. Ya todo era miedo allí: la casa con sus muebles medio rotos e hinchados por las lluvias, y los techos de yagua temblorosos, y los pisos de tierra que se podían hundir como las tumbas en el momento menos pensado, y los espejos de los escaparates cubiertos de una lepra negra como unos mapas de países que no existen, y la mata de yagruma quejándose del miedo cuando el aire..."[34]

El clima y la naturaleza del trópico suelen figurar en las obras marielistas como fenómenos negativos: los personajes no soportan el bochorno del trópico y sueñan con la nieve (que por su blancura les inspira pureza e inocencia); el sol omnipresente e inaguantable es tan tiránico como el poder contra el cual se rebelan –tampoco hay escapa-

---

[33] René Ariza: *Cuentos breves y brevísimos*, Miami, Ediciones Universal, 1998, p. 108.

[34] Ibidem, pp. 33 - 34.

toria; o al contrario todo lo ensucia el fango infinito de las lluvias tropicales[35].

Desde el punto de vista formal es imposible hacer encajar a los marielistas bajo algún rótulo de crítica literaria. Sin embargo, partiendo de sus motivos y temas más frecuentes podemos establecer algunas líneas estilísticas propias de la mayoría de ellos, que toman matices diferentes según la intensidad del experimentalismo formal. Los estilos individuales que sirven de vehículo para expresar las preocupaciones generacionales tienen sobre todo un rasgo en común: el elevado grado autoirónico y paródico. El autor marielista tiende a reírse de sus propias pretensiones, consciente de la imposibilidad de conciliar tantos opuestos: por ejemplo el de la impostergable necesidad de dar testimonio de su verdad y otredad disidente por un lado, y el afán por dejar una obra de imaginación por otro. Su incertidumbre ontológica se refleja en la disposición formal de sus obras, a veces deliberadamente caótica, paradojal, travestida, puesta en duda. Cuando R. Valero termina su novela *Este viento de cuaresma* con tres desenlaces diferentes, incompatibles entre ellos, no es sólo un ornamento formal que lo emparenta con las corrientes modernas, sino mucho más la expresión de su incertidumbre radical, aprendida como su modo de ser. De ahí que en tantas obras se recurra a la hipérbole y al tratamiento carnavalesco de la realidad circundante, ya deformada en sí misma, y además reflejada en espejos cóncavos. Según el grado de deformación paródica de la realidad, es posible clasificar a los narradores marielistas en tres grupos: 1) El primero se caracteriza por el estilo irreverente, lleno de humor negro, alegre y amargo al mismo tiempo, barroco, desbordado e hiperbólico al límite de la locura, lleno de parábolas y símbolos a veces difícilmente descifrables: esta hiperbolización tanto formal como temática es obvia sobre todo en la obra de R. Arenas y René Ariza; 2) Los narradores del segundo grupo tienen un estilo menos hiperbólico, que sin embargo recurre a invenciones típicas para la narrativa moderna tales como: diferentes niveles de una realidad ficticia, variedad de planos temporales superpuestos, puntos de vista cambiantes, mezcla de géneros, parcialidad del narrador, etc.: Roberto Valero, José Abreu Felippe. 3) El tercer estilo se podría calificar de clásico –de tono mesurado y sin pretensiones de impactos formales, despojado de toda orfe-

---

[35] La visión de la naturaleza hostil, contraria a la concepción idílica del trópico en cuanto *locus amoenus*, aparece sobre todo en las obras que exploran las experiencias del trabajo forzado en la zafra o del servicio militar obligatorio, como por ejemplo la novela de José Abreu Felippe *Siempre la lluvia* (Miami, Ed. Universal, 1994), cuyo título es significativo ya por sí mismo. Uno de los castigos en el servicio militar es tener que quedarse varias horas de pie sin moverse, en postura reglamentaria, bajo el sol inclemente.

brería ornamental, donde lo que prevalece es el tema y la habilidad de contarlo pulcramente, creando así un mosaico de la vida: así son los cuentos de Luis de la Paz y los cuentos y novelas de Carlos Victoria.

Con el paso del tiempo algunos escritores marielistas se fueron dedicando a otras actividades, sobre todo a la docencia y al periodismo (Vicente Echerri, Daniel Fernández), otros dejaron de crear y desaparecieron del mundo de las letras (René Cifuentes), muchos murieron (R. Arenas en 1990, Guillermo Rosales en 1993, Roberto Valero en 1994, René Ariza en 1994). Sin embargo, sus obras publicadas hasta ahora pueden ser consideradas como un todo, un conjunto de temas y preocupaciones comunes, que cada escritor expresa a su manera. Y es recién ahora que se puede intentar una mirada abarcadora de la obra marielista, ya que con excepción de Reinaldo Arenas, la mayoría de los manuscritos extensos de esta generación tuvo que esperar mucho tiempo en las gavetas, hasta que sus autores consolidasen su posición económica y social en el destierro. Esta situación ha cambiado sobre todo en los años 90 gracias a Ediciones Universal de Miami, con la que colaboran varios marielistas diseñando cubiertas, revisando manuscritos, corrigiendo pruebas, escribiendo prólogos, etc.

La Generación del Mariel, a pesar de ser la menos estudiada y la más calumniada, ha sido un fenómeno único en la historia de la literatura cubana del exilio. Ni antes ni después se ha formado en el exilio otro grupo tan compacto, animado por tantas concepciones filosóficas y estéticas compartidas. Ni siquiera otro éxodo masivo (en 1994) originó tal movimiento –algunos balseros escribieron libros sobre su experiencia, pero se quedaron en el terreno del documento–. Destaca de esta ola solo un escritor, Armando de Armas (nac. en 1958, huyó en 1994, reside en Miami; en 1996 publicó allí un libro de relatos *Mala jugada*). Algunos críticos lo incluyen al lado de Zoé Valdés, Daína Chaviano y Eliseo Alberto Diego en un nueva Generación de los 90. Pero él mismo se siente al margen de estos escritores casi oficiales (al menos por un cierto tiempo); justamente esta conciencia suya de ser un marginado nos lleva a considerarlo más bien como el hermano menor de los marielistas (que lo conocen y aprecian) que como un miembro de la Generación de los 90[36].

---

[36] Él mismo dice a propósito en una carta personal fechada en Miami, 16 de noviembre de 1998: "Tampoco es un fenómeno como el Mariel pues salen de la isla en diferentes fechas (aunque en los 90), casi siempre como funcionarios de la cultura oficial cubana o autorizados por el gobierno, y todos tenían obras publicadas ya en la isla; por lo que en este grupo sigo siendo yo una excepción pues la primera vez que pude salir de la isla fue a los 35 años y bajo los tiros (meses antes que el régimen autorizara la salida en balsas), nunca había publicado (aunque tenía una obra escrita en Cuba, entre ella *Mala jugada*) y vivía acorralado por la Policía Política por mi actividad marginal y contestataria".

Muchos de los marielistas físicamente no han sobrevivido. Sin embargo, su Obra con mayúscula les ha salvado del olvido, así como a toda su generación maltratada e incomprendida. Valen para todos ellos las palabras dichas por un personaje de *Final de un cuento* de Reinaldo Arenas: "Óyelo bien: yo soy quien he triunfado, porque he sobrevivido y sobreviviré"[37].

---

[37] Reinaldo Arenas, *Adiós a mamá*, ed. cit., p. 174.

NARRATIVA CUBANA DEL/DESDE/EN EL EXILIO

Pío E. Serrano

Aprovecho la maleabilidad semántica y funcional de las preposiciones para formular las distintas perspectivas con respecto a las categorías de territorio, ideología y lenguaje que a nuestro entender se producen en el cuerpo de la literatura producida por los escritores cubanos que han optado por el exilio.

Se trata, pues, de un acercamiento a la literatura cubana creada "desde" el exilio, de literatura cubana "del" exilio y de la literatura cubana generada "en" el exilio. Para ello habremos de aceptar la convención que propongo, y entender que la literatura "del" exilio implica la triple condición de nostalgia territorial, de una posición ideológicamente confrontadora y de un prolongado paladeo de la lengua oral nativa; que la literatura "desde" el exilio comporta todavía la misma nostalgia del territorio y del habla, pero excluye de la escritura la confrontación ideológica directa; y, por último, que la literatura "en" el exilio se libera a la vez de la pérdida del territorio, de la pugna ideológica y del color local del lenguaje.

Esta propuesta, por supuesto, no implica una jerarquización de la escritura. La eficacia de la obra se justificará únicamente por la excelencia o no de los dispositivos narrativos que cada autor despliegue en su escritura. Veamos cada caso.

LA NARRATIVA "DEL" EXILIO

La literatura "del" exilio exige una toma de posición ante el otro, entendido como poder excluyente; asume la escritura como respuesta ideológica explícita y una, a veces, lamentable rendición de la escritura al gesto ancilar que la convoca. Es todavía una ideación prisionera del otro, su enemigo, el poder totalitario. En otro plano, la nostalgia es su savia, su nutriente. No vive su presente porque su futuro está anclado en el pasado. El horizonte está a su espalda. Su alimento es la memoria. Su gloria y su derrota se ganan o se pierden en corredores que se bifurcan y reordenan en una conciencia demasiado marcada por la historia. Su lenguaje paladea todavía el sonsonete de la oralidad epidérmica. La palabra es un cuerpo sincrónico detenido en un tiempo, un tiempo que sólo habita en el desconsuelo del autor. La palabra es también un recurso sensual que palpa la realidad para el regodeo, el goce, el disfrute. La trama se desliza como un instrumento que desmonta el discurso ortodoxo y unívoco del otro, lo desacraliza y lo convierte en objeto de escarnio o de parodia. Cuando no es solemne busca el descrédito por la esquina del humor, del choteo. Cuando es solemne el testimonio puede desplazar la ficción u ocultarse en ella. Puede ser desgarradoramente autobiográfica.

Las circunstancias específicas en que se ha producido el exilio cubano han permitido un renuevo sucesivo de esta literatura del exilio. Por ello no se la puede fijar en un período determinado. A diferencia de la revolución soviética o de la guerra civil española, la revolución cubana no generó inmediatamente un exilio masivo y único. Por el contrario, el exilio cubano se ha ido nutriendo de sucesivas e indistintas capas, respondiendo cada una de ellas a las variadas etapas del proceso revolucionario. Cada una de estas etapas, desde 1959 hasta el presente, ha ido depositando más allá de las fronteras cubanas renovados núcleos de exiliados que, en el caso de los escritores, reelaboran discursos literarios "del" exilio, reiniciándose así un ritual exorcisador. Un ajuste de cuentas con el pasado propio, pues la mayor parte de estos escritores participó activamente en la política cultural del régimen hasta el momento de su rompimiento. Estas circunstancias permiten semejar experiencias literarias tan disímiles generacional y estilísticamente como las de Lino Novás Calvo, un escritor exiliado en los primeros años, y las de Jesús Díaz o Zoé Valdés, autores salidos de Cuba en los noventa.

Lino Novás Calvo, renovador del relato corto cubano, quien mantuvo el grueso de su escritura apegado siempre a la inmediatez de su entorno, con una mirada intensa, desapacible, inquietante, no pudo escapar a su manera de asumir la realidad, y así la práctica totalidad de sus narraciones, a partir de su salida del país, quedarían comprendidas en ese cuerpo que hemos llamado literatura cubana del exilio. Un caso semejante al de Novás Calvo sería el de Enrique Labrador Ruiz.

Tal sería el caso de otros narradores de la generación siguiente a la de los autores citados: Juan Arcocha, Matías Montes Huidobro y Luis Ricardo Alonso, pertenecientes a la generación del 50. Todos ellos, Arcocha y Alonso más prolíficos, producirían novelas de réplica o de denuncia, si bien la última de Arcocha, *Tatiana y los hombres abundantes*, quiebra el esquema temático. En su última entrega, Alonso se enfrenta a la soledad del balsero en un intenso fluir de conciencia.

La obra de Hilda Perera crece a partir de la indagación de los variados y trágicos destinos de algunas familias cubanas en el turbión revolucionario. La clandestinidad, los trabajos forzados para poder salir del país, la cárcel política son algunos de los temas frecuentes a los que recurre la autora.

César Leante, un autor con abundante obra publicada en Cuba, entrega su primera novela del exilio bajo el título de *Calembour*, que aborda las tensas relaciones entre los intelectuales y el poder revolucionario en los comienzos de la década del 60. Se trata de una narración novelada de las circunstancias que condujeron al cierre del suplemento cultural "Lunes de Revolución", dirigido por Guillermo Cabrera Infante, y que habría de marcar el fin de la luna de miel entre los intelectuales y la revolución, y la oficialización de la escritura. En su obra posterior, un volumen de relatos, mezcla de exploración psicológica e imaginación, y una novela histórica de ambiente español, Leante escapa de los condicionantes de la literatura cubana "del" exilio para establecerse en territorios de una mayor autonomía literaria.

Heberto Padilla, víctima de su propia imprudencia y de un mal cálculo sobre el poder destructivo de los aparatos represivos, forzado a una grotesca autoconfesión que recordaba los procesos de Moscú de los años 30, deposita en dos novelas, *En mi jardín pastan los héroes* y *La mala memoria*, su trágica experiencia. Relata Padilla la evolución del intelectual comprometido, del poeta maldito en la revolución y de la víctima propiciatoria que el Estado totalitario escoge para producir un ejemplarizante y denigratorio auto de fe. En resumen, ficción puesta al servicio de una desconsolada memoria, autobiografía ardiente.

Generacionalmente cercana a Padilla, Nivaria Tejera segrega durante años la densidad de una escritura que se realiza en un ejercicio de disolución de los géneros, donde la ficción pierde sus fronteras en el abrazo constrictor del ensayo. *J'attends la nuit pour te rêver, Révolution* es probablemente el mayor esfuerzo de concentración especulativa sobre el origen y desarrollo del poder totalitario en Cuba. Con lucidez desgarradora el texto de Nivaria Tejera dibuja el trayecto que parte de la ilusión amigada en la muchedumbre hasta la soledad intolerable de una conciencia crítica en el exilio. Un tratamiento de similar intencidad es el que emplea Nivaria Tejera en su primera novela *Sonámbulo del Sol* (Premio Biblioteca Breve 1971).

El caso de Reinaldo Arenas por muchas razones obtiene la gracia de la singularidad. Una primera parte de su obra se publica en Cuba y obtiene, con reservas, reconocimientos oficiales. Su inconformidad con el régimen y la asunción de su identidad sexual lo convierten pronto en un disidente. Es el único caso de los aquí referidos que desde Cuba comienza la fervorosa escritura de una otredad, que se significa por su marginalidad social y política, pagando por ello con la cárcel y un incesante acoso. La salida masiva del Mariel facilita su llegada al exilio. Desde aquí genera un precipitado cuerpo narrativo de apasionada denuncia dirigido primero a los que no han querido ver las perversiones del poder totalitario; convencido después de la inutilidad del esfuerzo ante la ceguera moral de una hipócrita izquierda bienpensante, conducirá su escritura al doloroso goce de la parodia desacralizadora, del mordaz ritual carnavalesco, de la farsa que desenmascara, de la hipérbole urticante. Dejará de escribir para los otros y comenzará a hacerlo para/con los suyos en un juego de complicidades amargo, brutalmente desolador, corrosivamente humorístico y del que no escaparán su provocadora lectura sobre el régimen, visto siempre como cruel esperpento, ni sus ácidas visiones sobre los sectores de un exilio petrificado en un rancio sistema de valores.

La literatura del exilio condujo también a René Vázquez Díaz a la ejecución de una novela de ambiente miamense en la que el autor nada concede al centro mayoritario de la diáspora cubana.

La obra novelística de Jesús Díaz escrita fuera de Cuba es uno de los mejores ejemplos de la literatura "del" exilio. Poco años después del éxito de *Las iniciales de la tierra*, el autor, desde Alemania opta por no regresar a Cuba. Publicada en La Habana en 1987, *Las iniciales de la tierra* es un ejercicio de desgarrada escritura, que pone en limpio una nueva manera de asumir el compromiso del intelectual con la revolución, una manera más crítica y menos conformista. Sus obras escritas fuera de Cuba conservarán el apego al mismo territorio, al tiempo que el discurso ideológico cambia de signo y se convierte en un instrumento de confrontación. Tanto en *Las palabras perdidas*, *La piel y la máscara*, *Dime algo sobre Cuba* o en *Siberiada*, el autor realiza un recurrente exorcismo del pasado. Autobiografía y ficción, en las dos primeras, se abrazan para brindar al lector el testimonio de un ajuste de cuentas con el pasado. *Las palabras perdidas* es una suerte de velada recomposición del fracaso de "El Caimán Barbudo", suplemento literario de "Juventud Rebelde", que Díaz fundara en la década del 60, así como de la recuperación de las voces amigas y de un cierto ambiente vivido en el pasado. El lenguaje en ciertos momentos gana en efectividad por las manipulaciones lúdicas a las que lo somete el autor. Son momentos en los que sentimos el guiño cómplice de Cabrera Infante. En *La piel y la máscara* el autor reordena los acontecimientos que se suceden durante la filmación en La Habana de una película semejante a la que el propio Díaz dirigiera en Cuba. De una eficaz carpintería narrativa la obra recupera las obsesiones del autor. En *Dime algo sobre Cuba*, Díaz desplaza parcialmente el territorio, compartido esta vez entre La Habana, México y Miami pero acoge ahora su discurso ideológico desde un tono menos severo que en las anteriores para dotarlo de un humor directo, pero igualmente pugnaz en su enfrentamiento. La trama transcurre en una lógica narrativa sin sorpresas, al tiempo que se acude a ciertos tópicos dominantes, como el de la mulata consciente de la "sabrosura de lo que era". El lenguaje aquí, infrecuente en la anterior obra de Díaz, se regocija en la procacidad del habla de los personajes, con una intensidad menor que en la obra de Zoé Valdés. Algo semejante ocurrirá con *Siberiana*.

Buena parte de la obra narrativa de Zoé Valdés se inscribe en una tendencia que Carlos Victoria ha llamado "literatura de urgencia", caracterizada por el impulso caótico del relato, generalmente testimonial o autobiográfico, impulsado por una fuerte vocación provocadora y alimentado por un lenguaje que no le teme al impudor ni al desparpajo; si bien algunos de estos textos alternan con eficacia el lirismo más estremecedor con las más desgarradas revelaciones, el coloquialismo con la escritura más depurada. Entre 1993 y 1996 escribe Zoé sus cuatro primeras novelas, entre ellas sobresale *La nada cotidiana*, publicada por primera vez en España, donde la autora alcanza una dicción narrativa excepcional por la eficacia con que funde la dura realidad con bien dosificados dispositivos poéticos y por la fuerza estremecedora de las historias que se entrelazan. A partir de la selección como finalista del premio Planeta de *Te di la vida entera* (1996) y con la publicación de sus últimas novelas, *Café Nostalgia* y *Mi querido primer novio*, la narrativa de Zoé Valdés se deshace, en gran medida, de aquellos elementos poéticos que distinguían su primera escritura, para instalarse en el espacio de una narrativa desbordante, denunciadora siempre, cercana siempre a la piel más inmediata de la autora. El lenguaje, deliberadamente procaz y apegado al habla habanera, constituye su verdadero eje vertebrador. En este sentido la autora no ha vacilado en declararse deudora de Cabrera Infante. La insistencia en la implementación de la escritura como exorcismo y reto al poder le hace perder eficacia narrativa, al tiempo que engrosa de manera calculada la textura de un lenguaje provocador y violento, un habla malsonante que quisiera explorar hasta el agotamiento las zonas más reprimidas –erótica y políticamente– del alma habanera. Desde una libertad creadora sin límites, Zoé deposita en sus textos el testimonio transgresor de una oralidad insular degradada desde las entrañas mismas del poder.

Pertenecen a la literatura cubana "del" exilio dos de los testimonios novelados más incisivos sobre las vicisitudes del adolescente durante la década del 70 en Cuba. Se trata de dos verdaderos Bildungsroman, crónicas del deslumbramiento y la simulación, de la represión y la desolación. Ambas obras, *Siempre la lluvia* de José Abreu Felippe y *La travesía secreta* de Carlos Victoria, aparecen en Miami en 1994. Aunque las dos novelas participan del territorio cubano y constituyen una denuncia del poder totalitario, su voluntad literaria va más allá de estos límites para profundizar en la laberíntica conciencia de sus jóvenes protagonistas. El desasosiego de una adolescencia lúcida que se consume en el absurdo cotidiano, precipita a los protagonistas en una intrincada trama, que, en ambas novelas, es "recuento minucioso, rítmico, visceral, de la miseria y de la rendención mediante la palabra de sus personajes". La intensidad de *La travesía secreta* –de Camagüey a La Habana o de la inocencia al conocimiento– le viene dada por la progresiva educación sentimental (y política) que sufre el protagonista en un largo período de iniciación. Los largos viajes sólo conducen, parece decirnos el autor, a una imagen especular donde terminamos por no reconocernos. *Siempre la lluvia* toma como escenario el Servicio Militar Obligatorio para narrar el aprendizaje de la adultez moral (y política) de su protagonista. Asume la obra una escritura experimental en su estructura y en los variados dispositivos lingüísticos que instrumenta con habilidad el narrador. Ambas novelas vienen a ocupar en nuestra literatura el sitio que en los 60 ocupó en la narrativa norteamericana *The Catcher in the Rye* de Salinger.

La enfervorecida escritura de *Informe contra mí mismo* de Eliseo Alberto, a vena abierta, prolongado estremecimiento emotivo de un desencanto, dolorosa exposición a la intemperie de los más variados y contradictorios sentimientos es una de las piezas más auténticas de la literatura cubana "del" exilio. Como se sabe, es memoria, crónica y autobiografía que regresa del sueño de la utopía por un largo corredor que es pesadilla ardiente. El texto –desilusión sangrante– transcurre, nada crispado, por los senderos de una sensibilidad que no se pone límites, por la tolerancia de quien conoce los extremos, por la dramática belleza que sólo la serenidad confiere. También es un exorcismo. El minucioso relato de una complicidad que, sin estridencias ni exacerbados arrebatos, el autor deshoja ante nuestros ojos, sin ánimo de autocrítica exhibicionista, con afán de saber, de conocer los delicados mecanismos que imperceptiblemente nos envilecen, y todo desde la certidumbre de un proyecto que se siente tentado de liberar a todos los hombres previo el sojuzgamiento de todos provisionalmente. La grandeza de la intención, nos viene a decir Eliseo Alberto, oculta al verdugo y a la víctima; además, el sistema se ocupará de intercambiar sus papeles oportunamente.

El hombre, la hembra y el hambre de Daína Chaviano, su primera novela del exilio y las colecciones de relatos *Lágrimas de cocodrilo* de Enrique del Risco y *Un verano incesante* y *El otro lado* de Luis de la Paz se acomodan perfectamente en este grupo. En estas obras se cumplen las premisas de territorialidad y de ficcionalización de los conflictos ideológicos.

LA NARRATIVA "DESDE" EL EXILIO

La literatura "desde" el exilio preserva la memoria de un territorio. La frialdad del destierro voluntario pareciera precisar la calidez que se descubre en la reiterada memoria de un espacio, paisaje y humanidad siempre recuperables. Geografía de un paraíso las más de las veces, de un infierno otras. Radiografía de un espejismo o de una realidad palpable, poco importa. Generalmente La Habana y su paisaje, su habla. Su nutriente es la memoria, una poda selecta de sus remembranzas, aunque huye de la melancolía y de la nostalgia. Sólo que la narrativa "desde" el exilio evita mancillar el texto literario con la confrontación ideológica; cuando la hay, es únicamente tangencial, por contraste con un pasado cargado con los atributos ausentes del presente. Lo más frecuente es que algunos de sus autores acudan a otros géneros –el ensayo, la crónica periodística o el panfleto– para reflexionar con todo rigor y serenidad sobre las perversiones del poder totalitario. Ellos salvaguardan la escritura de ficción de la denuncia, del ataque. La confrontación ideológica es de otro orden. Su reino es el de la ficción incontaminada y el lenguaje, su paraíso particular. En este ámbito desconoce al otro, su enemigo, y no le concede el privilegio del espacio literario de creación. La escritura como voluntad de construcción autónoma.

Guillermo Cabrera Infante es el autor emblemático de la literatura cubana "del" exilio. Sus tres novelas –aunque él abomine del término, quizá con razón por los desplazamientos de géneros que se producen en su interior– y gran parte de sus narraciones breves se instalan en el territorio de un lenguaje que traza la cifra de una ciudad: La Habana; y un tiempo: generalmente los años 50. *Tres tristes tigres* (1964), *La*

Habana para un infante difunto (1979) y *Ella cantaba boleros* (1996) han sostenido durante un largo período esa voluntad de construcción autónoma incontaminada de referentes ideológicos directos. La abierta confrontación política y la denuncia las reserva el autor para el ensayo y el artículo periodístico. Su libro *Mea Cuba* recoge la casi totalidad de sus reflexiones sobre el régimen totalitario. Los obsesivos temas que a través de su peculiar lenguaje, sustancia misma de su obra, son los referentes autobiográficos, su pasión por el cine y la música, la permanente obsesión por el sexo. Desde el primer título, Cabrera Infante deja establecida la entronización de un lenguaje con vocación de quebrar la oposición entre oralidad y escritura. El lenguaje de sus personajes habla cubano, y "refleja hasta las diferencias acentuales de las distintas regiones, modula los distintos timbres y las distintas fonéticas de las clases, de los sexos, de los oficios". El humor, un personalísimo sentido del humor, es la mar a donde van a parar la sucesión de dispositivos del lenguaje que el autor pone en movimiento. Paronomasia, calambur, bustrófedon, hipérbole, equívoco, paradoja, oximorón, retruécano, ironía y parodia son algunos de los dispositivos principales que se entretejen en sus narraciones no para apoyarlas y revestirlas, sino para medularlas, convertirlos en sustancia esencial.

Eduardo Manet, por otra parte, instalado en el francés como lengua de creación, ha elaborado un cuerpo novelístico cuya referencia territorial sigue siendo Cuba. Cuando la trama lo ha requerido, Manet ha desplazado a sus personajes al Miami del exilio, entendido como una prolongación virtual de la misma Habana. Más que como ausencia en el transtierro, la ideación de un nuevo territorio exterior expulsa la identidad del suelo recién apropiado. Infancia y adolescencia, memoria autobiográfica y ficción, brotan de un francés acriollado, forzado al extremo de una sonoridad habanera y lúdica. Evita Manet también en sus ficciones la confrontación ideológica directa, y, como Cabrera Infante, las desplaza hacia otros ámbitos de su escritura. A los historiadores de la literatura deja Manet la compleja tarea de su clasificación: ¿escritor francés de origen cubano o escritor cubano de expresión francesa?

En su segunda entrega fuera de Cuba, *Casa de juegos*, Daína Chaviano, saciada quizá en su primera novela su ajuste de cuenta con el debate ideológico del país, aborda una historia habanera donde el amor y el erotismo se revisten de una opresiva atmósfera de misterio y tensión. Entre la experiencia surrealista y el esoterismo local su aventura se mueve entre zonas prohibidas, lo sobrenatural cotidiano y una mutante realidad. El relato, ausente de la fuerza del lenguaje de su anterior novela, cobra autonomía con respecto a la bipolaridad canónica que ha regido la literatura cubana durante décadas.

LA NARRATIVA "EN" EL EXILIO

La literatura cubana "en" el exilio anuncia, por lo pronto, el brote incipiente, si bien con antecedentes tempranos, de una nueva disposición ante la escritura. Se desentiende de la ritual imposición del territorio cubano como referente espacial y se asienta en un escenario indiferenciado o en una localización ajena a la Isla. Aun cuando algún autor tome la isla como territorio fugaz o permanente de su ficción, su presencia podría ser intercambiable. Como si la cartografía literaria cubana se hubiese diseminado, fragmentado en una plural geografía más cercana a la realidad de la diáspora. Igualmente, fatigados quizá los autores, casi todos muy jóvenes, por una excesiva confrontación maniquea, obvian los referentes directos de la pugna política e instalan sus ficciones en renovadas obsesiones, que el crítico cubano Francisco López Sacha, al referirse a las generaciones de los 80 y de los 90, ha resumido como: la revelación del lado invisible de las cosas; la primacía de una visión personal de sucesos minúsculos; vuelta a lo cotidiano; concepción del relato en un espacio autónomo; ruptura entre la realidad y la ficción; regreso "a las entreluces del absurdo, lo insólito y lo fantástico"; búsqueda intensa de una metáfora narrativa; desarrollo de "un espíritu iconoclasta, una especie de estética de la interrogación", entre otros signos de identidad.

Por otra parte, entre los más jóvenes, el lenguaje se desplaza también hacia una autonomía desatendida de cualquier color local, no se siente obligado a alcanzar un paradigma determinado, y, en general, se hace más neutro y universal.

Severo Sarduy es el narrador "en" el exilio por antonomasia. Su obra novelística, exceptuando quizá *De donde son los cantantes*, se desentiende del territorio y de la pugna ideológica, para situar su escritura en un permanente simulacro, parodia de sí misma, donde, al decir de un crítico, están presentes "algo del pop y algo del minimalismo; algo del barroco y algo del cómic; algo de la radionovela y algo del dragqueens; algo del teatro de vanguardia de los años 60 y algo estrictamente conceptual, que no está exactamente en las novelas sino en el proceso con que han sido metabolizadas éstas; eso que sin estar escrito dinamiza lo que está escrito, lo pliega. Eso que sin nunca haberse escrito se lee, se infiere". Aunque conserva flecos del habla y de la tonalidad cubanas estos recursos encubren el caos del discurso, más allá de su literalidad. Un caso semejante al de Sarduy sería el de Antonio Benítez Rojo, cuya novela *El mar de las lentejas* y su libro de relatos *Paso de los vientos* se desplazan, en general, hacia espacios históricos lejanos o hacia un territorio plural que abarca diversas zonas del Caribe.

Mayra Montero, afincada en Puerto Rico, produce uno de los cuerpos narrativos más coherentes de la literatura cubana "en" el exilio. Desde su primera novela opta por integrar su escritura en un dilatado espacio caribeño: Puerto Rico, Haití, las Antillas Menores, donde la trama queda liberada de cualquier sumisión ajena al universo autónomo de la ficción. *La trenza de la luna* (1987), *La última noche que pasé contigo* (1991), *El rojo de su sombra* (1993), *Tú, la oscuridad* (1995) son títulos que escapan del dualismo maniqueo que marca gran parte de la novelística cubana de las últimas cuatro décadas. Cuando el territorio cubano aparece plenamente en su obra –*Como un mensajero tuyo* (1998)–, el tiempo se desplaza a 1920 para apropiarse de una insignificante anécdota que la autora revista con destreza de una indagación sobre la pasión, sobre los cultos sincréticos y sobre una de las zonas menos exploradas de la sociedad cubana: la vida interior de la comunidad china en la Isla. Ajena a la novela histórica o de costumbres, la obra cobra densidad desde los propios dispositivos de la narración y termina por desarrollarse por los inquietantes claroscuros de un thriller de la mejor factura.

Pertenecientes a esta categoría podrían considerarse la novela de Manuel Pereira, *Toilette*; *La hija del cazador* y *El gran incendio* de Daniel Iglesias Kennedy; y *Memoria de siglos* de Jacobo Machover. Igual destino tendrían las espléndidas narraciones de *Los labios pintados de Diderot* de Fernando Villaverde, o la novela *Casa de Cuba* y el volumen de cuentos *El guardián del museo* de Julio Miranda, así como los cuentos aparecidos en revistas del veterano Luis Manuel García. A estos autores, con una escritura reveladora de una mayor autonomía, podrían unirse los nombres de otros más jóvenes y de los que apenas conocemos unas pocas muestras, como Waldo Pérez Cino, Carlos Cabrera y Karla Suárez, entre otros. Las últimas novelas de Eliseo Diego, *Caracol Beach* y *La fábula de José*, constituyen magníficos ejemplos de esta zona. En ambas se produce esa dislocación cartográfica a la que hemos aludido, así como la apropiación de la historia, no para enfatizar sus componentes épicos, sino para resaltar sus insólitas perversiones, el microsurco de una conciencia individual obsecada por sus propios demonios, "entre criaturas caprichosamente híbridas", que dan paso, en palabras de Rafel Rojas, a "una ficción postnacional". Pero esto, ya es otra historia.

UN COMENTARIO FINAL

Estaría por estudiarse la posible relación especular entre la narrativa escrita en Cuba y los paradigmas brevemente esbozados aquí. Entendiendo, por supuesto, el correspondiente cambio de signos políticos en la ecuación. Donde se ha acentuado la relación conflictiva y denunciadora de parte de la literatura del exilio, habría que buscar la correspondencia afirmativa y militante en el interior. Tal encuesta, creo, nos depararía la sorpresa de encontrar desarrollos estructurales paralelos e insospechados diálogos desde la diferencia. Sometimiento o quebrantamiento, en ambas orillas, de un canon –relación territorio/ideología– impuesto a la literatura cubana a partir de 1959.

LA HIPÉRBOLE, LA FANTASÍA Y EL HUMOR EN *ADIÓS A MAMÁ* DE REINALDO ARENAS

Julio E. Hernández-Miyares

Reinaldo Arenas trabajó con enorme intensidad durante los últimos meses de su vida, a fin de completar su obra literaria y dejar un genuino testimonio de su fantasía creadora y de su postura de intelectual y de artista comprometido con la libertad. Por eso, cuando el 7 de diciembre de 1990, acosado por cruel enfermedad puso fin a su vida en la ciudad de Nueva York, Cuba perdió uno de sus más preclaros talentos literarios y una de las plumas más valerosas en la denuncia del totalitarismo castrista que ahogaba la libertad en la isla amada.[1]

La obra literaria más conocida de Arenas son sus novelas, especialmente, las de la llamada Pentagonía, que agrupa: *Celestino antes del alba* (1967), *Otra vez el mar* (1982), *El Palacio de las blanquísimas mofetas* (1980), *El color del verano* (1991) y *El asalto* (1991). Todas ellas de cierta manera presentan algunos rasgos de su autobiografía como escritor y una metáfora de la historia de Cuba. Por supuesto, no deben olvidarse *El mundo alucinante* (1969), la novela que más fama le dio, además de *La loma del Ángel* (1987), la noveleta, *La vieja Rosa* (1980), *Arturo, la estrella más brillante* (1984) y *Viaje a La Habana* (1990), sin mencionar su breve obra poética, dramática. y ensayística.

---

[1] Este trabajo, con diversas variantes, está basado en la ponencia original presentada en el XXIX Congreso Anual del *Círculo de Cultura Panamericano*, celebrado en Bergen Community College, en noviembre de 1991.

Su obra cuentística no es muy extensa, realmente dos volúmenes: *Termina el desfile* (1981), y *Adiós a mamá* (1995). Sin embargo, es posible precisar en esos libros gran parte de sus recursos estilísticos y de sus técnicas narrativas que tanto lustre han dado a su carrera literaria.[2]

El innegable talento narrativo de Arenas se percibe en la manera atractiva, y a veces muy exagerada en que nos presenta la realidad. Reinaldo usa lo fantástico y altera el orden de lo real para poder captarla de mejor manera. Nuestro autor mantuvo siempre que "lo fantástico no es más que lo real visto con una óptica más sensible e inquietante que la mirada fotográfica". Para él, "una imagen poética irradiaba más realidad que centenares de minuciosas descripciones". De ahí que lo más importante era "la otra realidad, la gran realidad, la verdadera realidad que tiene lugar en el subconsciente del individuo". Y por eso, para Arenas, la realidad es "múltiple, infinita, y varía de acuerdo con la interpretación que queramos darle".[3]

Adiós a mamá (1995), es un volumen póstumo de cuentos integrado por ocho relatos de tono y extensión diferentes, que muestran los principales rasgos temático-estilísticos que se han ido objetivando en la mayoría de las creaciones narrativas arenianas de los últimos 25 años. Por ello, desde ese punto de vista, muchos de los textos no resultan una sorpresa, pues varios aparecieron publicados dentro o fuera de los Estados Unidos. El libro presenta una atmósfera desoladora, de desencanto, rebeldía y frustración, aunque con marcados ribetes humorísticos, muchas veces de tono sarcástico, hiperbólico, irreverente, desenfadado y burlón. Sin dudas, lo que más llama la atención de este libro es el tono exagerado, hiperbólico del discurso literario. También, contiene mucho de parodia, transgresión y reconstrucción textual. La estética de la exageración parece objetivarse en estas creaciones narrativas.

Sin dudas, como ya dijimos, estos textos reiteran, intensifican y amplían muchas de las constantes temáticas presentes en su anterior volumen de relatos, *Termina el desfile* (1981). Entre ellas se cuentan la soledad, la incomunicación, el escapismo a través de la imaginación, el conflicto familiar, la falta de libertad y el enfrentamiento a la autoridad. Sin embargo, estimamos que en este libro que ahora nos ocupa, los

---

[2] *Termina el desfile* se publicó en Barcelona, en 1981, por la Editorial Seix Barral. Con anterioridad, en 1972, se publicó con el título de *Con los ojos cerrados*, por la Editorial Arca de Montevideo, Uruguay.

[3] Véase : Eduardo C. Béjar. *La textualidad de Reinaldo Arenas*. Madrid: Editorial Playor, p.36. Aquí se recogen tres citas importantes sobre el pensamiento de Arenas sobre la realidad y cómo presentarla en sus creaciones.

elementos unificadores más bien parecen ser la rebeldía, la desilusión, el desencanto total, la burla hiriente y el humor amargo, causados por la ausencia de toda esperanza, el desamparo y la imposibilidad de redención para sus personajes.

Los relatos de *Adiós a mamá* fueron escritos en diferentes épocas, la mayor parte de ellos dentro del período comprendido entre 1972 y 1987. Sin embargo, dos de los relatos, el titulado *Algo sucede en el ultimo balcón*, y la viñeta titulada *La mesa*, perteneciente a *Las memorias de la tierra*, son los más antiguos y fueron escritos en la década de los sesenta; el primero en 1963 y este último en 1969.

La gran fuerza es el título del breve cuento con que se abre el volumen. El relato está escrito en un lenguaje sencillo, preciso, con gran sabor borgeano. En él se manifiesta esa inclinación de Arenas a intentar la re-escritura de textos. A pesar de lo irreverente de su tema, pues parodia el dogma mesiánico cristiano, el autor logra, con un final inesperado y repleto de ironía, sentar la técnica general del libro y de su contenido: el desencanto, la frustración, la rebeldía y la burla.

En este relato, el narrador da cuenta cómo la Gran Fuerza creó todo lo que existe en el universo, incluso el género humano, del que muy pronto quedó desencantado. Más tarde, procedió a crear su obra maestra: su propio hijo. Por años se olvidó de los rastreros o terrestres, como en su corte llamaban a los humanos. Sin embargo, su hijo, enterado de la existencia de aquella errada creación, se empeñó en visitarla a fin de redimir a aquellas pobres criaturas y enseñarlas a amarse, pero desató odios y violencias mayores, que culminaron en la muerte del hijo.

La Gran Fuerza tuvo que intervenir para rescatarlo y después de resucitarlo, lo remontó al cielo. Desde entonces todo el género humano comenzó a adorar a aquella figura que ya desaparecida, y todavía esperan seguros a aquél que regresará a redimirlos. Pero según continúa diciendo el narrador, el hijo de la Gran Fuerza no es ya aquel joven delgado y melenudo que visitó la tierra, sino que vive en una gigantesca nebulosa rodeado de su prole (a la que le está prohibido estudiar astronomía), y ni se acuerda ya de la tierra ni piensa visitarla.

En este punto del relato, y cuando parece que se ha llegado al final del mismo, surge otra VOZ, diferente a la del narrador, que no es otra que la VOZ del propio hijo de la Gran Fuerza, quien exclama: "Eso es lo que cree el idiota narrador que ha contado esta historia. Yo sólo aguardo la menor oportunidad para escaparme y realizar mi segundo descenso".

La aparición inesperada de esta voz de uno de los personajes del relato, voz que se articula para contradecir con total desenfado el discurso del narrador omnisciente, es un recurso usado por Arenas en algunas de sus creaciones narrativas. Tiene, sin dudas, base en los recursos similares pirandelianos y unamunianos. Por ejemplo, Arenas utiliza este recurso en varios pasajes de su novela *La loma del Ángel* (1987), especialmente cuando los personajes increpan al novelista Cirilo Villaverde (convertido ahora también en personaje) sobre ciertos aspectos polémicos de su novela Cecilia Valdés.[4]

También, en el relato titulado *La torre de cristal*, incluido en este mismo volumen y que examinaremos después, Arenas introduce una serie de personajes de una ficción suya que todavía no ha compuesto, quienes lo asedian y hasta lo presionan para que se ocupe de ellos y los desarrolle, en lugar de perder el tiempo en reuniones sociales intrascendentes.

Igualmente se hace patente en la narrativa de Reinaldo Arenas el uso del doble, recurso literario usado por muchos novelistas. En *Celestino antes del alba*, la presencia del doble es clave de la misma y de su acierto estético. Por cierto, Arenas también usó este recurso en el segundo relato de este volumen que se titula *Algo sucede en el ultimo balcón*, que aparece fechado en 1963. Este es el relato más antiguo del volumen y por su estilo, vocabulario, estructura y contenido se alinea más con los rasgos estilísticos evidentes en *Celestino antes del alba*, la primera novela de Reinaldo Arenas, escrita más o menos por la misma época, y en la que el recurso del desdoblamiento del personaje central es elemento primordial de la obra, al igual que en este cuento.

En esta historia aparece un hombre que reclinado en un balcón mira hacia la calle y contempla un pájaro cantando sobre el tendido eléctrico. Empieza a meditar y a jugar con las ideas que le van llegando a la mente y que se materializan ante su propia vista. Inicia así el recuento de su vida. De pronto, una idea se le tira a la cabeza desde la azotea, y vemos que sorpresivamente el hombre se encoge y se hace muchacho. Se ve entonces repartiendo periódicos en una bicicleta destartalada.

Continúa la narración en tercera persona con el desfile de todas las peripecias de su vida, desde que la madre le anuncia al joven la muerte de su padre y tiene que comenzar a trabajar para ganarse la vida. Recuerda con muchos detalles sus diversos trabajos, sus ocupaciones y sus fracasos, hasta el día mismo que también muere su madre. Pero ese día se sintió como si hubiera nacido. Se sintió salvado, liberado. En este relato vemos una vez más cómo reaparece el personaje de la madre, reiterándose así uno de los símbolos fundamentales de la obra de Are-

---

[4] En esta novela, Arenas utiliza el recurso de la *re-escritura*, como una forma valiosa de interpretar la realidad. Esta versión paródica de la obra clásica de la novelística cubana, le sirvió a Arenas para demostrar sus habilidades narrativas una vez más.

nas. Pero aquí, la muerte de la madre puede simbolizar, sin dudas, el fin de la autoridad familiar, el cese de la disciplina opresiva.

Desde ese instante el protagonista cambia su vida: se casa y tiene hijos. A partir de este momento de la narración, ambos personajes empiezan a confundirse hasta llegar a integrarse en uno solo; el muchacho se ha hecho hombre y crea una familia. Con su mujer y los niños, vive una vida normal, monótona, asfixiante, que parece lo va encerrando, deprimiendo hasta poderlo llevar a la locura y el suicidio. El hombre escucha desde la sala los gritos de los niños y de la mujer que lo llaman, a lo que no presta atención. El desenlace se aproxima cuando el hombre, sin hacer caso de las llamadas, se asoma a la baranda y con gran tranquilidad decide cruzar sobre ella, y suavemente, sin apuro, se deja desprender.

Pero es ahí donde la narración sorprende al lector, cuando regresa ésta al muchacho de la bicicleta, al doble del personaje suicida, quien desde la acera ha podido contemplar al hombre llegar al suelo y hacerse trizas. y que sin inmutarse toma su bicicleta y sigue pregonando los periódicos del día, contento de haber observado este espectáculo, que sólo había visto antes en el cine. El otro testigo de la tragedia, quizá el único y verdadero testigo de lo narrado, sea el mismo pájaro del comienzo del relato, que espantado por el ruido del golpe de la caída, se alejó por el cielo rojizo a cantar en otro tendido eléctrico.

El libro continúa con *Adiós a mama*, narración extensa que da título al volumen que comentamos, y que ahora, –más que nunca–, con motivo de la trágica desaparición de Arenas, proyecta con mayor énfasis la importancia del símbolo de la madre en su obra, en especial, por el mensaje de despedida que acarrea. Este personaje-símbolo tan reiterado en la obra areniana, resulta multivalente; puede significar no sólo la autoridad, o la tiranía, sino La Habana o Cuba misma. En la obra areniana, la madre se percibe siempre tratada de una manera dual: odiada y querida, ansiada y rechazada a la vez. Este cuento fue publicado originalmente en México, en 1981, incluido en la antología titulada *Novísimos narradores hispanoamericanos en marcha, 1964-1980.*[5]

Sin embargo, en el manuscrito en mi poder (enviado a mí por Reinaldo antes de su muerte), aparece anotado por el propio Arenas, que la primera versión perdida del relato data de 1973, y que la segunda versión es de noviembre de 1980. El cuento está narrado en tercera persona y sorpresivamente dividido en 18 acápites numerados, de diversa extensión. Tres de los acápites son como cantos, verdaderas

---

[5] Este libro lo editó Ángel Rama en 1981, en México, antes de que se rompieran las relaciones de amistad entre ambos.

apologías ingeniosas de las moscas, las cucarachas y ratones, y los gusanos, animales que para Arenas presentan características especiales que les permiten sobrevivir a toda clase de hecatombes y cataclismos.

El relato comienza con la noticia de la muerte de la madre, hecho central de la narración, cuyas otras páginas giran en torno a la extravagante conducta y delirantes actividades del protagonista y sus cuatro hermanas, después de que comienzan a velar el cuerpo de la madre muerta, tendido en una gran habitación.

El protagonista, que es el personaje narrador, no parece muy decidido a compartir la idea de sus hermanas, quienes se niegan a enterrar el cuerpo y lo fuerzan a participar en un delirante y carnavalesco girar en torno al cadáver, mientras el nauseabundo, grotesco y repugnante proceso de su putrefacción se va produciendo.

En este cuento se lleva a cabo un proceso de total inversión de atributos, cuando las hermanas, con actitud demencial exaltan el maravilloso hedor que brota del cuerpo putrefacto de la madre y admiran todos y cada uno de los detalles de aquella asquerosa y macabra descomposición. El protagonista vuelve a insistir en que ha llegado la hora de enterrar a la madre, pero las hermanas reaccionan con violencia inaudita y comienzan a suicidarse una a una, como en un ritual, arrojándose sobre el cadáver purulento y deformado de la madre, que ya forma un promontorio inmundo, por el que pululan las cucarachas, los ratones, los gusanos y las moscas, que han venido a participar en esta gran cena. Es aquí cuando se producen los cantos o apologías repletas de humor negro, dedicados a estos animales o alimañas como los llama Arenas.

La apología de las moscas, por cierto, es un recurso que ya había utilizado Reinaldo en su novela *El palacio de las blanquísimas mofetas* (1980), obra en la que aparecen tres fragmentos dedicados a estos insectos, en los que se indica la fortaleza biológica de los mismos, así como el poder de supervivencia que poseen, igual o mayor que los mismos seres humanos. Los otros dos cantos, de similar tono al de las moscas, uno dedicado a las cucarachas y a los ratones, y el otro a los gusanos, a pesar de lo repugnante del tema, muestran originalidad, ingenio y una veta humorística que hace sonreír.

La narración termina cuando el protagonista, no convencido de la manera elegida por sus hermanas para mantenerse unidas a la madre, imposibilitado de suicidarse, y asqueado por el hedor y la putrefacción en torno, decide salirse de la habitación fúnebre, y comienza a revolcarse en lo que él llama con sorna e ironía, la hediondez de la fresca y verde yerba; y también se embriaga con lo que burlonamente califica de las fétidas emanaciones de los lirios, para después despojarse de sus ropas, lanzarse al mar, a las olas, y saltar sobre la que ha de ser la espuma pestífera, hedionda, blanca y trasparente. En una palabra, ser un traidor, pero feliz.

Al completar la lectura de este cuento no podemos dejar de pensar en el Reinaldo que conocimos, y en la idéntica satisfacción que debió sentir al lanzarse al mar cuando el éxodo del Mariel, para apartarse de las fétidas emanaciones de una Habana que lo asfixiaban y perseguían, mientras con una pícara y burlona sonrisa decía "adiós a mamá". El siguiente relato del volumen se titula *Traidor*, fechado originalmente en la Habana en 1974, y publicado en Nueva York, en 1981. Más tarde, en 1986, este texto casi con pequeñas variantes, aparece como la primera obra dramática de su libro *Persecución* (1986), que contiene 5 actos de teatro experimental.

El relato está escrito en forma de monólogo ininterrumpido. La voz que escuchamos es la de una mujer de pueblo, a quien vienen a entrevistar en Cuba después de la caída del gobierno de Castro para conocer detalles sobre la vida y las actividades de un amigo suyo íntimo que ha sido ajusticiado por el nuevo régimen, dada su inflexible ejecutoria revolucionaria. Ahora, más que nunca este relato cobra mayor dimensión y sirve de testimonio de esa intuición, casi mágica, podría decirse, que poseen algunos escritores para adelantarse a la historia, al futuro.

Arenas, a través del personaje narrador, presenta la idiosincrasia del pueblo cubano después de la "imaginada" caída de Castro. La actitud y percepciones que imperan en el pueblo cuando se sustituye el antiguo régimen por el nuevo, están astutamente sugeridas por el personaje hablante, mientras explica la personalidad del traidor ajusticiado, que era todo lo opuesto a lo que sus ejecutores creían.

A la vez, la descripción de lo que era la vida en Cuba durante el castrismo, así como de la hipocresía y fingimiento imperantes para poder sobrevivir el terror, constituyen unos de los mejores dibujos de un testigo ocular de esos fenómenos, como lo fue el propio Arenas, perseguido incansablemente por el régimen desde 1973 hasta 1980, fecha de su escapada de la Isla.

Este es uno de los relatos en que mejor se perciben la técnicas de la contradicción y de la exageración hiperbólica, tan bien usadas por Arenas en sus textos narrativos de discurso político testimonial. Logra así brindarnos otros planos y aspectos de la realidad, que poseen similar validez y precisión. La historia que se cuenta es la de un hombre que por su odio inconmensurable a la Revolución y para vengarse de la misma, aparenta ser el más comprometido y apasionado de sus seguidores, cumpliendo al pie da la letra todas las consignas gubernativas, siempre usando su máscara para no ser descubierto en su odio cada día más creciente y avasallador.

El relato culmina con su fusilamiento, pero antes de ser abatido por la descarga lanza gritos contra la revolución y contra Castro, en favor de la libertad. El personaje femenino que narra la historia dice al entrevistador, quien al final resulta ser el hijo del fusilado: que aquél fue el único momento de su vida en que dijo la verdad.

En esta narración, el discurso político de Arenas está magistralmente realizado. El escritor ha podido captar a cabalidad la dialéctica castro-comunista y la refleja en la actitud de la narradora de la historia, quien recuenta casi con una precisión propia del realismo socialista, los más íntimos pensamientos y sentimientos del ajusticiado en torno a la revolución. El perfil que surge del ajusticiado impresiona. Su delito consiste en haber sido el más riguroso seguidor de las consignas del gobierno, recurso que el personaje utiliza para sobrevivir a la revolución, como su forma muy especial de venganza contra la misma, ya que sobrevivir en Cuba no podía ser otra cosa que una victoria. Esta inversión de atributos en este texto, constituye otro de los recursos arenianos para abrir nuevas perspectivas a la presentación de la realidad desde ángulos multivalentes.

El cuento *El cometa Halley*, fechado en 1986 y publicado en Caracas en 1989, es un estupendo ejemplo de cómo Arenas usa la intertextualidad para dejar correr su imaginación y crear una fantasía narrativa basada, si no en una genuina re-escritura, por lo menos en una re-interpretación e inversión de caracteres y situaciones de un paratexto debido a Federico García Lorca.

El relato se basa en las imaginadas aventuras en tierras cubanas de las cinco hijas de Bernarda Alba, personajes de la afamada pieza dramática lorquiana, que Arenas continua de manera cómica y desfachatada. La narración presenta una serie de escenas carnavalescas que muestran el proceso, razón y motivos que dieron origen al más famoso prostíbulo de la ciudad de Cárdenas, en la provincia de Matanzas. La aparición del cometa Halley en el firmamento durante la primavera de 1910, produce una atmósfera de confusión, de frenética desesperación, excesos de toda clase, suicidios, orgías y misticismo religioso. Todos estos efectos los sufren cuatro de las solteronas hijas de Bernarda, quienes se habían radicado en Cárdenas y se dedicaron a cuidar de su sobrino, el hijo de Adela y de Pepe el Romano. Esa misma tarde se les aparece Adela con su negro cochero, quien regresa para estar junto a ellas cuando se acabe el mundo. Saca unas botellas de vino y las convence para beberlas.

La fiesta termina en orgía mientras se espera el cataclismo final, que nunca llega. Al despertar todos desnudos en medio de las calles cardenenses al siguiente día, y después de haber probado el placer de la carne, las hermanas Alba cambian totalmente de ocupación y crean el prostíbulo llamado *El cometa Halley*.

Mediante el uso de situaciones exageradas y hasta irreverentes, de grotescas caricaturas y procacidades de rampante comicidad, Arenas compone un texto muy entretenido, basado en una subjetiva percepción e interpretación sarcástica de los caracteres lorquianos. Este relato es un estupendo ejemplo de lo que Roberto Valero ha calificado brillantemente en su libro como "el desamparado humor de Reinaldo Arenas"[6].

En el cuento *La torre de cristal*, relato fechado en Miami Beach en 1986, Arenas nos describe con gran comicidad y rasgos bien precisos, la interacción entre autor y sus personajes de ficción. Con un juego entretenido, Arenas nos presenta la historia de un escritor cubano exiliado, Alfredo Fuentes (probablemente él mismo), y las peripecias a que tiene que someterse para poder sobrevivir en el exilio, asediado por una serie de compromisos sociales que lo fuerzan a apartarse de su labor creadora, pues a todos interesa más codearse con las personas celebres que ayudarlo en el desarrollo de su obra literaria.

Esta narración, una vez examinada, parece contener muchos detalles autobiográficos, pues algunos caracteres no resultan difíciles de identificar y hasta en algunos casos Arenas usa nombres de personas reales, pero asignados a veces a personajes que no le corresponden en la realidad. Este recurso fue usado frecuentemente por Arenas en muchas de sus obras, inclusive en su autobiografía póstuma, *Antes que anochezca* (1992), llevada al cine recientemente por Julian Schnabel.

Esta tendencia estilística de Arenas le trajo en su vida algunos disgustos y distanciamientos. Lo anterior se ha podido comprobar especialmente después de su muerte, cuando algunos escritores, que en vida de Arenas no se atrevían a hacerlo, ahora han buscado criticarlo y rebajar la calidad de su obra literaria, por haber sido ellos centro de sus burlas literarias en algunas de sus creaciones. De más está decir, que el talento narrativo de Arenas no podrá ser fácilmente rebajado por este tipo de ataque personal, muchas veces debido a la envidia, la rivalidad y, a veces, a bajos motivos políticos, dada su valiente e intransigente postura anticastrista.

La fiesta en casa de Gladys Pérez Campo, en Miami, parece más bien un desfile carnavalesco, rasgo muy propio de gran parte de la narrativa arenianas. Aquí, la burla se hace más patente. Al final del relato, vemos que todo el andamiaje del mismo, partiendo de la regia

---

[6] Véase su libro titulado *El desamparado humor de Reinaldo Arenas*. Miami: Letras de Oro, 1991. Este libro es un exhaustivo estudio de la obra literaria de Reinaldo Arenas. Resulta imprescindible por sus acercamientos y aciertos, para todo estudioso de la obra areniana.

mansión, los personajes de la fiesta y todo lo demás, resulta artificial, pura creación de la imaginación y fantasía del autor. Todos desaparecen y lo dejan solo, excepto la perra Narcisa, que al final es la única que acompaña al autor y le lame la cara.

Otro de los relatos mas interesantes del volumen se titula *Final de un cuento*. Esta fechado en Nueva York, en julio de 1982 y se publicó en la "Revista Mariel", en 1983. Su contenido tiene una mayor connotación, desde la trágica muerte de Arenas y su cremación.

Nuevamente el autor usa la técnica del monólogo ininterrumpido. Un personaje conversa sin descanso con un amigo que lo acompaña, durante un viaje, hasta llegar a Cayo Hueso, el "punto más al sur en los Estados Unidos". Mientras la voz del personaje narrador va conversando con el acompañante silencioso, su pensamiento comienza a dar saltos entre la ciudad de Nueva York, donde ha comenzado el viaje, y los lugares de La Habana que van apareciendo en su mente, producto de una evocación tan real como los lugares por los que viaja físicamente.

En el relato se indican todas las frustraciones, necesidades, incomprensiones por las que atraviesan los exiliados cubanos en una ciudad fría, indiferente, bulliciosa, de costumbres e idioma diferentes. El cuento, a medida que progresa, se va complicando, ya que los dos personajes, el que habla y el que parece escuchar silencioso casi se convierten en uno solo. También parecen confundirse con frecuencia los paisajes de Cuba y los paisajes de los distintos lugares del Norte por los que atraviesan.

Al final del viaje, con la llegada a Cayo Hueso, el lector se sorprende al descubrir que el personaje narrador viajaba solo y que su única compañía eran las cenizas del amigo, las que traía en la maleta hasta Cayo Hueso, para arrojarlas al mar, y que así pudieran llegar a las costas de Cuba.

Para aquellos que conocieron a Reinaldo Arenas, este final de cuento se hace más real, ya que el relato concuerda con lo que se sabe que ha pedido a sus herederos, para el caso de que sus cenizas no puedan ser enterradas en Cuba en un futuro no lejano.

El último relato del volumen se titula *Memorias de la tierra* y está integrado por cuatro breves viñetas que más parecen cuatro relatos de ciencia-ficción. Ésta es la única incursión de Arenas en este tipo de narración, que por cierto escasea bastante en las letras cubanas. Dos de ellos se titulan *Monstruo I y Monstruo II*, y fueron publicados con anterioridad en Miami (1983). *Monstruo I* es el más antiguo y está fechado originalmente en La Habana, en 1972. También apareció en

Otra vez el mar (1982), (p.323); *Monstruo II* es posterior y esta fechado en Nueva York en 1982.

En *Monstruo I*, de manera festiva y burlona, se presenta la imagen de un ser grotesco, repugnante, monstruoso, temido y acatado por todos con servilismo, hasta el momento en que alguien empezó a hablar en su contra. Cuando todos empezaron a ver que nada ocurría al que así lo hacía, comenzaron a respetarlo y apoyarlo, hasta que logro abolir al monstruo y ocupar su lugar. Y sin dejar de hablar contra el monstruo, todos pudieron comprobar que se trataba del monstruo. Y yo me pregunto: ¿Quién no recuerda esa idéntica situación en Cuba?

En *Monstruo II*, Arenas vuelve a reiterar este tema, pero le da un nuevo sesgo y le añade una nueva dimensión. En el relato se narra cómo, una vez demostrada la existencia del monstruo, todos se empeñan en encontrarlo, pues no sabían dónde se hallaba. Se inicia una campaña universal para localizar al monstruo y se prepara una nave espacial extraordinaria, dotada de toda clase de equipos que podían auto-reponerse, a fin de no interrumpir tamaña tarea. Después de un viaje espacial de larga duración sin hallar nada, por fin vieron que detrás de la nave avanzaba el monstruo. Atemorizados todos por su amenazante presencia, al enfocar al monstruo en la superpantalla, todos pudieron contemplar la "redonda y enrojecida cara de la tierra". Por fin, el monstruo ya había sido detectado, y despejado el enigma, era muy fácil seguir volando por el infinito y escapar. Pero la decisión final resultó diferente. Todos acudieron a la sala de controles y "manipularon los mecanismos y, descendiendo, regresaron".

La otra viñeta del volumen se titula *La mesa*. Es un texto innegablemente subversivo, de contenido político, pero muy permeado por una capa humorística. El relato busca mostrar cómo los seres humanos logran adaptarse a las más ilógicas situaciones con tal de sobrevivir. También, cómo aun dentro del mayor caos, desamparo y espanto, es posible reír y disfrutar de unos momentos de solaz y esparcimiento. Eso es lo que ocurre a los dos personajes del relato, quienes después de horas esperando en cola para poder sentarse a la gran mesa y disfrutar de la cena que han venido preparando después de muchos días de abstinencia, una vez llegado el turno para sentarse, comienzan a reír de felicidad, olvidando todo el sufrimiento que les ha costado llegar hasta ese momento.

La última viñeta del volumen es de contenido muy original y se titula *Los negros*. Con la excusa de un tema de ciencia-ficción, Arenas trata de exponer cómo las raíces del prejuicio y de la discriminación racial son más profundas, y van mucho más allá del mero color de la piel.

En la viñeta se narra que ahora los negros no eran negros sino extremadamente blancos, pero que los blancos, que ahora eran totalmente negros, ocupaban el poder y seguían llamando negros a los negros, que ahora eran absolutamente blancos y perseguidos hasta el exterminio.

Al final de la Gran Guerra Supertérmica se intensificó de tal modo la persecución de los negros que todos perecieron. Uno de los perseguidores más encarnizados de los negros se presenta frente al Reprimerísimo Gran Reprimero del Primero y Gran Imperio y le comunica que ya ha liquidado a todos los negros. El relato termina cuando el Gran Reprimerísimo le contesta que está equivocado, que todavía queda uno, y sacando su desintegradora, elimina al perseguidor. Al caer éste, todos los presentes pudieron testificar el color de su piel: asquerosamente blanca: era un negro.

La lectura de los textos agrupados en el volumen *Adiós a mamá*, sin dudas resultará para el lector un interesante ejercicio intelectual, además de un entretenido y atrayente recorrido por las técnicas y los diferentes discursos narrativos que han labrado un nicho imperecedero a Reinaldo Arenas en las letras cubanas e hispanoamericanas del siglo XX [7].

---

[7] Para una completa evaluación de la obra de Arenas, véanse: Julio E. Hernández Miyares y Perla Rozencvaig. *Reinaldo Arenas: Alucinaciones, Fantasías y Realidad*. Illinois: Scott Foresman/Montesinos, 1991; Perla Rozencvaig. *Reinaldo Arenas: Narrativa de Transgresión*. México: Editorial Oasis, 1986; Eduardo C. Béjar. *La Textualidad de Reinaldo Arenas*. Madrid: Playor, 1987; Roberto Valero. *El Desamparado Humor de Reinaldo Arenas*. Miami: Letras de Oro, 1991; Andrés Lugo Nazario. *La Alucinación y los Recursos Literarios en las Novelas de Reinaldo Arenas*. Miami: Universal, 1995.

CUANDO LLEGUEN LOS GRANDES AGUACEROS

Lourdes Arencibia Rodríguez

En su ensayo sobre Fernando Pessoa, Octavio Paz dudaba de la real utilidad de buscar elementos significativos que añadir al recuento de la vida de alguien que se hubiera servido justamente de vivencias como materia prima para su creación literaria. Reinaldo Arenas Fuentes, un escritor que tanto porvenir halló en su pasado, es pues, de aquellos que no tiene mejor biografía que su obra misma.

Lo conocí en la Biblioteca Nacional "José Martí" donde ambos trabajábamos, él en la Sala Circulante y yo como secretaria de la directora: María Teresa Freyre de Andrade. Era la época de Oro de aquella institución pues la Freyre, de ascendencia mambisa, era una dama de pelea que supo reunir en torno a su proyecto cultural a un nutrido grupo de intelectuales cubanos, devenidos hoy *"figuras de culto"*.

Tiempo después volví a verle, un transeúnte conocido más, de los muchos que durante años han pasado calle arriba y calle abajo frente a la puerta de mi casa, de ida o de vuelta de la colindante UNEAC. Gracias a esa afortunada vecindad, me cayó a la mano con relativa prontitud la entrega primigenia de su mística narrativa y una de las novelas sin la cual no es posible escribir la historia de la literatura cubana contemporánea: *Celestino antes del alba* (1964) y otro tanto ocurrió con *El mundo alucinante* (1965) relato de aventuras de trasfondo histórico y deliciosa *"pirueta literaria en la mejor tradición del barroco"*[1].

---

[1] Como señala anónimamente la contraportada de la primorosa edición española de Tusquets de 1997.

Pecaría además, de imperdonable superficialidad si al recorrer los circuitos de su geografía personal, asumiese la postura de quienes piensan que todos cuantos señalan a Arenas como una figura significativa de nuestras letras lo convierten en mensaje de intención con el propósito solapado de adscribir o realzar de algún modo sus posiciones políticas y no para realizar un estudio de las calidades indiscutibles de su literatura de ficción o dramaturgia (novela, cuento y teatro), de su poesía y sus ensayos con un objetivo analítico que no busque palmas facilonas simulando rehacer la biografía de Judas para criar mejor a los cuervos.

Abilio Estévez, un escritor que junto a Senel Paz, Atilio Caballero y Guillermo Vidal, entre otros[2] exhibe en su producción la inconfundible impronta de Arenas, hace un juicio certero que se puede aplicar integralmente a nuestro mítico y apocalíptico Quijote –holguinero hasta las onomatopeyas–, cuyos entresijos se revelan de manera concluyente en la lectura de sus memorias, que cuentan sobre todo las vivencias de las primeras tres cuartas partes de su vida (de 340 páginas que tiene la edición consultada por la autora, sólo las últimas 43 y la introducción se dedican a narrar la etapa del exilio de la que, en sentido general, se conoce menos en comparación con los testimonios que el propio autor brinda de sus experiencias anteriores a 1980)[3].

/*Leer* Antes que anochezca *resulta un ejercicio de desenmascaramiento, de catarsis. Por más que trate de engañarnos, termina por revelarse como moralista. El moralismo del que aquí se habla se da como antagonismo. Muy temprano se percató de la batalla; se alistó, por supuesto en el bando de los solitarios. Y no dio tregua. Tomó el papel de enemigo aún antes de saber dónde estaban y quienes eran en realidad los enemigos. Se pertrechó para combatir y combatió hasta el fin con las armas que poseía: la imaginación y la portentosa capacidad para narrar. En cualquier sombra entrevió al enemigo, incluso hasta*

---

[2] Véanse al respecto la obra teatral de Estévez *Perla Marina*, un tema original de Virgilio Piñera –el poema *La isla en peso*– que inspira tanto a Arenas como a Estévez–; las novelas *El niño aquel, El jardín del Rey* y los cuentos *Bajo el sauce llorón* y sobre todo *El bosque, el lobo y el hombre nuevo* de Senel Paz; una pieza que dará a su autor el Premio Juan Rulfo de narrativa; *Las Manzanas del paraíso* y *Matarile* de Guillermo Vidal Ortiz, y *Naturaleza muerta con abejas* de Atilio Caballero.

[3] En sentido general, de su etapa en Estados Unidos, el autor escribió poco, en primer lugar, porque su salud se quebrantó seriamente por el SIDA como cabe suponer; además, sus actividades literarias estuvieron muy centradas en la reescritura, revisión, ordenamiento y publicación de la obra generada en Cuba, amén del tiempo que dedicó a la docencia en varias universidades norteamericanas, a sus viajes a Europa y a otro tipo de actividades.

en los inofensivos y eternos molinos de viento. No podemos pasar por alto que no fue así por simple elección. La vida se le hizo difícil. Le tocó vivir la peor de las intolerancias políticas de la época de los setenta cubanos; sufrir el rigor del exilio (que nadie se merece). Fue acosado, perseguido, vigilado. Como a tantos, se le expulsó del país que le pertenecía por derecho. Resultado: el suicidio, la autoagresión final, la última herejía. Y una obra de la que ya no podemos prescindir si queremos entender un poco a esta Isla terrible. Verdadera o falsa, exagerada o no, nos llega la autobiografía de un desesperado, testimonio de un martirio que no podemos pasar por alto. Libro de un gran fabulador, de los que no permiten un segundo de tregua...[4] *(Los subrayados son míos. Nota de la autora).*

De eso no se habla o *No se lo digas a nadie* fueron sin duda acertados títulos para películas de ficción, pero los investigadores ciento por ciento cubanos, a la altura de un nuevo milenio, no poseemos vocación de silencio. Tampoco asumimos el juego de las apariencias, ni deseamos esconder tras espejuelos obscuros una miopía pusilánime que afortunadamente no padecemos a fuer de sortear terrenos de riesgo.

A propósito, Miguel Barnet, el calificador del género de novela-testimonio –entre cuyos auténticos cultivadores no me animo a incluir a Arenas, por el alto calibre del componente fabulador que contiene la obra que lo hace ser mucho más que un escritor vivencial con elementos de ficción–, avanza sin embargo un criterio que suscita mi absoluta simpatía:

/El escritor latinoamericano que no tenga una formación sociológica y etnográfica de su realidad –al menos intuitiva– es un escritor sietemesino, un escritor a medias; no queda más remedio que ser un poco historiadores de nuestras vidas.[5]

Nada más implacable y justiciera pues, que la palabra escrita, como la levadura que hace crecer la masa, para recuperar vivencias que la sucesión del tiempo real o un ejercicio de manipulación del tiempo histórico se encargaron de desdibujar, desemantizar o resemantizar y llevarlas de nuevo de forma inapelable en una lectura actual a los primeros planos de la memoria con toda su carga vital de pasiones quími-

---

[4] Estévez, Abilio. *Autobiografía de un desesperado.* En: Babelia, suplemento del diario español "El País", 28 de febrero de 1998.

[5] Por todas esas cosas escribo, *Entrevista*, "Gramma", 6 de julio de 1986.

camente puras. No es extraño que alguien que diseñe su estrategia de lucha desde la escritura de una sola y grande Obra, fragmentada sin transiciones hasta donde se lo permitió su propio reloj de arena; que propone como táctica inicial la visión de combate natural que propugnó el mundo clásico, –del de todos entre sí que llega de Heráclito y de Petrarca– hasta arribar a la subversión del texto mediante la sustitución de estructuras formales por estructuras expresivas en permanente construcción/deconstrucción de líneas argumentales, de imágenes y palabras, de un mundo a la vez real y onírico estructurado en torno a un sistema único de referencias, sacuda en sus cimientos los modelos dominantes en el espacio narrativo de sus contemporáneos.

¿Nace entonces el arte narrativo de Arenas de su realidad o su realidad fue el arte de la supervivencia a través de la fabulación? El universo de cada escritor nace de su memoria y de su olvido, se alimenta de la literatura que le precede, de los hábitos del lenguaje, pero sobre todo, de la pasión y de la imaginación. El propio autor da su respuesta en uno de los párrafos en que se dedica a exponer sus criterios ideoestéticos y literarios:

/el llamado realismo me parece que es precisamente lo contrario de la realidad, ya que al tratar de someter dicha realidad, de encasillarla, de verla desde un solo punto ("el realista") deja lógicamente de percibirse la realidad completa[6]/

/Lo más importante de la actual novelística latinoamericana –señala Arenas– es que al fin los narradores han comprendido que América es mágica y no racionalista. Bajo el signo de esa intuición mágica se están escribiendo las grandes novelas latinoamericanas. Se está creando una literatura de fundación que, partiendo de lo particular tiende a alcanzar una dimensión universal. Juan Rulfo en Pedro Páramo, Jorge Luis Borges en Ficciones, Gabriel García Márquez con Cien años de soledad o José Lezama Lima con Paradiso y Alejo Carpentier...[7]

A la hora de las sumas y las restas, de analizar la relación del sujeto con la historia, del yo con lo demás, de establecer por fin un diálogo amplio, ilimitado, entre el haz y el envés del *"pastor holguinero"*, como

---

[6] Especie de prólogo a *El mundo alucinante* rubricado por Arenas en Caracas, en julio de 1980, varios años después de haberse escrito la novela en cuestión. Véase la edición de Tusquets de la citada obra pp. 17-22.

[7] R. Arenas. Entrevista para "El Socialista" de Pinar del Río 25 de agosto de 1968.

lo calificara Lezama, ¿cuánto hay de realidad y cuánto de transgresión iconoclasta en esa obra escrita "*a salto de mata*", al borde de todas las fronteras, de la opinión mayoritaria y del concepto de lo sociopolíticamente correcto? Comencemos por analizar los rasgos definitorios del autor:

/*Para mí el oficio de escritor es algo que siempre se está iniciando. Cuando uno se enfrenta con la hoja en blanco está totalmente solo, está empezando de nuevo, aunque anteriormente se hubiese escrito una docena de libros. El acto de escribir es siempre un acto de improvisación (de inspiración); por eso todo escritor siempre, ante la nueva obra es un principiante; de ahí su originalidad.*[8]

¡Se me hace que Arenas, el escritor/protagonista es como Borges, /*una piedra que al caer provoca círculos alrededor suyo*/ en una suerte de onda expansiva que no obstante demarca siempre un espacio cerrado (¿insular?) donde su única autonomía está dada por los límites que le impone a su creación literaria, hechura de libertades y confinamientos a la vez! Homogenia en la heterogenia. De circular precisamente califica el propio Arenas su novela *El color del verano*[9] pero, en puridad, ese atributo podría extrapolarse a toda su obra.

/*Quien, por truculencias del azar lea alguno de mis libros, no encontrará en ellos una contradicción, sino varias; no un tono, sino muchos; no una línea, sino varios círculos. Por eso no creo que mis novelas puedan leerse como una historia de acontecimientos concatenados sino como un oleaje que se expande, vuelve, se ensancha, regresa, más tenue, más enardecido, incesante, en medio de situaciones extremas que de tan intolerables resultan a veces liberadoras*[10].

Así pues, el escritor establece, en complicidad con el lector, un sistema de referencias cruzadas donde las claves de un discurso que se asoman en apariencia en una obra, se localizan, se continúan o se com-

---

[8] Fragmento de la entrevista concedida por Arenas al periodista Aldo Menéndez Mata para el diario "El Socialista" de Pinar del Río, el 25 de agosto de 1968.

[9] R. Arenas *El color del...*op. cit. p.249.

[10] Reinaldo Arenas. *El mundo alucinante*, Tusquets, 1997. p. 21. En lo adelante, todas las alusiones a esta obra se refieren a esta edición y aparecerán con el título abreviado, la mención op. cit, y el número de página.

pletan en otra y/o en otras, lo cual es muy evidente entre las tres primeras obras de su tetralogía: *Celestino antes del alba, El palacio de las blanquísimas mofetas y Otra vez el mar*; pero también hay una corriente subterránea que une la trama de *Celestino* con la de *Bestial entre las flores;* la de *El palacio* con la de *A la sombra de la mata de almendras*; la de *Arturo, la estrella más brillante* con la de *La vieja Rosa*; la de *Viaje a La Habana* con la de *El color del verano* y la de ésta última como versión caricaturizada, carnavalesca y bakhtiniana de *Antes que anochezca*; y ésta otra, a su vez, como la cara seria de *El color del verano*, la sustentación de *El mundo alucinante* y la razón profunda de *Otra vez el mar* y de *Arturo, la estrella más brillante*. Los ejemplos podrían multiplicarse y la representación gráfica de este tejido lanzaría efectivamente flechas en todas las direcciones, demarcando siempre un espacio circular y por lo mismo cerrado de un solo territorio: el mundo alucinado de Reinaldo Arenas.

Es imposible pues, intentar llegar a este autor, –espejo de sus delirios– sin establecer conexiones inmanentes entre la evolución de su psiquis y el corpus acumulativo de su producción... John Updike, una figura mayor de la narrativa norteamericana y contemporáneo del holguinero, opina que los buenos novelistas son demasiadas personas a la vez. Reinaldo fue sobre todo, con su singular desmesura imaginativa, un infatigable creador y re-creador de personajes y de mundos en las fronteras interiores de un solo universo: el de su literatura; un Hacedor que, en primer lugar se engendra a sí mismo a partir de su ficción y que luego, genera un mundo de ficción a partir de una exterioridad que lo reprime, lo hace su prisionero y en cada vuelta de tuerca va cerrando poco a poco su cerco opresivo. /*¡Qué haremos ahora que ya todos saben quiénes somos! Es casi seguro que nos están buscando debajo de las camas y cuando no nos encuentren allí nos buscarán detrás del armario, y si no estamos allí, se subirán al techo y buscarán. Y registrarán. Y lo revolverán todo. Y nos hallarán. No hay escapatorias... ¡Y todavía tú sigues escribiendo!/*[11]

Una visión tan alucinante y desgarrada de lo externo no puede generar más que un interno alucinado. La historia de ese interno, vale decir de su vida, que va cobrando fuerza dramática a medida que transcurren sus relatos, no es sino el recuento protagónico de su demoledora pelea consigo mismo y con sus demonios intramuros /*el infierno no son los demás (como dijo una rana resentida) sino nosotros mis-*

---

[11] Reinaldo Arenas. *Celestino antes del alba*. Centro Editor de América Latina, Buenos Aires, 1972. p. 65.

mos/ [12] –los nombres que les da importa poco– eran los fantasmas amurallados que llevaba adentro y que encontró afuera, los reales y los creados, hasta el punto de no tener cómo distinguirlos, sino a golpes de magia.

/¿Pero quién era el que estaba aquella noche allí? (...) ¿Era la Tétrica Mofeta, loca de atar? ¿Era Gabriel, el guajiro de las lomas de Holguín? ¿Era Reinaldo el desdichado escritor? No podemos precisar cuál de los tres estaba allí esa noche representando al resto de los dobles [13] */lo más útil fue descubrir que tú y yo somos la misma persona/*[14]

La función del doble comportamiento en la obra de Arenas es un aspecto fundamental a la hora de profundizar en el trabajo creativo de este autor. Refiriéndose al doble, el padre del psicoanálisis Sigmund Freud, considera que se trata de la primera y más elemental expresión narcisista de la inmortalidad del alma humana capaz de oponer y de imponer la identidad personal a la onmipresencia de la muerte y advierte que, sobre todo, representa una medida de autoprotección que crea el individuo como resguardo ante el peligro de que su "yo" resulte destruido. Ningún estudioso de la obra del cubano puede entonces pasar por alto cuál de los dobles en un pasaje dado asume el protagonismo discursivo– político, místico, sociológico, cultural, o cualquier otro, primando sobre los demás. El estilo, el lenguaje, el discurso, la proyección y la personalidad del doble van a dictar la pauta al paratexto y esa figuración plena además, de humor y de irracionalidad inclasificables habrá de manifestarse y proyectarse con la autonomía y el disfrute de reencontrarse en otro lugar –sólo temporalmente conveniente– como Reinaldo, Gabriel, la Tétrica Mofeta, Celestino, Arturo, Héctor, Bestial, Fortunato, Adolfina, Ester, Fray Servando, Ismael u otro personaje que Arenas quiera identificar consigo mismo, o a su vez desdoblar (Delfín Prats, alias, Ricardo, alias Hiram Pratts, alias la Reina de las Arañas, alias la Gran Parca; Roger Salas, alias, Coco Salá, alias Daniel Sakuntala, la Mala) pero sobre todo, como el autor quiera que el lector a su vez se apropie y participe de su juego de figuración,

---

[12] R. Arenas. *Nuevos pensamientos de Pascal o pensamientos desde el infierno.* En: *El color del...* op. cit, pp- 181-184.

[13] R. Arenas. *El color del...* op. cit. p. 334.

[14] Dice el autor/narrador en primera persona a Fray Servando Teresa de Mier en *El Mundo...* op. cit. p. 23.

toda vez que una etapa ulterior de la evolución de la psiquis, –explica también Freud– una vez superado el narcisismo elemental, común al niño y al salvaje, el doble puede representar la facultad de autocrítica o conciencia moral del ser.

/No soy una persona, sino dos y tres a la vez –dice a su madre–. Para ti, sigo siendo Gabriel, para aquellos que leen lo que escribo y que casi nunca puedo publicar soy Reinaldo, para el resto de mis amigos con los cuales de vez en cuando me escapo para ser yo totalmente, soy la Tétrica Mofeta[15] / Llegué y me observé (...) mi cara, igual, casi igual a la de ella, la de mi madre. (...) Era ella, era igual que ella (...) El rostro de mi madre era cada vez más mi propio rostro. Cada vez me parecía más a ella, y aún seguía yo sin matarla *(...)*. (los subrayados son de Arenas)[16] soy ella, soy ella, si no la mato rápido seré exactamente igual que ella.

Los lenguajes del psicoanálisis y del análisis literario se imbrican y se tornan cada vez más complejos para cualquier investigador que no haya conocido nunca al sujeto. Cuando nos invita a consumir su lectura, Arenas, está buscando en la complicidad con el lector, espacios liberadores para sus prisiones y por ello nos convoca conscientemente a colaborar en su fabulación involucrándonos en su personal manejo/manipulación de ese envite atacado a tumba abierta casi desde la infancia en una partida solitaria que no admitió tablas y que sólo podía sellarse con la muerte.

En el Evangelio según San Juan, (3,8) se dice que el espíritu sopla donde quiere. Arenas no ignoró nunca que el talento era una fuerza que el hombre podía dirigir (de ahí la contundencia de sus inconstancias). Era un don precioso y preciado –entonces de orden profético– que poco a poco se le fue revelando como terrible e infernal. No es casual si bien se ha reparado poco en ello, que en el exergo que precede el texto de su obra más serena, casi filosófica, *El portero* cite justamente a San Juan 1-19 */Aquella luz verdadera, que alumbra a todo hombre, venía de este mundo/* y que Juan sea también el nombre que da en esa propia novela, al personaje encargado de señalar "la puerta". Fue siempre un gran manipulador de ese Infierno: de sí mismo, de sus lectores, de su vida, de su creación, de su lenguaje, de sus represiones

---

[15] R. Arenas. *El color del...* op. cit, p. 101.

[16] R. Arenas. *El asalto.* Ediciones Universal, 1991. p.8

–sexuales y otras–, de su concepto de libertad, visión superpuesta de los sempiternos dilemas de la vida y la muerte –uno de los ejes claves en su vida y obra, primero fútilmente perseguida en Eros y al final alcanzada en Tanatos–; de su concepto de soledad que permite que muchos la interpreten siempre como aislamiento, en tanto que para él la soledad es sobre todo entendida como diferencia, como singularidad.

/la única manera de ser libres es estar solo, pero eso no basta, hay que ser solo [17] /tal vez por ser solitario y atolondrado, y querer a la vez jugar un papel estelar para satisfacerme a mí mismo, comencé yo solo a ofrecerme espectáculos completmente distintos a los que todos los días presenciaba.[18]

Por eso sus novelas, aún las declaradamente autobiográficas, en mayor medida que sus cuentos –que poseen una dimensión distinta de la autenticidad– no pueden considerarse legítimamente testimoniales, no porque narren situaciones falsas, sino porque, como apuntaba antes, la historia sólo puede narrarse con todas las palabras y con todas las circunstancias del texto y hay en ellas una gran dosis de manipulación –consciente o inconsciente– de la realidad, de toda su realidad y, como sus personajes, se mueven también en espacios marginales de cualquier estructura esperada, en una de sus muchas manifestaciones de la libertad. Sin embargo, lo que es válido para sus novelas, tiene matices en su cuentística –el segundo terreno que mejor pisa– donde, como señalaba arriba, maneja todos estos presupuestos con otra dinámica. Es precisamente en ese rejuego y en esa dinámica, donde su obra alcanza la coherencia y la independencia que pretende su autor insertándolo en la avanzada de las letras del continente. Después de todo, el mundo de la novela es mágico, no es real. Se ha dicho que una novela real es tan falsa como una novela no realista.

De manera que a la hora de manejar los textos, cuando se espera que siga sus propios bocetos, después de haber propuesto mil y una semblanzas, los viola intencionalmente, rompe con todos los prejuicios y presupuestos anteriores; con el mismo tono chispeante juega a no existir y al no lugar y movilizando toda su potencia inventiva apuesta por la libertad en la creación para cerrar */uno de los ciclos novelísticos*

---

[17] R. Arenas. *El color del...* op. cit p. 182.

[18] R. Arenas. *Antes que anochezca*, Tusquets, Fábula. 1998. p. 37. En lo adelante sólo se consignará la abeviatura del título, la menciòn op. cit y el número de página toda vez que siempre se refieren a la última edición de Tusquets.

de mayor autonomía en la literatura hispanoamericana contemporánea/[19]

Otras de las premisas fundamentales para abordar a Arenas reside en su dimensión del tiempo. Podría decirse que sus cotas temporales caben todas perfecta y simplemente antes del alba y antes que anochezca: principio y fin de su realidad. / *Siempre he desconfiado de lo "histórico"* –dice– *de ese dato "minucioso y preciso". Porque, ¿qué cosa es en fin la Historia? (...) En general, los historiadores ven el tiempo como algo lineal en su infinitud (...) Como si al tiempo le interesaran para algo tales signos, como si el tiempo conociese de cronologías, de progresos, como si el tiempo pudiese avanzar... Ante la ingenuidad del hombre al intentar escalonar el tiempo, fichándolo con una intención progresiva y hasta "progresista", se opone sencillamente, el tiempo. ¿Cómo, pues, fichar el infinito? (...) Lo que nos sorprende cuando encontramos en el tiempo, en cualquier tiempo, a un personaje auténtico, desgarrador, es precisamente su intemporalidad, es decir, su actualidad; su condición de infinito.*[20]

En este sentido, nadie mejor que el propio escritor para caracterizar esa faceta de su personalidad literaria. A la sazón, para ilustrar estos comentarios traigo a colación una de las cartas que se escribe a sí mismo en la piel del doble homosexual, dirigida a Reinaldo, Gabriel y mi Tétrica Mofeta y fechada extemporáneamente en La Habana el 25 de julio de 1999 –nueve años después de su muerte– en la que instruye sobre el destino de sus obras:

> */De mis libros no les he hablado (...) Ya saben que cuanto he hecho es una sola obra totalizadora; algunas veces esta obra sigue un curso más apretado, con los mismos personajes y las mismas desesperaciones y calamidades como es el caso de la Pentagonía; otras veces, los personajes, transformados, vuelan en el tiempo, son frailes, negros esclavos, condesas enloquecidas y patéticas. Pero todo lo poco que he hecho, desde mis poemas, cuentos, novelas, piezas de teatro y ensayos, está unido por una serie de ciclos históricos, autobiográficos y agónicos; por una serie de angustiosas transmutaciones. Hasta en mi libro de poemas* Voluntad de vivir manifestándose *hay un soneto inspirado en la Tétrica Mofeta. Así que, por favor, les pido que si todo eso se publica hagan constar que mis libros confor-*

---

[19] Murrieta, Fabio. *Las prisiones de Reinaldo Arenas*. En: *Encuentro*, N° 2, otoño (1996) p. 138.

[20] R. Arenas. *El mundo...* op. cit. pp 19-20.

man una sola y vasta unidad, donde los personajes mueren, resucitan, aparecen, desaparecen, viajan en el tiempo, burlándose de todo y padeciéndolo todo, como hemos hecho nosotros mismos. Todos ellos podrían integrar un espíritu burlón y desesperado, el espíritu de mi obra que tal vez sea el de nuestro país. En cuanto a mi pieza de teatro Abdala, no la publiquen, no me gusta para nada, es un pecado de adolescencia.[21]

Estoy convencida de que no ha de ser fácil para un lector no familiarizado con la problemática cubana a partir del triunfo de la Revolución tener un acceso pleno al trasfondo de Arenas:

/Dejo a la sagacidad de los críticos las posibilidades de descifrar la estructura de esta novela (Se refiere a El color del verano. Nota de la autora). Solamente quisiera apuntar que no se trata de una obra lineal, sino circular y por lo mismo ciclónica, con un vértice o centro que es el carnaval, hacia donde parten todas las flechas. De modo que, dado su carácter de circunferencia, la obra en realidad no empieza ni termina en un punto específico y puede comenzar a leerse por cualquier parte hasta terminar la ronda. Sí, está usted, tal vez, ante la primera novela redonda hasta ahora conocida. Pero, por favor, no considere esto ni un mérito ni un defecto, es una necesidad intrínseca a la armazón de la obra/[22]

No por casualidad se ha calificado la obra areniana rica en problemas de intertextualidad, densa en sus niveles de significado y compleja en su estructura –que aún si responde a un proyecto general, no suele mantener una secuencia–. No siempre son ésas virtudes. Para algunos es de difícil digestión. Para otros está diseñada a golpes de juguete. Pero, aunque la estemos enjuiciando desde posiciones muchas veces divergentes,[23] resulta difícil no dejarse ganar por lo insólito de su propuesta esencialmente poética que supone, no una insumisión gratuita, sino una forma de acción, o por su peculiar manera de asumir el

---

[21] R. Arenas. *El color del...*op. cit., pp. 344-345. Señalo además, la curiosa coincidencia con la obra de José Martí, asimismo una pieza de teatro, asimismo una obra de juventud.

[22] R. Arenas. *El color de...* Prólogo. op. cit. p. 249

[23] Para comparar distintos enfoques, consúltense a la sazón los medulares estudios de Lourdes Tomás Fernández de Castro, Perla Rosenvaigc, Emir Rodriguez Monegal y Alicia Borinsky amén de los de otros investigadores que también han hecho grandes aportes al estudio de este autor.

riesgo que lo convierte en un personaje incómodo, que evita la táctica del avestruz y se enfrenta a los problemas últimos a partir de un compromiso desde la creación.

Paradójicamente, este heredero directo de esa corriente de la poética y la narrativa cubana que se caracteriza por un estilo a la vez barroco y lírico desde el propio lenguaje, que logra como Borges sus mayores libertades creativas justamente sirviéndose del verbo, y que hace del pensamiento y de la palabra una profesión de fe, más de una vez expresó vacilaciones sobre el poder de ésta al punto de incorporar esa conciencia de su vulnerabilidad a sus contradicciones permanentes –contradicciones que siempre entiendo como planteamiento del pensamiento, controversia, dialéctica: /*Venimos del corojal. No venimos del corojal. Yo y las dos Josefas venimos del corojal. Vengo solo del corojal y ya casi se está haciendo de noche. Aquí se hace de noche antes de que amanezca. En todo Monterrey pasa así: se levanta uno y cuando viene a ver ya está oscureciendo: por eso lo mejor es no levantarse. Pero yo ahora vengo del corojal y ya es de día.*[24]

Desde sus primeras entregas, es evidente que la necesidad de escribir, su apremio permanente por hacer que lo sentido y lo imaginado coincidan, la pasión por el lenguaje –como todas sus pasiones– están puestas permanentemente en tensión. Su certidumbre sobre el poder de la palabra pasa como todos los tormentos que lo animan por períodos sucesivos de entrega y recelo; /*¡Pobre Celestino! Escribiendo sin cesar, hasta en los respaldos de las libretas donde el abuelo anota las fechas en que salieron preñadas las vacas. En las hojas de maguey y hasta en los lomos de las yaguas... Escribiendo escribiendo*[25]/

Ante su rechazo a la castración de la mente y la urgencia de manifestarse siempre, otros pasajes reflejan, ora confianza en la fuerza de la literatura, ora reserva. Pongo ejemplos extraídos respectivamente de *El color del verano*, libro que vio la luz en 1991; de *Arturo, la estrella más brillante*, publicada en 1984, y de *El palacio de las blanquísimas mofetas* de 1980, aunque como es usual con este autor, no puedo afirmar que marquen una trayectoria vectorial de la contradicción porque cabe prever un desfasaje entre el/los momento(s) de la generación y el de la entrega, ya que las primeras versiones se escribieron mucho antes de darlas finalmente a la estampa. Seguramente, un estudio interesante que está por hacerse tendría que ver con la comparación de las diferentes versiones –cuando se cuente con los materiales necesarios para

---

[24] R. Arenas. *El mundo...* op. cit. p. 27.

[25] R. Arenas. *Celestino*, Caracas, 1980 p. 16.

ello–. Por ejemplo, las diferencias que existen entre la primera versión de *Celestino* de Ediciones Unión de 1967, y la definitiva dada a la estampa por Argos Vergara de Barcelona con el título de *Cantando en el pozo* en 1982, pasando por la intermedia del Centro Editor de América Latina en Buenos Aires de 1972 y la de Caracas, de 1980. Véanse los citados pasajes:

> / *La bigornia, la bigornia, dijo en voz alta mientras caminaba hacia su madre. Que palabra. Qué palabra. Y la palabra lo transportó a la infancia...(...) Y ya aferrado a aquella palabra, la Tétrica volvió a ser un niño campesino en su elemento (...) La bigornia (...) había roto el hielo entre la madre y el hijo. Y algo aún más importante, había roto esa sensación de desesperanza que desde hacía tiempo se había apoderado de Gabriel (...) ¡Ah, y gracias por la bigornia! –¡Cómo! no me digas que te llevas la bigornia de tu abuelo...–Me llevo la palabra– dijo Reinaldo* [26] /*sé que hay palabras malditas, que hay prisiones y que en ningún sitio está el árbol que no existe/ No voy a caer en la tentación de poner en palabras cosas que no caben en ellas* [27] /*y que podrán las palabras contra ese terror, el más intolerable /cuando aún pensaba que un grupo de signos, que la cadencia de unas imágenes adecuadamente descritas, que las palabras, podían salvarlo* [28]/ *y aquella palabra se ha convertido en miles de palabras insospechadas, únicas, musicales, mágicas. Palabras que de pronto, abren recintos fabulosos, palabras que lo acompañan, palabras que son catedrales.*[29]

En conclusión, es muy difícil establecer una cronología verdadera de su producción que permita fechar claramente el momento preciso en que se manifiesta por primera vez un rasgo cualquiera en su literatura habida cuenta de que somete su obra –que no es sino la suma de diferentes miradas sobre una misma vida, la suya– a un proceso de autocorrección y re-escritura permanente. /*¿Crees que algún día podrás terminar de escribir lo que estás escribiendo? –pregunta a Celes-*

---

[26] R. Arenas. *El color del...* op. cit. pp. 104-105.

[27] R. Arenas. *El color del...*op. cit. p. 345.

[28] R. Arenas. *Arturo, la estrella más brillante*, Montesinos, Barcelona, 1984. En lo adelante, todas las citas sobre esta obra corresponden a esta edición.

[29] R. Arenas. *El palacio de las blanquísimas mofetas*, Caracas, 1980 p. 161.

tino– No sé lo que me falta todavía ¡Pero ya siento que estoy al empezar![30]

Me parece conveniente seguir entonces una lógica discursiva que permita ir recorriendo una por una las innumerables facetas de este singular personaje que José Lezama Lima valoró como */un escritor de tremendo talento...una fuerza de la naturaleza, alguien que nació para escribir/.*[31]

Comenzaré pues, por avanzar algunas consideraciones sobre su lenguaje, y en primer lugar por analizar su tratamiento del humor y de la sátira.

(Para H. Puntilla, cuyo verdadero nombre es Leopoldo Ávila)/alla, ella, illa, ollo, ulla...Esa ladilla pilla llamada puntilla que todo lo mancilla por una pesetilla, chilla y se humilla porque no brilla y huye y destruye porque no halla hoyo, vaya, boya, bulla, bollo, bugabello, muelle, quilla o gran morcilla que la aboyen y la embullen a boyar. Ella quiere ser estrella, ocupar una gran silla, ser del mundo maravilla y dirigir la tortilla; pero es sólo una putilla que ostenta grandes patillas y no puede escribir ni una cuartilla que no sea de pacotilla./[32]

En su artículo *El arte del abuso verbal*, Jorge Luis Borges recordaba cómo Satanás había sido proscrito por no respetar las palabras sagradas. Arenas asume ese reto hasta el tormento,[33] utiliza el lenguaje como prevaricación y transgrede frecuentemente la polifonía del español, pero su destrucción de la lengua y del sentido no es una herejía festinada, sino un principio creador que se libera dentro de lo literario y crea su propia dinámica: re-escribe y transforma el lenguaje del texto en otro lenguaje. Como sucede en el ejemplo que inicia el punto, muchas veces un nombre común se esconde tras un nombre propio para

---

[30] R. Arenas. *Celestino antes del alba*. Op. Cit. p. 113. Esta obra conoció también una segunda edición española de Argos Vergara (1982) que apareció con el título de *Cantando en el pozo*, título con el que se conoce la novela en sus traducciones al inglés. Todas las citas de esta obra que aparecen en este trabajo correponden a la misma edición argentina.

[31] La observación de Lezama figura entre otros comentarios de la prensa de la época y de distintas personalidades que recoge la edición norteamericana de *Celestino antes del alba* publicada por Penguin Books en las portadillas de su edición.

[32] R. Arenas *El color del...*p. 73.

[33] Alberto Abreu Arcia justamente lo califica de grafomanía "como además impertinente que brota del frenesí, la desmesura de la fabulación". Véase su artículo titulado *Reinaldo Arenas; el tormento de la escritura* en la revista Crítica de México pp. 13-16.

formar una unidad y subvertir su utilización habitual: (Puntilla). El nombre propio no revela todas las pistas sino que cada nuevo nombre añade pistas a la identificación. El descubrimiento de la clave en el lector no hace sino calzar el principio subversivo del autor. Y no por casualidad se ha dicho que Arenas es –sabe serlo y sabe que lo es– un lector.

En estas apostillas satíricas, se ve cómo el sonido se carga de significado en un hábil contrapunteo semántico que permite a los sustantivos cumplir una función simbólica, lo cual se hace patente también en escritores contemporáneos suyos, en Guillermo Cabrera Infante por ejemplo, como bien ha observado su traductora, Suzanne Jill Levine,[34] con el propósito de sensibilizar y movilizar el oído interior y exterior del lector con otra manera de hablar y de expresar sentimientos, mediante la dinámica de un lenguaje diferente y una serie infinita de máscaras.

Las palabras se secuencian al son de sus afinidades profundas con el inconsciente del lenguaje, y el escritor nos pone de cara a una manifestación humorísticamente freudiana de la sátira con rupturas constantes y asociaciones insólitas. Esa estructura que repite sobre todo en la novela *El color del verano*, ilustra perfectamente, –aunque no siempre adopte la forma del *propos* subversivo a lo Karl Krauss–, cómo su tratamiento del lenguaje en función de la sátira saca a la luz nexos semánticos encubiertos tras las palabras donde la fuerza movilizadora del lenguaje prima sobre el humor verbal anteponiendo el sonido al sentido con miras a compulsar la expresión de lo reprimido. Como observa Claude Fell, hay un discurso paralelo y polisémico donde al orden connotativo se opone el aparente des/orden denotativo.[35]

Huelga señalar que los juegos de palabras son un magnífico ejemplo de cómo puede lograrse que el sentido de éstas empiece a variar si se van colocando en una relación de juxtaposición con otras. Sócrates había puesto de manifiesto en sus aporías que la colocación intencionada de determinadas palabras en un enunciado podía socavar su lógica y subvertir nuestra dependencia de un pensamiento al establecerse una relación de inercia entre ideas y palabras. La duplicidad que esta cir-

---

[34] Jill Levine, Suzanne. *The Subversive Scribe: Translating Latin American Fiction.* Graywolf Press, Saint Paul, 1991. Levine es una traductora de reconocida experiencia y renombre que ha probado sus capacidades en autores como Guillermo Cabrera Infante, Severo Sarduy, Julio Cortázar, Adolfo Bioy Casares y Manuel Puig. Sin embargo, que sepamos nunca ha acometido ninguna traducción de Reinaldo Arenas.

[35] Véase Claude Fell, *Un neobarroco del desequilirio. El Mundo Alucinante de Reinaldo Arenas*. Ponencia presentada al XVIII Congreso del Instituto Internacional de Literatura Iberoamericana celebrado en Madrid del 20 al 26 de mayo de 1995.

cunstancia establece remite no sólo a la idea sino al propio código lingüístico al desviar la atención del objeto a la palabra. Arenas pues, nunca evade el exabrupto y no solo no lo evade sino que lo convierte en una especie de método subversivo y sensibilizador, lo cual no impide, dicho sea de paso, que termine transformado en arte.

Siendo Cuba el reino del choteo y la ocurrencia ingeniosa, de los juegos de palabras, del lenguaje de doble sentido; el cinismo en la sátira, desde el punto de vista antropológico ha sido para sus habitantes, no sólo una fuente de inspiración permanente hasta el extremo de convertirse en una referencia caracterial, sino que se convierte en una suerte de código genético devenido recurso de supervivencia que Arenas por supuesto no sólo asume sino que explota ampliamente. Nicasio Urbina, de la Universidad de Tulane, lleva el análisis de este rasgo al uso extremo, y lo califica de instrumento de agresión, cuando afirma: *"en la obra de Reinaldo Arenas, la risa tiene una función que va más allá de la simple reacción psico-fisiológica ante un hecho de naturaleza humorística. En rigor, la risa en las obras de Arenas, más que un signo positivo con connotaciones amistosas y valor lúdico es una señal negativa, cargada de elementos agresivos y burlescos; es un signo de rechazo más que de aceptación"*[36]

En este orden de cosas y a propósito del vínculo causal entre la chanza y el dolor, lo cómico y lo trágico, lo elegante y lo grosero, lo festivo y lo macabro –medio encubierto, medio revelado– en el retruécano areniano, Freud señalaba que la broma, –el Witz freudiano revelador del inconsciente– siempre apunta a un blanco censurado y que la agudeza del choteo y el repentismo encubren por lo regular una intención vindicativa del ser humano. Mucho antes que el eminente austriaco llegara a esta conclusión a partir de los complejos, pero lúcidos monólogos de los pacientes frente a su psiquiatra, Shakespeare había demostrado con creces que en la carcajada que desata el chiste hay una manipulación subyacente del ultraje y la reprobación que si no hace desaparecer la herida por lo pronto demuestra que se dispone de un arco fuerte dispuesto a hacer diana.

Otro rasgo muy presente en el lenguaje de Arenas es la plasticidad. Reinaldo pinta literalmente con el lenguaje, hasta tal punto incide en el aspecto visual de los hechos que narra. Por la selección de las metáforas, el acento que pone en el color, las tonalidades, el calor, el verano, la luz, el sol, el fulgor del mar, el movimiento, impregna ese lenguaje de una plasticidad tal que lo redimensiona y lo saca prácticamen-

---

[36] Urbina, Nicasio. *De Celestino antes del Alba a El Portero Historia de una carcajada*. En: *Reinaldo Arenas, recuerdo y presencia*, Ediciones Universal, 1994 p. 202.

te de la lectura para alcanzar una autonomía visual muy fuerte. Moviliza los sentidos no sólo a través del lenguaje sino a través de la plástica. El siguiente fragmento de *El color del verano* –un texto verdaderamente apocalíptico– que no por casualidad titula "Oración", ilustra perfectamente esta idea:

> /El color del verano se ha instalado en todos los rincones. Un cosquilleo sin límites recorre nuestros cuerpos empapados. Y aún a veces, mientras envejecemos, soñamos. Y aún a veces nos parece que dentro de la luz cegadora, un ángel desnudo con hermosas alas nos visita. Y aún a veces, como viejas solteronas, estamos prestos a enternecernos por equivocación. Y seguimos avanzando en medio de este vaho espeso y candente que por momento, adquiere tonalidades rojizas. Nuestros cuerpos húmedos y afilados como cuchillos cruzando una quietud temible, transverberándonos, retando al cielo que se nos viene encima, queriendo encontrar en el resplandor del mar una respuesta. Pero no hay más que cuerpos que se retuercen, se enlazan y engarzan en medio de un carnaval sin sombras, donde cada cual se ajusta la máscara que más le conviene y la traición y el meneo forman parte de la trama oficial y de nuestra tradición fundamental...vendrán los grandes aguaceros, y una desesperación sin tiempo seguirá germinando en todos nosotros. Vendrán nuevas oleadas de luz y de humedad y no habrá roca, portal o arbusto que no sea pasto de nuestra desolación y desamparo. Seremos ese montón de huesos abandonados pudriéndose al sol en un yerbazal. Un montón de huesos calcinados por el tedio y la certeza sin concesiones de que no hay escapatorias. Porque es imposible escapar al color del verano; porque ese color, esa tristeza, esa fuga petrificada, esa tragedia centelleante –ese conocimiento– somos nosotros mismos.[37]

Pero además, el color y la plasticidad se complementan con la cinemática... y el sonido. Sobre este último, es preciso hablar del lugar que ocupan la música y el ritmo en la obra de Arenas, rasgos que a mi entender sus estudiosos no han destacado suficientemente. No obstante, los contextos arenianos son profundamente musicales y rítmicos y creo que es uno de los autores que más hincapié ha hecho a lo largo de su obra en el papel tan importante que desempeña en nuestra cultura la relación que se establece entre la música, el ritmo y el comportamiento

---

[37] R. Arenas. *El color del...*op. cit. pp. 397-398.

individual y colectivo del cubano. *Que trine Eva*, el primero de los relatos que componen *Viaje a La Habana, La Vieja Rosa* y *El palacio de las blanquísimas mofetas* por sólo citar tres de sus obras, bastarían como ejemplos para calzar este rasgo. En cuanto a la cinemática, no me cabe dudas que el imaginario y la fabulación de Reinaldo Arenas son precursores del lenguaje cinematográfico utilizado en las últimas décadas del siglo XX por cineastas como Steven Spielberg, John Cameron o Ridley Scott en su filmografía fantástica, de horror y de ciencia ficción. Los monstruos, seres fantásticos y efectos especiales que crea la fantasmagoría desbordante del cubano para el montaje de sus contextos, no tienen nada que envidiar a los que en la pantalla han hecho la carrera de esos y otros realizadores aunque a veces se adscriba a esa tendencia consciente del arte que confía más en la foto que en la pintura. Jesús J. Barquet, de la Universidad de Nuevo México, en su contribución al primer aniversario de la muerte de Arenas, que reunió en una publicación conjunta análisis y testimonios personales de un puñado de estudiosos de la obra del holguinero, destaca también esta huella "cinéfila" recordando que éste se refería, en una conversación que transcribe de memoria, a las relaciones entre el realismo y el mundo fantástico de los *comics* señalando cómo *"todos los personajes de los muñequitos rompieron de una forma desenfadada con todo ese mundo hecho de una realidad digamos seria y dieron la versión de otra realidad que también forma parte del mundo"*.[38] Barquet destaca que esos personajes son: Super Ratón, Tarzán y los Halcones que cobran vida para "salvar" a Tedevoro de la represión de los bugarrones en *Otra vez el mar* y recuerda que son los animales del mundo de Disney los que acompañan a *El Portero* en su fuga hacia una libertad que diariamente mutila la *"urbe superdesarrollada"*.[39]

El recurso de grabar versos en los troncos de los árboles, la utilización de una especial disposición simbólica de formas y de tipografía (el hacha del abuelo, como elemento que le sirve, además, para romper expresamente con la poética del discurso) explotados ampliamente por Arenas en *Celestino,* los utiliza más tarde Stanley Kubrick, director de la conocida película *El Resplandor*, de forma semejante, para trazar las frases del laberinto donde residen las claves de la trama del filme.

---

[38] Barquet, Jesús. *Del gato Félix al sentimiento trágico de la vida*, conversación transcrita por Jesús J. Barquet, en Ottmar Ette, ed., *La escritura de la memoria. Reinaldo Arenas: Textos, estudios y documentación* (Frankfurt: Veurvert, 1992), p. 68. Citado en *Rebeldía e Irreverencias de Reinaldo Arenas. Recuerdo y presencia*, Ed. Universal, 1994. Pp. 29.

[39] Barquet, J. Op. Cit. P. 29.

/Todas las matas de laureles empezaron a soltar unos gritos muy roncos, luego empezaron a dar maullidos, algunos relinchos y, por fin, comenzaron a piar, a piar, a piar, como los pichones de la tojosa que ya se venían abajo, con gajo y todo. Yo fui a sujetar las matas, pero pensé que si lo hacía los troncos me aplastarían al caerme encima. "No los tumbes", "No los tumbes", le dije yo al abuelo. "No los tumbes que allá arriba hay un nido de tojosas con pichones y todo". Hacha, hacha, hacha, hacha, hacha, hacha, hacha, hacha, hacha, hacha, hacha, hacha, hacha, hacha, hacha, hacha, hacha, hacha, hacha, hacha...Y volvieron a maullar las matas. Y después el abuelo cogió y me dio un hachazo a mí, pero yo no maullé ni nada. Me quedé muy tranquilo, recostado al suelo y a los troncos caídos. Y vi una hormiga que se estaba comiendo una cáscara de naranja, sin quitarle siquiera el fango que tenía pegado. Luego cerré los ojos y empecé a ver que la hormiga me cogía con sus patas y me llevaba para su casa, más abajo del hueco del excusado, donde ni siquiera la peste llegaba nunca. Acá.[40]

No hay muchos antecedentes de descripciones en la literatura cubana de tanto realismo visual como en los siguientes trozos plagados de imágenes oníricas, –definidamente borgianas– extraídos de la cinemática areniana:

/Fue entonces que miré para atrás y vi a las matas de corojos retorciéndose entre ellas y abrazándose y desabrazándose tronco con tronco, como si quisieran arrancarse unas a otras, y soltando chillidos tan estrechos y extraños que mis oídos ni lo creyeron casi. Y las hojas se les desprendían. Y todas se retorcían con una furia muy rara, como queriendo darme alcance para ahogarme, movidas por un viento que no era viento porque en ese momento nada que no fuera ellas se movía.[41]*/ Y desde allí viste de nuevo el juego de luces de las que volvían a ser para ti criaturas de misterio. Criaturas de un solo ojo en medio de la cabeza. Criaturas de miles de patas que andaban sobre las aguas como arañas gigantes. Criaturas feroces que danzaban boca arriba y con los colmillos al aire, dispuestas a*

---

[40] R. Arenas. *Celestino antes del alba.* op. cit. pág. 61.

[41] Reinaldo Arenas. *El mundo alucinante*, Tusquets, 1997, pp- 29-30.

devorar lo que se les presentase. Criaturas en celo, que corren voluptuosas entre gritos y resuellos que se apagan ante burbujas hasta descender al fondo donde concluye la unión (...) Y ahora no era más que un nadar estrepitoso de bestias escamosas de colores cenicientos. De raras serpientes que rodeaban la embarcación en busca de peces atropellados y sangrantes. De sirenas envejecidas, que en vez de cantar lanzaban maullidos fatigados y libidinosos. De tiburones en estampida que empezaban a mostrar sus señales de hambre inaplazable. Y ya en la madrugada, la enorme serpiente de ojos en la cola y lenguas humeantes devoró todas las especies/[42]

Sin embargo, es a la observación del propio Arenas a quien le debo la identificación de un antecedente en nuestras letras cuando en uno de sus escasos artículos críticos que han llegado a mis manos, descubre un tratamiento similar por parte de Ramón Meza en *Mi tío el empleado*, una obra escrita en 1886. Por la similitud que aprecio entre los rasgos que Arenas destaca en la obra de Meza y los que señalo en los análisis que he hecho de nuestro autor en este trabajo, recomiendo su lectura porque además, ilustra la convencionalidad que caracterizó el estilo de sus artículos críticos y de sus ensayos, mostrando un Arenas menos transgresor e irreverente y más comedido de cara al sistema tradicional de los géneros literarios que cuando aborda otra clase de discurso.[43]

De la lectura cuidadosa de esta crónica se infiere que para Arenas, Meza no sólo es precursor de la novela moderna sino que puede significar también una fuente. Una re-lectura de los subrayados con esta óptica señala cómo Meza introduce la función del doble en el tratamiento de sus personajes (narrador, Vicente Cuevas, el conde), explota recursos que más tarde habrá de capitalizar el cine, propone una ruptura entre el tiempo real y el tiempo histórico, inserta su trama en un marco carnavalesco, y optimiza el poder de la palabra (*balumba*) para articular una crítica social y un cuadro de época como él mismo hará justamente cien años después.

No resulta ocioso recordar aunque así lo han señalado sus más destacados estudiosos [44] que en Cuba la narrativa como género siempre

---

[42] R. Arenas Op. Cit p- 84.

[43] Véase el artículo de Reinaldo Arenas *Meza, el precursor* en: «Revista Iberoamericana» Vol LVI julio-diciembre 1990, Universidad de Pittsburg, N° 152-153, pp. 777-779.

[44] Véanse los trabajos de Denia García Ronda, Graciella Pogolotti, Rogelio Rodríguez Coronel, por sólo citar tres que así lo han hecho.

ha tenido una motivación social muy fuerte que marca toda su proyección estética y cuyas expresiones se asocian a los discursos obsesivos de la identidad, a la conciencia de las diferencias de ser otro, y a la reafirmación a través de lenguaje de lo autóctono frente a la otredad a partir del reconocimiento de diferentes niveles de civilización que coexisten en perfecto maridaje con creencias religiosas, manifestaciones artísticas, erotismo, usos y costumbres, gestualidad, oralidad; a la descripción interpretativa del paisaje y del medio natural plena de contrastes exhuberantes y sorprendentes, al polimorfismo renovador de los textos. No es casual que las dos primeras novelas que se escriben en la isla al filo de 1839, sean *El guajiro* de Cirilo Villaverde y *Francisco* de Anselmo Suárez y Romero, dos obras prácticamente autobiográficas también, cuyas tramas respectivas transcurren en un medio rural. Mucho menos fortuito es que un segmento importante de la obra de nuestro escritor, con los orígenes y antecedentes que trae consigo alguien que además, vive el presente intenso de su país, se relacione con una corriente que se manifestó con mucha fuerza en Cuba de los años cuarenta en adelante que se suele calificar de "costumbrismo criollista o campesinista", en la que autores como Onelio Jorge Cardoso, Samuel Feijóo, Enrique Labrador Ruiz y posteriormente Félix Pita Rodríguez, por ejemplo, sitúan propuestas narrativas inspiradas en ese segmento de la población desde una experiencia autobiográfica.

Lo más sobresaliente de esa corriente y de sus presupuestos ideoestéticos y sobre todo lo que le garantizará validez y perdurabilidad a los aportes de sus cultivadores, habrá de ser, sin embargo, el no contentarse con proponer una definición de la identidad desde una perspectiva circunscrita a la presentación superficial de un cuadro localista aunque venga cargado de todas las dimensiones denunciatorias de miseria, marginación social, ignorancia, violencia, desamparo, opresión, machismo, discriminación racial y genérica, explotación, fanatismo religioso, etc. Un tal enfoque, a fin de cuentas sólo refiere a una pequeña porción de una realidad de mayores proporciones. Habría entonces que trascender esa realidad e incorporarle elementos culturales y éticos. Sólo entonces sería viable y valedero llevar a cabo un análisis integral y abarcador con un enfoque clasista que lejos de soslayar, reivindique –y este es un elemento muy importante– el discurso cultural y la legitimidad participativa de esa clase en el contexto de las relaciones sociales y no desde la marginalidad. Arenas trasciende esas tendencias, como veremos en su oportunidad a propósito de casos concretos y se emparienta además, con una narrativa de corte existencial, más cercana a Sartre, pero sobre todo a Camus, un autor cuyas influencias en su literatura no ha sido suficientemente estudiadas.

Volviendo al tema anterior, uno de los méritos del costumbrismo parabólico de Arenas, alérgico a toda manifestación de criollismo folklórico, reside en que desde los marcos de su lengua y su cultura siempre propone lecturas ideológicas de sus textos y suplementa el análisis del problema nacional más allá de las cotas temporales referenciales al facilitar lecturas del fenómeno social en cualquier otra circunstancia y dimensión, si bien una de sus más serias limitaciones consiste en que pese a que se arriesgó a ajustar cuentas con su tiempo considerando siempre que la no-aceptación del orden de las cosas era un valor, no supo superar una visión derrotista del conflicto humano que ofreciera otra perspectiva liberadora que no fuera el eco de sus invectivas, el revés de un sueño o la desaparición física.

De todos modos su mensaje es trascendente: la obra de Arenas no sólo ensalza lo que nos hace mortales, sino que apuesta por el individuo, saca a flote muchas cuestiones básicas de la condición humana y nos invita a meditar sobre los matices con frecuencia crueles y absurdos del destino individual. Pero más allá de los azares del destino individual existe una realidad que obliga a enfrentarnos con la magia del prestidigitador y a asumir la parte de responsabilidad que nos corresponde de los aciertos y desaciertos del proceso de cambio operado en más de una generación de cubanos en momentos significativos de nuestra historia.

Eros/Arenas

> /El sexo es una fuente de amargura: la vida y la muerte son dos virus que se transmiten por contacto sexual.[45]

Estimo que es en *Antes que anochezca*, donde Reinaldo hace, aunque fragmentadamente, un análisis de las raíces culturales de la política sexual aplicada en su momento histórico y del comportamiento sexual del ser humano desde una óptica más amplia y rigurosa que en el resto de sus obras, sobre todo del hombre –homosexual, bisexual o heterosexual– y también de la mujer aunque en mucho menor medida porque lo preña de una implacable misoginia, pese a que en todas, como he señalado, resulta un tema recurrente. Huelga advertir que Arenas no comulga en lo absoluto con los presupuestos judeocristianos y medievales que asocian el sexo –ni siquiera el exceso sexual– a las tentaciones del

---

[45] R. Arenas. *Nuevos pensamientos de Pascal o Pensamientos desde el infierno* En: *El color del...*, op. cit, pp. 181-184.

demonio o al pecado, pero tampoco es muy dado a asociarlo al amor. Cuando más, admite que puede significar para el hombre una esclavitud, y en su escala de valores eleva el goce físico y el disfrute del placer meramente instintivo por encima de cualquier consideración ética o sentimental. De más está decir que la fuente primigenia de su análisis está en su propia vida y en el recorrido que propone hacer de cómo se le van apareciendo y manifestando sus fantasmas eróticos a través de sus edades y en las distintas circunstancias existenciales: infancia, adolescencia, adultez y hasta en la temida decadencia de la tercera edad y de cómo a partir de esas vivencias extiende y aplica sus conclusiones a los marcos exteriores de sus congéneres:

> /*Cuando se vive en el campo* —narra—, *se está en contacto directo con el mundo de la naturaleza y, por lo tanto con el mundo erótico. El mundo de los animales es un mundo incesantemente dominado por el erotismo y por los deseos sexuales (...) Es falsa esa teoría sostenida por algunos acerca de la inocencia sexual de los campesinos; en los medios campesinos hay una fuerza erótica que, generalmente supera todos los prejuicios, represiones y castigos. Esa fuerza, la fuerza de la naturaleza se impone (...) en ellos los deseos del cuerpo están por encima de todos los sentimientos machistas.*[46]

Aunque el diálogo moderno ofrece cabida a las grandes mentiras, a las pequeñas mentiras y a las estadísticas, un estudio del erotismo como ingrediente de la cubanía pondría de manifiesto que un elevadísimo por ciento —no me atrevo a aventurar cifras— de los intereses, los pensamientos, los temas de conversación, las proyecciones y los móviles del comportamiento social e individual del cubano y de la cubana contemporáneos tienen que ver con su erótica y su orientación sexual. La exterioridad de la interioridad de esa erótica se manifiesta en la gestualidad, en el fenotipo, en la personalidad, con toda su carga de represión, de libre expresión, de inhibiciones, de desinhibiciones, de contención o de desbordamiento que todos disfrutamos y sólo una parte reconoce.

Arenas, perito en navegación de aguas nocturnas, confiesa que siempre tuvo una gran voracidad sexual que abarcaba la naturaleza en general empezando por los árboles y pasando por los animales, orientación que se fue resolviendo muy tempranamente en una transparente homosexualidad asumida como tendencia natural. Carecía pues, del

---

[46] R. Arenas. *Antes que...*op. cit, pp.39-40.

pudor del que cuida su secreto, de suerte que a lo largo de su literatura, subrayó hasta el cansancio con auténtico furor y lenguaje hiperbólico, su rebeldía erótica, su ontología de la identidad, su consciencia de ser otro, esa singular manifestación de individualidad y de impertenencia de su erotismo y de su sexualidad en contraposición o en conjugación con la de los demás, vale decir, con su peculiar manera de sobredecir y de hiperdestacar las dominantes de su vida. Toda su obra pues, tiene una carga erótica muy fuerte que no halla antecedentes en la literatura cubana con ese nivel de agresividad y violencia rayano a veces en la vulgaridad y la chabacanería.

El tratamiento que pudiera calificarse de exagerado, que entonces dio a los problemas del homoerotismo y del sexo en general donde el humor con frecuencia subvierte la ética no por ello exenta sin embargo, de algún sentido de culpa, es como una válvula de salvación y escape inmediatos[47] con la libertad apurada a pequeños sorbos robados al curujey de Enrique Labrador Ruiz, Carlos Montenegro, Gastón Baquero, José Lezama Lima, Virgilio Piñera, José Manuel Poveda, Jean Paul Sartre, Jean Genet y Albert Camus. La salvación definitiva solo la busca Arenas en la muerte como solución de trascendencia para una interminable sucesión de episodios demoledores de esta desconcertante historia de huidas y naufragios que representa un reto deslumbrado al *es* de *su* realidad, y una asunción desesperanzada del *así sea*. Singular testimonio éste de un espíritu de rebeldía que se resiste a la manifiesta incomprensión de las instituciones y del poder hacia la libre expresión de la homosexualidad que pretendía a-corralarlo, a-islarlo de su medio social –con particular acritud en los años en que le tocó expresarla–, que no admite que se vacíe de contenido el problema y se desvíe la atención hacia su formulación ni que se asuma una actitud asociada a la acuñación superficial e irreflexiva de los estigmas degenerativos; vale decir, creer que la presencia de un entrecejo lombrosiano basta para convertir en criminal a cualquiera. Tampoco se pliega Arenas a las presiones de la heterodoxia cubana ejercidas en igual sentido, tanto en su país de origen como en los diez años de exilio en Estados Unidos, que no obstante, pese a que tenía la certeza de la irreversibilidad de su situación, no pudieron impedirle ejercer un corporativismo defensivo de las tendencias homoeróticas y las manifestaciones gay, en dura lucha desde la marginación con el propósito de ganar legitimidad social, lejos sin embargo, de la autocomplacencia manierista de la literatura comunitaria homosexual actual de aquel país.

---

[47] R. Arenas. *El color de...* op. cit. p-249.

Las claves de esa su erótica de pulsiones y estremecimientos recorren la obra como un río subterráneo. La naturaleza, los colores, el verano, las alusiones bíblicas, el agua en todas sus manifestaciones: el llanto, el aguacero, el mar, –espacio de resonancias eróticas por excelencia para quien "conocía todas las voces del agua"– la madre, la violencia, la misoginia, el mundo onírico, el fuego, por sólo citar las más importantes y recurrentes, conforman toda una semiótica/signaléctica androgénica que merecen una mirada más puntual.

No caben dudas de que Oneida Fuentes, la madre de Reinaldo Arenas Fuentes desempeñó en la vida de su hijo un papel fudamental a la hora de conformar una personalidad, una orientación sexual, un morbo, una vocación, un destino. Creo que la relación de dependencia afectiva de Reinaldo por Oneida queda absolutamente explicitada en toda su obra y asume rasgos psicopatogénicos de verdadera obsesión edipiana.

Pero sobre todo, su madre fue para el escritor el símbolo de la derrota, de la temida claudicación. Por eso conviene dedicar algunos párrafos a trazar la historia de esta lucha tal y como la ve y la siente el propio Reinaldo: Huelgan los comentarios profanos ante un buceo que únicamente correspondería hacer al psicoanalista:

Acto Primero. Escena 1:
/Gabriel volvía a Holguín a visitar a su madre como hacía casi todos los años. Siempre al llegar a la casa (...) la madre estaba barriendo la calle. La madre barría de una forma tan leve que apenas si la escoba rozaba la tierra y mucho menos se llevaba la basura. Gabriel veía en aquella forma de barrer de su madre una resignación tenaz y, desde luego, una imagen poética. Lo importante en sí no era barrer, sino dar la visión de que ella estaba barriendo; de que no se resignaba a tanto polvo, a tanta basura, aunque a la vez sabía que nunca podría acabar con ellos, que jamás limpiaría la calle./[48]

Escena II:
/Las brujas han conminado mi vida. Aquellas brujas nunca abandonaron la escoba, no porque pudieran volar, sino porque todas sus ansias y todas sus frustraciones y deseos se redimían barriendo (...) como si quisieran barrer de esa forma sus propias vidas. Así, junto a todas esas brujas, se destaca la imagen de la bruja mayor; la bruja noble, la bruja sufrida, la bruja

---

[48] R. Arenas. *El color...*op. cit. p. 100.

llena de nostalgia y de tristeza, la bruja más amada del mundo: mi madre, también con su escoba, barriendo siempre como si lo que importara fuera el valor simbólico de esa acción.[49]

Escena III:
/Tú tienes una escoba, yo no tengo más que la desesperación. Porque, óyeme, tal vez a mí me gusten tanto los hombres, porque tú no pudiste retener el tuyo y de alguna manera ese ciclo que en ti quedó trunco tiene que cumplirse. El hombre, o los hombres que tú deseaste y que nunca tuviste, soy yo (por una misteriosa ley) quien tiene que encontrarlos en los matorrales o en cualquier lugar a riesgo de mi propia vida.[50]

Acto Segundo Escena I:
/Toda mi vida fue una constante huída de mi madre; del campo a Holguín, de Holguín a La Habana (...) Pero yo sólo podía abandonar a mi madre o convertirme en ella misma; es decir, un pobre ser resignado con la frustración y sin instinto de rebeldía y, sobre todo, tendría que ahogar mis deseos fundamentales.[51]

Escena II:
/Naturalmente, siempre he odiado a mi madre. Es decir, desde que la conozco (...) Un día me miré al espejo y vi que me daba un aire a ella. Otra vez me volví a ver y vi que me iba viendo cada vez más parecido a ella. Entonces ya mi odio fue creciente (...) Que iba yo dejando de ser yo para ser ella. Y supe naturalmente y cada día lo sé más, que si no la mataba rápido sería ella, me volvería ella misma y entonces, siendo ella, cómo iba a poder matarla.[52]

Acto Tercero. Escena I:
/La última vez que vi a mi madre (...) estaba inclinada, recogiendo unos palos (...) No perdí tiempo y me le abalancé para matarla/ El rostro de mi madre era cada vez más mi propio

---

[49] R. Arenas. *Antes que...*op. cit. p. 317.
[50] R. Arenas. *El color del...* op. cit. p. 101.
[51] R. Arenas. *Antes que...*op.cit. p. 221.
[52] R. Arenas. *El asalto*, op. cit. p 14.

rostro. Cada vez me parecía más a ella, y aún seguía yo sin matarla (...) soy ella, soy ella, si no la mato rápido seré exactamente igual que ella.[53]

Escena II:
/Yo no puedo dejar que ella esté viva mientas yo esté vivo. Yo no puedo dejar que sea ella la que me aniquile. Primero que nada, no puedo aceptar la idea de que ella ha sido aniquilada. Yo después, o ante todo, o primero que nada, o qué sé yo, no puedo dejar tampoco que realmente la aniquile otro que no sea yo, o que se aniquile ella misma. Eso sería lo peor que podría pasarme. Tengo que ser yo el que la encuentre y el que la fulmine. De lo contrario –fulminada o no fulminada, pero sin yo saberlo– será ella la que me fulminará. Y yo, horror, pasaré a ser ella.[54]

Epílogo
/Y ahora la veo (...) El miembro erecto, con las manos en la cintura, me quedo de pie, mirándola. Mi odio y mi asco y mi escozor, son ahora innombrables. Entonces, la gran vaca, desnuda y deforme, blanca y hedionda, se juega su última carta de perra, astuta, y cruzando por sobre sus inmensas tetas sus garfas desgarradas, me mira llorando y dice: hijo. Es esto lo último que puedo escuchar. Todo el escarnio, la vejación, el miedo, la frustración, el chantaje y la burla y la condena que contiene esa palabra llega hasta mí abofeteándome, humillándome (...) y la clavo (al fin lívido y fatigado). Y cansado, abriéndome paso en medio del estruendo sin que nadie se percate de mí (...) puedo llegar hasta el extremo de la ciudad. Camino hasta la arena. Y me tiendo.[55]

A propósito de la penúltima frase del pasaje escogido para el Epílogo: /Camino hasta la arena/, conviene llamar la atención del lector sobre el uso que Reinaldo hace de este sustantivo que a la vez es su apellido como lenguaje subliminal con voluntad de afirmación y trascendencia. Un estudio del vocabulario de este autor, revela la altísima frecuencia de utilización que hace de la palabra /arena/arenal/ utilizado como nombre/lugar común (lo mismo en singular que en plural) en

---

[53] R. Arenas. *El asalto*. Ediciones Universal. 1990. pp. 7-8.

[54] R. Arenas. *El asalto*. op. cit. pp. 35-35.

[55] R. Arenas. *El asalto*. op. cit. p. 141.

todos los escenarios posibles. A la sazón, se comprobaría que lo reitera con asiduidad casi masturbatoria, para emplear un calificativo que mucho le cuadra. ¿Casualidad, autocomplacencia o conciencia de la fuerza del lenguaje subliminal?, me pregunto. A renglón seguido, pongo algunos ejemplos:

/*como figuras rojizas que sobresaliesen del rojo del arenal*/
/*en quietud durante siete años más sin moverse del arenal*/
/*y el arenal surgió reverdecido y poblado de árboles*/
/*prisión de arena y sol*/
/*y la siembra en el arenal rojizo*/
/*aquí todo es piedras y arenas*/
/*pero ya vamos pasando a la de arena*/
/*y por la ventana ves el arenal*/
/*ni podrás correr por todo el arenal*/
/*estás en medio del arenal, llorando*/
/*no pudiste más que caer sobre la arena y empezar a dormir*/
/*cuarenta días o más sobre la arena*/
/*jugaba con su mujer y su hijo en la arena*/
/*se acostaba en la arena*/
/*camino hacia la arena. Y me tiendo*/

Para agotar el tema Eros/Arenas, unas palabras más referidas al léxico de su erótica. Es en el tratamiento de esta temática donde Arenas pone el lenguaje verdaderamente en tensión con un propósito retador que asume a contracorriente como desafío personal. El verbo /erotizar/ para denotar y connotar desde la intención hasta la acción erótica, adquiere en su obra una explotación de todo su campo semántico más cabal que en otros autores hispanohablantes anteriores a él y es a partir de su obra que lo empiezan a emplear con profusión sus seguidores. Los órganos sexuales del hombre y de la mujer aparecen citados con libre utilización de todos los niveles y registros del español culto y popular, al igual que todas las acciones que guardan relación con el coito, sus juegos preambulares y su consumación, con la clara intención de conferir legitimidad estética incluso a los términos más vulgares.

Huelga reiterar a estas alturas que estamos en presencia de un autor de enorme talento innato y de cultura *"conquistada"*, de un escritor que tiene historias para escribir decenas de libros. Pese a que para mí ésta es una verdad de Perogrullo, es preciso decir que no han faltado especulaciones acerca de la solidez de la formación inicial del autor, de sus manuscritos a veces escolares plagados de faltas de ortografía, de su presuntamente insuficiente nivel básico de instrucción y de si sería legítimo entonces considerarle o no un autodidacta. Esas especulaciones se basan sobre todo en ciertas manifestaciones algo descuidadas de su escritura *(las lonas* seguían siendo llenadas *de granos) (La guardia real del rey de Suecia)*[56] y en algunos de sus relatos.

Cabe señalar que el primero que hacía mofa de sí mismo en esta cuerda, era el propio Reinaldo. Más de una vez le vemos señalando sus presuntas carencias literarias, ya sea directamente o poniendo comentarios burlones acerca de su formación en boca de otros, como en esta nota que inserta en el segundo viaje de los tres que componen *Viaje a La Habana:*

/Además de frívolo, Arenas era un ser absolutamente inculto. Baste señalar que en su relato, Final de un cuento, *sitúa una estatua de Júpiter sobre la Lonja del Comercio de La Habana, cuando todo el mundo sabe que lo que corona la cúpula de ese edificio es una estatua del dios Mercurio. (Nota de Daniel Sakuntala)/*[57]

Sin embargo, el segmento *En la biblioteca* que aparece en *El color del verano,*[58] calza el recuerdo que personalmente tengo de Arenas de lector infatigable en los años de la Biblioteca Nacional, un lugar que, desempeñó un papel de importancia palmaria en esa su *"conquista"* de lo que no me cabe dudas llegó a ser una amplia aunque quizás no profunda y sí desordenada cultura autodidacta. Los innumerables referentes literarios y culturales que se cuelan por todas partes en su obra atestiguan ese vasto espectro. Y pienso además, que sería muy difícil escribir como segunda y temprana entrega una obra como *El mundo alucinante* desde la incultura por mucho talento innato que se posea, a menos que estemos en presencia de un mago intuitivo del rompecabezas.

Conviene entonces dedicar un espacio a sus relaciones iniciáticas y a sus intertextos Estamos en presencia de un autor cuya escritura camina sin andadores pero que ha bebido en las fuentes de la Biblia, de la picaresca española, de los maestros de la fábula: La Fontaine y Esopo, de Cervantes, Genet, Melville, Yourcenar, Faulkner, Sartre, Camus,

---

[56] R. Arenas. *Antes que...*op. cit., pp 34 y 325 respectivamente.

[57] R. Arenas. *Segundo Viaje: Mona* en: *Viaje a La Habana*, Ediciones Universal, Miami, 1995. p. 63. Por demás, efectivamente en *Final de un cuento*, hay un pasaje que dice: *El Júpiter de la cúspide de la Lonja del Comercio se inclina y saluda a la Giraldilla de El Castillo de la Fuerza que resplandece.* op. cit. p. 169.

[58] R. Arenas. *Antes que....*op. cit. p. 99.

Carpentier, Piñera, Lezama, Montenegro, por sólo citar algunos referentes; que puso de manifiesto, abiertamente y sin ambages, que el texto era de todos y que las palabras no son de nadie, sencillamente: circulan.

En este tema de la intertextualidad, me suscribo enteramente a los criterios que expresara Octavio Paz en la introducción que escribe al volumen XIII de sus *Obras Completas*, donde a la sazón recuerda que Aristóteles decía que el hombre era imitador por naturaleza y que por ende todo aprendizaje comienza por la imitación. /*La poesía y la novela están hechas de lugares comunes inmemoriales que el autor transmuta en expresiones inéditas* –explica el Nobel de Literatura–. *Todos los escritores y autores comienzan imitando (...) recurren sin cesar a la tradición y en sus obras se encuentran siempre pasajes que son tejidos de alusiones a las obras del pasado. Lo sorprendente es que esas alusiones se transformen en algo nuevo y nunca oído (...) todos, si tienen talento, convierten sus imitaciones en creaciones. La originalidad* –concluye Paz– *es hija de la imitación*/.

En tal sentido, dedico algunos párrafos a calzar con ejemplos extraídos de la cantera areniana la subyacente identificación del escritor con los autores de los intertextos, vale decir, con sus modelos intertextuales con los cuales establece paralelos, ora históricos, ora ficcionales, sin que la suya llegue a ser una escritura mimética, imitativa, sino creativa: /*creo que cuando tomamos como materia prima un argumento conocido, se puede ser, desde el punto de vista de la invención creadora, mucho más original*/[59]

De modo que el autor asume los problemas de la intertextualidad con un criterio paródico y de confrontación entre varias escrituras. El ejemplo más evidente es *La loma del Ángel*. En el prólogo que escribe a dicha obra, declara abiertamente /*La recreación de esa obra que aquí ofrezco dista mucho de ser una condensación o versión del texto primitivo. De aquel texto he tomado ciertas ideas generales, ciertas anécdotas, ciertas metáforas, dando rienda suelta a la imaginación. Así pues, no presento al lector la novela que escribió Cirilo Villaverde (lo cual obviamente es innecesario), sino aquella que yo habría escrito en su lugar. Traición, naturalmente. Pero precisamente es esa una de las condiciones de la creación artística*/[60]

Si *La loma del Ángel* es el ejemplo de intertexto más flagrante y estudiado en Arenas, no menos representativo del paralelo histórico y ficcional sería el que cabe establecer entre Fray Servando y Victor

---

[59] R. Arenas, *La loma del Ángel*, Universal, Miami, p. 10.

[60] Op cit. Pp.9-10.

Hughes, el héroe de Carpentier; entre los pasajes de *El mundo alucinante* y *El siglo de las luces* que describen los incidentes que se producen entre barco cargado de negras y la enardecida tripulación que las viola y acosa, una descripción que ambos autores hacen de forma perfectamente similar.[61]

Otra relación indiscutible y sin embargo, poco o nada estudiada, se evidencia entre el capítulo *Viaje del fraile* de *El mundo* y *Moby Dick* de Melville donde ambos autores, desde sus perspectivas individuales, se refieren a la violencia y agresividad del hombre por un lado y del medio natural por otro, y convienen que la persecución está en todas partes y que la agresividad es una tendencia natural, arbitraria e injusta, tanto en la naturaleza como en el hombre.

Un ejemplo también interesante se establece entre Arenas y Yourcenar, el primero, referenciado en *Arturo, la estrella más brillante* por el lado cubano y en *Memorias de Adriano*, por el de la Yourcenar. Las imágenes del abuelo Marulino observando los astros y la de la tosca campesina, abuela de Reinaldo, tienen puntos de contacto asombrosamente parecidos. Ambos autores además, califican de "estrella más brillante" al predilecto de su corazón; en un caso, Arturo, el hijo de *La vieja Rosa* y en el otro, Antínoo, el joven amante de Adriano. Influencias y alusiones más conocidas se establecen en *El color del verano* y en *El portero* a propósito de uno de los autores cubanos que mayor influencia tuvo en Arenas, además de José Lezama Lima: Virgilio Piñera. Por cierto que a Arenas se debe un texto poco mencionado en los estudios virgilianos, pese a ser un texto clásico y medular, de consulta obligada para todo el que emprenda el estudio exhaustivo de la obra de Piñera que podría titularse "Anatomía de un maldito asfixiado por el sol de su isla" y dice:

> *"Esa luz, ese animal cósmico y doméstico, esa ferocidad sin límite y sin campo para expandirse, es lo que nos retrata y refleja y a la vez nos proyecta, convirtiéndonos en el rebelde, es decir, el aborrecido de los dioses establecidos, el maldito. Toda la obra de Piñera es la obra de un expulsado. Tocado por la maldición de la expulsión, entrar en su mundo es entrar en el infierno, o, cuando menos, sentirnos absolutamente remotos del*

---

[61] Véanse las páginas 253 y 254 de la edición de Casa de las Américas de *El siglo* y la pág 81 de *El Mundo* en la edición de Tusquets. Aprovecho para señalar que todos estos ejemplos están debidamente explicados en un ensayo de mayor extensión titulado *Vida pasión y muerte en las arenas* de la misma autora, cuya publicación fue recomendada por el tribunal constituido por Miguel Barnet, Nancy Morejón y Roberto Zurbano, entre los ensayos finalistas que se presentaron al concurso Alejo Carpentier en La habana en enero del 2000.

paraíso (...) El drama de Piñera es, pues, el drama intrínseco del hombre tropical e insular, el drama de la intemperie y las sucesivas estafas, el drama de la desnudez y el desamparo. Ante la vasta tachadura de un paisaje que sucumbe perpetuamente ante invasiones sucesivas. Ese hombre ofendido, desposeído y sin dioses, contando solo con su desarraigo, es una figura grotesca, patética y absurda que en medio del resplandor se bate y debate entre una explanada y un muro dominados por un foco aún más descomunal. "[62]

Federico Álvarez, a propósito de una caracterización del estilo de la generación de escritores cubanos del decenio de los 40 en la que incluye además de Arenas, a Sergio Chaple, Miguel Barnet, Jesús Díaz, Norberto Fuentes y Eduardo Heras León, propone definirla por lo que NO es: /*Es en primer lugar, una negacion del barroquismo de nuestros mayores escritores, Carpentier y Lezama. En segundo lugar, es una negación del trascendentalismo poético, ahistórico y místico. En tercer lugar, es una negación del criollismo folklórico. Y en cuarto lugar, una negación a priori del realismo socialista*[63] (los subrayados son míos. Nota de la Autora)

So pena de volver a repasar determinados referentes que la calzan, la afirmación de Álvarez da pie a mi convencimiento de que la obra de Arenas, como la de muchos de sus contemporáneos, ya citados y otros, transita por los mismos cauces de la narrativa cubana a partir de sus características individuales. Un existencialismo incipiente a lo Camus, Truman Capote, Salinger y Sartre también los separan del criollismo que luego superan, en un proceso de maduración con oficio ganado, mayor realismo, distinta visión y voz propia para enfrentar los retos de la época: la modernidad y el boom. Creo importante señalar esta circunstancia, tal vez singular en el caso de Arenas, porque nuestro autor, no se pierde, no rompe su vinculación generacional con las corrientes literarias de su época en Cuba, y por ende, su obra no llega nunca a convertirse ni en una resultante, ni en un producto típico clasificable de "marielista".

No hay que temer entonces que el tiempo –como pedrada en el ojo– cause inevitables estragos a alguna de sus obras; le salvará la cara su talento de escritor que superó la modernidad sin el fácil recurso a la

---

[62] R. Arenas. "La isla en peso con todas sus cucarachas". En: *Necesidad de libertad*, Kosmos Editorial S.A. México, 1986. Pp- 116-117.

[63] Véase Peter Schultze-Kraft. *Apuntes sobre la historia y la literatura cubanas* En: "Vanguardia" dominical, Bucaramanga, agosto de 1973. P. 4.

banalidad de ciertos postmodernos –porque ya decir moderno era decir, vigente para siempre–. Las auténticas claves están en su gesto postrero, en el triunfo de Tánatos, que representa mucho más que una fórmula elegíaca. Lo demás son sólo pretextos entre Jocker y Memo.

El viernes 7 de diciembre de 1990, puso fin a su vida en la ciudad de Nueva York este hombre libre que prefirió llevarse los deberes hechos porque, a pesar de todo, se dedicó a escribir.

La Habana, febrero del 2000.

/Celestino silba y todo, mientras hace los garabatos yo empiezo a sentirme alegre. Tan alegre, que pienso que algún día él terminará de escribir, y que entonces volveremos a pasear en yegua por las lomas y haremos un castillo mucho más grande del que pensamos hacer/

R. Arenas. *Celestino antes del alba.*

REINALDO ARENAS: LA PALABRA REBELDE...

Madeline Cámara

Hablar de Arenas es un acto subversivo para cualquier crítico literario. Recordemos ahora la época en que el autor de *Celestino antes del alba* era considerado en Cuba un repugnante homosexual, enemigo del Estado, y como escritor sujeto a censura y persecución. Ahora, cuando ya no pueden mandar su espíritu a galeras ni obviar las numerosas ediciones de sus obra que recorren el mundo entero, tampoco los críticos de la Isla pueden estudiarlo abiertamente, obligados a bordear con cuidado su explosivo contenido político anticatrista. Su suerte con la crítica y la academia no mejoró mucho cuando Arenas llegó a los Estados Unidos a bordo de una embarcación del Mariel. De Cuba salió como "escoria", más o menos así lo trataron aquellos intelectuales de izquierda que no comprendían su ira, o incluso que despreciaban un estilo demasiado agresivo e irreverente. Pero Reinaldo, esta vez no censurado, se las ingenió para escribir y publicar desaforadamente, contra el reloj biológico de su cuerpo que él decidió consumir intensamente. Murió de SIDA en New York, odiando a un Miami que no lo comprendió y al caudillo que le arrebató su Isla, pero ya había dejado atrás novelas como *El color del verano*, un conjunto de poemas, ensayos memorables como *Necesidad de libertad* y su pasión intransferible de vivir libremente.

Su escritura, rebelde como su vida, es el legado que ha dejado a los cubanólogos que hoy vuelven a homenajearlo a través de este volumen. Cuando ya nadie niega que estamos ante un clásico de la novela contemporánea latinoamericana, aún estamos ante el escollo de buscar como estudiar adecuademente una obra tan blasfema ideológicamente y anticanónica en su estilo.

Llamo la atención sobre ello a propósito de la publicación de una nueva antología de ensayos sobre la obra del novelista cubano: *Subversión e ideología: otra vez Arenas*, editada por los profesores e investigadores de literatura Reinaldo Sánchez, de Florida International University, y Humberto López Cruz, de University of Central Florida. Esta antología encamina su selección de ensayos en el esfuerzo por balancear los enfoques tradicionales sobre Arenas: el ideológico y el sicoanalítico, e insiste también en la perspectiva estilística Entre los trabajos que optan por el primer enfoque mencionado, se destacan los debidos a los editores del libro: Sánchez y López insistiendo en el carácter transgresor de la palabra de Arenas, pero sobre todo en la fusión del elemento de denuncia social con la semantización subversiva. Otros son más directamente ideológicos como el de Lilian Bertot.

Por supuesto, el tema del homoerotismo había de encontrar espacio y éste lo ocupan dos excelentes ensayos de Luis Jiménez, con apoyatura en lo sicobiográfico, como corresponde a un texto que se vuelca sobre *Antes que anochezca*, y el de Rita Molinero, de corte más intratextual basado en el análisis de *Viaje a La Habana*. Junto a éstos, no faltan las exploraciones críticas en los nuevos códigos de metáforas que liberan la desbordada sexualidad y su corrosivo humor: *La estética del camp...* de Francisco Soto es un buen ejemplo. Sobre el descubrimiento de la inhóspita geografía del exilio, y las nuevas marginaciones que experimentará el escritor versa el estudio de Raquel Romeu sobre *El portero*. Interesante como complemento, pues se adentra en la visión del mundo del novelista, es la entrevista que hace Jesús Barquet donde Arenas se expresa sobre el recurrente tema del suicidio en al literatura cubana. Finalmente, aunque sé que otras antologías han cubierto ese tema hecho de menos en la presente un trabajo que demuestre el genio paródico del escritor que arremete contra los íconos de la cubanidad en su novela *La loma del Ángel*, provocativo remake de *Cecilia Valdés*. Del mismo modo, saludo la iniciativa de cerrar la antología con una documentada bibiliografía areniana a cargo de Humberto López que abre el camino a futuras investigaciones sobre el más rebelde de nuestros fabuladores contemporáneos.

Edición príncipe de *Otra vez el mar*, Editorial Argos Vergara, Barcelona, 1982.

SEGUNDA PARTE
POESÍA

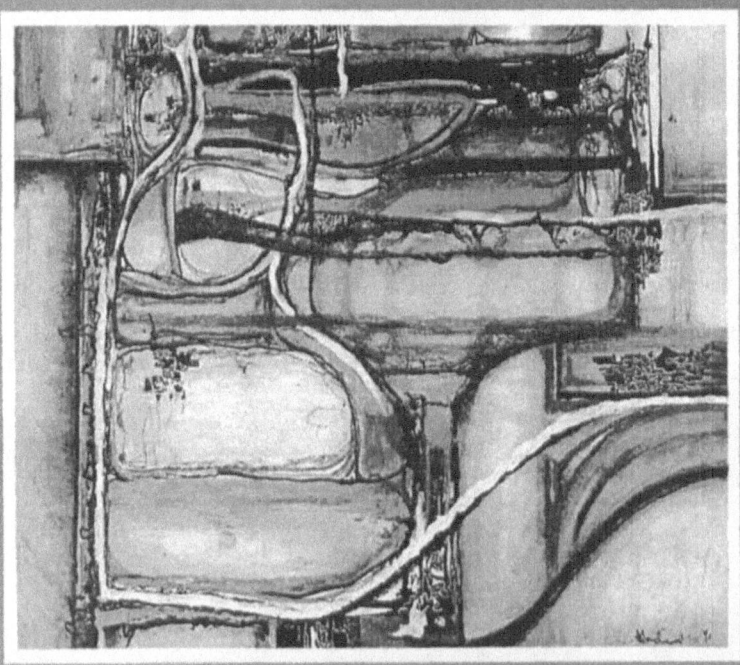

Portada de la edición príncipe de *El color del verano*. Ediciones Universal, 1991.

Voluntad de vivir manifestándose

Reinaldo Arenas

Ahora me comen.
Ahora siento cómo suben y me tiran de las uñas.
Oigo su roer llegarme hasta los testículos.
Tierra, me echan tierra.
Bailan, bailan sobre este montón de tierra
y piedra
que me cubre.
Me aplastan y vituperan
repitiendo no sé qué aberrante resolución que me atañe.
        Me han sepultado.
Han danzado sobre mí.
Han apisonado bien el suelo.
Se han ido, se han ido dejándome bien muerto y enterrado.

Este es mi momento.

                              (Prisión del Morro, La Habana, 1975)

Soneto desde el infierno

Reinaldo Arenas

Todo lo que pudo ser, aunque haya sido,
jamás ha sido como fue soñado.
El dios de la miseria se ha encargado
de darle a la realidad otro sentido.

Otro sentido, nunca presentido,
cubre hasta el deseo realizado;
de modo que el placer aun disfrutado
jamás podrá igualar al inventado.

Cuando tu sueño se haya realizado
(difícil, muy difícil cometido)
no habrá la sensación de haber triunfado,

más bien queda en el cerebro fatigado
la oscura intuición de haber vivido
bajo perenne estafa sometido.

(La Habana, 1972)

Introducción del símbolo de la fe

Reinaldo Arenas

Sé que más allá de la muerte
está la muerte,
      sé que más acá de la vida
está la estafa.
      Sé que no existe el consuelo
que no existe
la anhelada tierra de mis sueños
ni la desgarrada visión de nuestros héroes.
                      Pero
te seguimos buscando, patria,
en las traiciones del recién llegado
y en las mentiras del primer cronista.
      Sé que no existe el refugio del abrazo
y que Dios es un estruendo de hojalata.
                      Pero
te seguimos buscando, patria,
en las amenazas del nuevo impostor
y en las palmas que revientan buldoceadas.
      Sé que no existe la visión
del que siempre perece entre las llamas
que no existe la tierra presentida.
                      Pero
te seguimos buscando, tierra,
en el roer incesante de las aguas,
en el reventar de mangos y mameyes,
en el tecleteo de las estaciones
y en la confusión de todos los gritos.
      Sé que no existe la zona del descanso
que faltan alimentos para el sueño,
que no hay puertas en medio del espanto.
                      Pero
te seguimos, buscando, puerta,
en las costas usurpadas de metralla,
en la caligrafía de los delincuentes,
en el insustancial delirio de una conga.

        Sé
que hay un torrente de ofensas aún guardadas
y arsenales de armas estratégicas,
que hay palabras malditas, que hay presiones
y que en ningún sitio está el árbol que no existe.
                          Pero
te seguimos buscando, árbol,
en las madrugadas de cola para el pan
y en las noches de colas para el sueño.
        Te seguimos buscando, sueño,
en las contradicciones de la historia
en los silbidos de las perseguidoras
y en las paredes atestadas de blasfemias.
Sé
que no hallaremos tiempo
que no hay tiempo ya para gritar,
que nos falla la memoria,
que olvidamos el poema, que, aturdidos,
acudimos a la última llamada
(el agua, la cola del cigarro).
                          Pero
te seguimos buscando, tiempo,
en nuestro obligatorio concurrir a mítines,
funerales y triunfos oficiales,
y en las interminables jornadas en el campo.
        Te seguimos buscando, palabra,
por sobre la charla de las cacatúas
y el que vendió su voz por un paseo,
por sobre el cobarde que reconoce el llanto
pero tiene familias... y horas de recreo.
        Te seguimos trabajando, poema,
por sobre la histeria de las multitudes
y tras la consigna de los altavoces,
más allá del ficticio esplendor y las promesas.
        Que es ridículo invocar la dicha
que no existe "la tierra tan deseada"
que no hallarán calma nuestras furias.
        Todo eso lo sé.
        Pero te seguimos buscando, dicha,
en la memoria de un gran latigazo
y tras el escozor de la última patada.
        Te seguimos buscando, tierra,

en el fatigado ademán de nuestros padres
y en el obligatorio trotar de nuestras piernas
            Te seguimos buscando, calma,
en el infinito gravitar de nuestras furias
en el sitio donde confluyen nuestros huesos
en los mosquitos que comparten nuestros cuerpos
en el acoso por sueños y aceras
en el aullido del mar
en el sabor que perdieron los helados
en el olor del galán de noche
en las ideas convertidas en interjecciones ahogadas
en las noches de abstinencia
en la lujuria elemental
en el hambre de ayer que hoy hambrientos condenamos
en la pasada humillación que hoy humillados denunciamos.
En la censura de ayer que hoy amordazados señalamos
en el día que estalla
en los épicos suicidios
en el timo colectivo
en el chantaje internacional
en el pueril aplauso de las multitudes
en el reventar de cuerpos contra el muro
en las mañanas ametralladas
en la perenne infamia
en el impublicable ademán de los adolescentes
en nuestra voracidad impostergable
en el insolente estruendo de la primavera
en la ausencia de Dios
en la soledad perpetua
y en el desesperado rodar hacia la muerte
                    te seguimos buscando
te seguimos
te seguimos.

Central "Manuel Sanguily"
Consolación del Norte. Pinar del Río.
Mayo de 1970.

Inaplazable fugitivo

Rafael Bordao

La única sabiduría: no te detengas.
Reinaldo Arenas

No logró detenerte ni el Portero
ni Arturo, la estrella más brillante
ni la que quedó ardiendo con el ángel
para que te abrieras camino en el horizonte
ni el Mar que una y otra vez te extendía
sus manos irreprochables de aguas instintivas
para que te evadieras del atolondramiento y la locura
que te causó el Desfile que todavía continúa;
no logró detenerte ni el Central
que extraía el guarapo que seguías buscando
en el desesperado rodar hacia la muerte
ni la Voluntad de vivir que se manifestaba en tu palabra
siempre incesante
que enronqueció con tu desbordamiento
en la desembocadura de otro exilio;
no lograron demoler tus versos ni desaguar tus mares
que almacenaron esa Necesidad de Libertad
que a todos contagiaste hacia el postrer minuto de tus brasas.
Te escapaste por la ranura más estrecha
y quien iba a decir que cruzarías la frontera de la vida
con la derretida prisa, terriblemente solo
sin ningún salvoconducto
tal vez con algún gesto
pero sin perder *la ecuanimidad y el ritmo*
a riesgo de que te devolvieran nuevamente
al mundo de la confabulación y el egoísmo
donde castañetean de miedo tus enemigos
que sabían jugabas tu vida a la literatura.

Te fugaste por entre las membranas del aburrimiento

tanteando el terrible teclado de las Parcas
a la hora en que la desolación y el peligro son más grandes
y los quebrantamientos del alma envuelven en silencio
la gloria y los escombros del siniestro
dejando sólo los funerales del humo;
nadie te vio zarpar del puerto:
te escapaste con pastillas del naufragio lapidario
nadie pudo distraerte ni tampoco ilusionarte
y saliste apurado del país de los aplausos
inalterable como el que suprime la distancia
y únicamente vislumbra la silueta a la deriva
de un cuerpo deportado.

Llegaste primero a la ausencia
allí donde la furia finaliza su industria de veneno
sin importarte mucho el arte de morir
sin agarrarte a la vida de tus amigos
porque sabías que sólo morían los demás
de esa presuntuosa enfermedad
que tienen los vivos.

Oh Reinaldo ya faltas irremediablemente
han quemado tus naves en la arena
intentando exorcizar tus maldiciones
te ahorraste las exequias y el retorno
y ese estar desarenándote a la moda
apabullado por un silencio indescifrable
sin poder nuevamente arrojarte al peligro
erotizado por el cosmético de la muerte.
¡Cuántos murmullos se oyen en tu silencio!
¡Cuántas vanidades antes que anochezca!

2 de enero, 1991
Manhattan, N.Y.

A Reinaldo Arenas: ¿el portero?

Maya Islas

¿Qué significa cuidar la puerta
que oculta la casa detrás de los ojos?
Parece una pintura, yo diría,
que me recuerda a un hombre diluido en la nada.

Cuando te seguíamos de cerca,
rompías los dibujos y pensábamos
que descubrirías la forma perfecta de la oscuridad
sin saber el barco o la rama que te salvaría del oceáno.

En diez años debes haber aprendido mucho:
un maestro salta y tú le sigues
en ese pedacito de locura
que te quedó cuando mirabas el sol,
sin bordes ni caracol,
como una serpiente.

Por lo pronto, ya salieron a darte los recuerdos
que te merecías por todo lo que dejaste:

Un campo habitado por sombras.
El placer alucinante del amor.
La frase perfecta al final de un capítulo.

Desde esos tiempos, poco queda;
nosotros ya no somos la cara agradecida
que puede disfrutar su perfil ante un espejo.
Un buen dolor ha disfigurado las llaves de la felicidad
y gentilmente te avisa que no te asomes a abrir la puerta
para salvar a nadie.

Es mejor que choques con el sueño,
la imagen posible,
un hueco entre miradas;

tu mano partida por el miedo
guardando la extraña energía de la isla.

¿Y nosotros?

Nosotros, navegando en tu interior
como animales equivocados,
seguiremos buscando alas para substituir
tus espaldas quemadas de Ícaro.

Reinaldo Arenas
antes que anocheciera

Joaquín Gálvez

Para José Abreu Felippe y Luis de la Paz,
que lo acompañaron.

Cuando ya coronaban a los verdugos
para combatir tu desnudez.
Cuando ya tu desnudez
era el acta de un condenado.
Y para que tus latidos
no tuvieran la dimensión de una asamblea.
Y para salvar a tus alas
del finito aire que le dictaban.
Fiel a tus alas,
respondiste al llamado de la selva.
Y fue imposible
que, a tu manuscrito alucinado,
un perro llegara
antes que anocheciera.

Eclipse de sol

William Navarrete

a R. Arenas

Rostro inmóvil, eterna palidez de noche,
fortuna de agoreros, novia indócil,
astro pendenciero interpuesto entre él y yo,
cerraré los ojos porque tu paso
hará de mi amante un enemigo,
o un amigo esquivo,
tu canto de sirena acallará su voz de hombre,
tu velo virgen, su soledad de fuego,
la cicatriz de tu cara helada,
las venas que hacen de él mi mejor guerrero.
No vengas a decirme que abandonas
tu celda oscura para vengarte del poeta,
sé bien que quien se venga eres tú
porque robas al poeta un verso
y robar un verso es robarle a Dios.
No serás ya la misma,
ni yo podré mirarlo como antes,
¿acaso ha llenado de luz tus noches?
¿acaso yo, testigo de tu mueca,
te he entregado el secreto de su luz?
No digas tampoco que querías
saber de la caricia que él siempre me prodiga,
porque aún sabiéndolo, no tienes, luna,
cómo llenarme el alma de poesía.

París, 22 de agosto de 1999.

Dos poemas y un breve comentario

José Abreu Felippe

Ya sé que la buena poesía, por sí misma, debe bastar para el acto poético. Pero en mi caso, probablemente porque no se trate de "buena poesía" y porque un viejo amigo me lo ha pedido, me he animado a desoír ese sabio consejo, y escribir estas líneas que no pretenden, no obstante, "explicar" el poema, sino su circunstancia.

Hay ceniza en el agua y *Oración* están relacionados con la muerte y con Reinaldo Arenas. El primero está fechado el 3 de diciembre de 1991, a pocos días de cumplirse el primer aniversario de su muerte, ocurrida el 7 de diciembre de 1990. Rey había dicho que su cadáver fuera incinerado y sus cenizas lanzadas al mar, en el malecón habanero, cuando Cuba fuera libre. Para esa fecha convocaba desde ya a sus amigos. Debían reunirse allí y leer el poema *Para entonces,* del poeta mexicano Manuel Gutiérrez Nájera, antes de efectuar la ceremonia. Pensaba en todo eso y cerré los ojos y volví a vernos en mi casa, cantando a gritos en el cuarto del fondo –cuando aquello al pequeño grupo nos había dado por poner música a los poemas que más nos gustaban de Quevedo, Lezama, Casal, Reinaldo y de nosotros mismos– ese hermoso y triste poema, que para nosotros representaba el amor al mar y a la libertad:

> Quiero morir cuando decline el día,
> en alta mar y con la cara al viento,
> donde parezca un sueño la agonía
> y el alma un ave que remonta el vuelo.
>
> No escuchar en los últimos instantes,
> ya con el cielo y con el mar a solas,
> más voces ni plegarias suplicantes
> que el majestuoso tumbo de las olas.
>
> Morir cuando la luz triste retira
> sus áureas redes de la onda verde,
> y ser como ese sol que lento expira:
> algo muy luminoso que se pierde.
>
> Morir, y joven, antes que destruya
> el tiempo aleve la gentil corona,

cuando la vida dice aún: "Soy tuya",
aunque sepamos bien que nos traiciona.

Después me vi corriendo, esas carreras locas bajando la colina del picadero en el Parque Lenin, y leyendo debajo de los árboles. Luego recordé la primera vez que leímos juntos, ya en libertad, en otro parque, esta vez El Retiro de Madrid. Y vi la ceniza flotando en el agua... El segundo está fechado en 1994, en medio de la crisis de los balseros, y es eso, una oración.

Enero del 2001.

Hay ceniza en el agua

Después entramos al Retiro
y nos sentamos debajo de los chopos.
Es el otoño y hace frío.

Nos acomodamos sobre las hojas,
te arreglas la bufanda
y otra vez te oigo.

Pero no es este el parque.
Bajamos la colina del picadero
y echamos a correr.

Finalmente ganaste la carrera.
Hay ceniza en el agua.

Oración

                Mar,
tú que acogerás en tu eternidad las cenizas hastiadas
                            de Reinaldo Arenas,
tú que insolente y colérico cantas desde otros tiempos
                                  más inocentes,
ajeno a los hombres que desde su pequeñez y su miseria,
todavía te amamos.
Tú, que estirando tus manos puedes tocar las dos orillas.
Tú, que como fuego te agazapas y saltas y golpeas,
                      por favor,
no hagas daño a esos muchachos, sólo protégelos.
Y si te es posible,
        burla a políticos y comisarios,
        a patrias y países,
        y permite que sus cuerpos hambrientos
        y desnudos,
        sus cuerpos furiosos y gastados,
        arriben a esta orilla.
Hazlo a cambio de las cenizas hastiadas de Reinaldo
                                      Arenas,
que fue joven, hermoso,
y te amaba.

TERCERA PARTE
NARRATIVA

EL ASALTO

REINALDO ARENAS

EDICIONES UNIVERSAL

Portada de la edición príncipe de *El asalto*. Ediciones Universal, 1991.

FINAL DE UN CUENTO

Reinaldo Arenas

Para Juan Abreu y Carlos Victoria, triunfales, es decir, sobrevivientes

The Southernmost Point in U.S.A. Así dice el cartel. Qué horror. ¿Y cómo podría decirse eso en español? Claro, *El punto más al sur en los Estados Unidos*. Pero no es lo mismo. La frase se alarga, pierde exactitud, eficacia. En español no da la impresión de que se esté en el sitio más al sur de los Estados Unidos, sino en un punto al sur. Sin embargo, en inglés, esa rapidez, ese *Southernmost Point* con esas *T* levantándose al final nos indica que aquí mismo termina el mundo, que una vez que uno se desprenda de ese *point* y cruce el horizonte no encontrará otra cosa que el mar de los sargazos, el océano tenebroso. Esas T no son letras, son cruces –mira cómo se levantan– que indican claramente que detrás de ellas está la muerte o, lo que es peor, el infierno. Y así es. Pero de todos modos ya estamos aquí. Al fin logré traerte. Me hubiera gustado que hubieses venido por tu propia cuenta, que te hubieras tirado una foto junto a ese cartel, riéndote; y que hubieses mandado luego esa foto para allá, hacia el mar de los sargazos (para que se murieran todos de envidia o de furia) y que hubieses escupido, como lo hago yo ahora, a estas aguas donde empieza el infierno. En fin, me habría gustado que te quedaras aquí, en este cayo único, a 157 millas de Miami y a sólo 90 de Cuba, en el mismo centro del mar, con la misma brisa de allá abajo, el mismo color en el agua, el mismo paisaje casi; y sin ninguna de sus calamidades. Hubiera querido traerte aquí –no así, casi a rastras– y no precisamente para que te perdieras en esas aguas, Si no para que comprendieses la suerte de estar más acá de ellas. Pero por mucho que insistí –o quizá por lo mismo– nunca quisiste venir. Pensabas que lo que me atraía a este sitio era sólo la nostalgia: la cercanía de la Isla, la soledad, el desaliento, el fracaso. Nunca has entendido nada –o, a tu modo, has entendido demasiado–. Soledad, nostalgia, recuerdo –llámalo como quieras–, todo eso lo siento, lo padezco, pero a la vez lo disfruto. Sí lo disfruto. Y por encima de todo, lo que me hace venir hasta aquí es la sensación, la certeza, de experimentar un sentimiento de triunfo... Mirar hacia el sur, mirar ese cielo que tanto aborrezco y amo, y abofetearlo; alzar los brazos y reírme a carcajadas, percibiendo casi, de allá abajo, del otro lado del mar, los gritos desesperados y mudos de todos los que quisieran estar como yo: aquí, maldiciendo, gritando, odiando y solo de verdad; no como allá, donde hasta la misma soledad se persigue y te puede llevar a la cárcel por antisocial. Aquí puedes perderte o encontrarte sin que a nadie le importe un pito tu rumbo. Eso, para los que sabemos lo que significa lo otro, es también una fortuna. Creíste que no iba a entender esas ventajas, que no sabría sacarles partido; que no iba a poder adaptarme. Sí, ya sé lo que has dicho. Que no aprenderé ni una palabra de inglés, que no escribiré más ni una línea, que ya una vez aquí no hay argumentos ni motivos, que hasta las furias más fieles se van amortiguando ante la impresión ineludible de los supermercados y de la calle 42, o ante la desesperación (la necesidad) por instalarse en una de esas torres alrededor de las cuales gira el mundo, la certeza de saber que ya no somos motivo de inquietud estatal ni de expedientes secretos... Sé que todos pensaban que ya estaba liquidado. Y que tú mismo estabas de acuerdo con estas intrigas. No voy a olvidar cómo te reías, casi satisfecho (burlón y triste) cada vez que sonaba el teléfono y cómo aprovechabas la menor oportunidad para recriminar mi disciplina o vagancia. Cuando te decía que estaba instalándome, adaptándome, o sencillamente viviendo, y por lo tanto acumulando historias, argumentos, me mirabas compasivo, seguro de que yo ya había perecido entre la nueva hipocresía, las inevitables relaciones, el pernicioso éxito o la intolerable verborrea... Pero no fue así, óyelo bien, veinte años de representación, obligada cobardía y humillaciones no se liquidan tan fácilmente... No voy a olvidar cómo me vigilabas, crítico y sentencioso –seguro–, esperando que finalmente me disolviera, anonimizándome por entre túneles estruendosos y helados o por las calles inhóspitas, abatidas por vientos infernales. Pero no fue así ¿me oyes? Esos veinte años de taimada hipocresía, ese terror contenido, no permitieron que yo pereciera. Por eso (también) te he arrastrado hasta aquí, para dejarte definitivamente derrotado y en paz –quizás hasta feliz– y para demostrarte, no puedo ocultar mi vanidad, que el vencido eres tú.

Como ves, este lugar se parece bastante a Cuba; mejor dicho, a algunos lugares de allá. Bellos lugares, sin duda, que yo jamás volveré a visitar. ¡Jamás! ¿Me oíste? Ni aunque se caiga el sistema y me supliquen que vuelva para acuñar mi perfil en una medalla, o algo por el estilo; ni aunque de mi regreso dependa que la Isla entera no se hunda; ni aunque desde el avión hasta el paredón de fusilamiento me desenrollen una alfombra por la cual marcialmente habría de marchar para descerrajar el tiro de gracia en la nuca del dictador. ¡Jamás! ¿Me oíste? Ni aunque me lo pidan de rodillas. Ni aunque me coronen como a la mismísima Avellaneda o me proclamen Reina de Belleza por el Municipio de Guanabacoa, el más superpoblado y rico en bugarrones. Esto último te lo digo en broma. Pero lo de no volver, eso sí que es en serio. ¿Me oyes? Pero tú eres diferente. No sabes sobrevivir, no sabes odiar, no sabes olvidar. Por eso, desde hacía tiempo, cuando vi que ya no había remedio para tu nostalgia, quise que vinieras aquí, a este sitio. Pero, como siempre, no me hiciste el menor caso. Quizá, si me hubieses atendido, ahora no tendría que ser yo quien te trajese. Pero siempre fuiste terco, empecinado, sentimental, humano. Y eso se paga muy caro... De todos modos, ahora, quieras o no, aquí estás. ¿Ves? Las calles están hechas para que la gente camine por ellas, hay aceras, corredores, portales, altas casas de madera con balcones bordados, como allá abajo... No estamos ya en Nueva York, donde todos te empujan sin mirarte o se excusan sin tocarte; ni en Miami, donde sólo hay horribles automóviles despotricados por potreros de asfalto. Aquí todo está hecho a escala humana. Como en el poema, hay figuras femeninas –y también masculinas– sentadas en los balcones. Nos miran. En las esquinas se forman grupos. ¿Sientes la brisa? Es la brisa del mar. ¿Sientes el mar? Es nuestro mar... Los jóvenes se pasean en short. Hay música. Se oye por todos los sitios. Aquí no te achicharrarás de calor ni te helarás de frío, como allá arriba. Estamos muy cerca de La Habana... Bien que te dije que vinieras, que yo te invitaba, que hay hasta un pequeño malecón, no como el de allá abajo, claro (es el de aquí), y árboles, y atardeceres olorosos, y un cielo con estrellas. Pero de ninguna manera logré convencerte para que vinieras, y lo que es peor, tampoco logré convencerte para que te quedaras, para que disfrutaras de lo que se puede (allá arriba) disfrutar. Por la noche, caminando a lo largo del Hudson, cuántas veces intenté mostrarte la isla de Manhattan como lo que es, un inmenso castillo medieval con luz eléctrica, una lámpara descomunal por la que valía la pena transitar. Pero tu alma estaba en otro sitio; allá abajo, en un barrio remoto y soleado con calles empedradas donde la gente conversa de balcón a balcón y tú caminas y entiendes lo que ellos dicen, pues eres ellos... Y qué ganaba yo con decirte que yo también deseaba estar allá, dentro de aquella guagua repleta y escandalosa que ahora debe estar atravesando la Avenida del Puerto, cruzando la Rampa, o entrando en un urinario donde seguramente, de un momento a otro, llegará la policía y me pedirá identificación... Pero, óyelo bien, nunca voy a volver, ni aunque la existencia del mundo dependa de mi regreso. ¡Nunca! Mira ése que pasó en la bicicleta. Me miró. Y fijamente. ¿No te has dado cuenta? Aquí la gente mira de verdad. Si uno le interesa, claro. No es como allá arriba, donde mirar parece que es un delito. O como allá abajo, donde es un delito... "Que el que mirare a otro sujeto de su mismo sexo será condenado a..." ¡Vaya! Ese otro también me acaba de mirar. Y ahora sí que no puedes decirme nada. Los carros hasta se detienen y pitan; jóvenes bronceados sacan la cabeza por la ventanilla. *Where? Where?* Pero a cualquier lugar que le indiques te montan. Verdad que estamos ya en el mismo centro de Duval Street, la zona más *caliente*, como decíamos allá abajo... Por eso también (no voy a negarlo) quise traerte hasta aquí, para que vieras cómo aún los muchachos me miran, y no creyeras que tu amistad era una gracia, un favor concedido, algo que yo tenía que conservar como fuera; para que sepas que aquí también tengo mi público, igual que lo tenía allá abajo. Esto creo que también te lo dije. Pero nada de eso parecía interesarte; ni siquiera la posibilidad de ser traicionado, ni siquiera la posibilidad (siempre más interesante) de traicionar... Te seguía hablando, pero tu alma, tu memoria, lo que sea, parecía que estaba en otra parte. Tu alma. ¿Por qué no la dejaste allá junto con la libreta de racionamiento, el carné de identidad y el periódico *Granma*?... Ve, camina por Times Square, aventúrate en el Central Park, coge un tren y disfruta lo que es un Coney Island de verdad. Yo te invito. Mejor, te doy el dinero para que salgas. No tienes que ir conmigo. Pero no salías, o salías y al momento ya estabas de regreso. El frío, el calor, siempre había un pretexto para no ver lo que tenías delante de tus ojos. Para estar en otro sitio... Pero mira, mira esa gente cómo se desplaza a pesar del mal tiempo (aquí siempre hay un mal tiempo), mira esos bultos cómo arremeten contra la tormenta; muchos también son de otro sitio (de su sitio) al que tampoco podrán regresar, quizás ya ni exista. Oye: la nostalgia también puede ser una especie de consuelo, un dolor dulce, una forma de ver las cosas y hasta disfrutarlas. Nuestro triunfo está en resistir. Nuestra venganza está en sobrevivirnos... Estrénate un pitusa, un pulóver, unas botas y un cinto de piel; pélate al rape, vístete de cuero o de aluminio, ponte una argolla en la oreja, un aro con estrías en el cuello, un brazalete puntiagudo en la muñeca. Sal a la calle con un taparrabo lumínico, cómprate una moto (aquí está el dinero), y vuélvete *punk*, píntate el pelo de dieciséis colores, y búscate un negro americano, o prueba con una mujer. Haz lo que quieras, pero olvídate del español y de todas las cosas que en ese idioma nombraste, escuchaste, recuerdas. Olvídate también de mí. No vuelvas más...

Pero a los pocos días ya estás de regreso. Vestido como te aconsejé, botas, pitusa, pulóver, jacket de cuero, te tomas un refresco y oyes la grabadora que allá abajo nunca pudiste tener. Pero no estás vestido como estás, no te tomas ese refresco que allá abajo nunca te pudiste tomar, no oyes esa grabadora que suena, porque no existes, quienes te rodean no dan prueba de tu existencia, no te identifican ni saben quién eres, ni les interesa saberlo; tú no formas parte de todo esto y da lo mismo que salgas vestido con esos andariveles o envuelto en un saco de yute. Bastaba verte los ojos para saber que así pensabas... Y no podía decirte que también yo pensaba así, que yo también me sentía así; así no, mucho peor; al menos tú tenías a alguien, a mí, que intentaba consolarte... Pero ¿qué argumentos se pueden esgrimir para consolar a alguien que aún no está provisto de un odio inconmensurable? ¿Cómo va a sobrevivir una persona cuando el sitio donde más sufrió y ya no existe es el único que aún lo sostiene? Mira –insistía yo, pues soy testarudo, y tú lo sabes–, por primera vez ahora somos personas, es decir, podemos aborrecer, ofender libremente, y sin tener que cortar caña... Pero creo que ni siquiera me oías. Vestido deportiva y elegantemente miras al espejo y sólo ves tus ojos. Tus ojos buscando una calle por donde la gente cruza como meciéndose, adentrándose ya en un parque donde hay estatuas que identificas, figuras, voces y hasta arbustos que parecen reconocerte. Estás a punto de sentarte en un banco, olfateas, sientes, no sabes qué transparencia en el aire, qué sensación de aguacero recién caído, de follajes y techos lavados. Miras los balcones estibados de ropa tendida. Los viejos edificios coloniales son ahora flamantes veleros que flotan. Desciendes. Quieres estar apoyado a uno de esos balcones, mirando, allá abajo, la gente que te mira y te saluda, reconociéndote. *Una ciudad de balcones abiertos con ropa tendida, una ciudad de brisa y sol con edificios que se inflan y parecen navegar...* ¡Sí!, ¡Sí! te interrumpía yo, una ciudad de balcones apuntalados y un millón de ojos que te vigilan, una ciudad de árboles talados, de palmares exportados, de tuberías sin agua, de heladerías sin helados, de mercados sin mercancías, de baños clausurados, de playas prohibidas, de cloacas que se desparraman, de apagones incesantes, de cárceles que se reproducen, de guaguas que no pasan, de leyes que reducen la vida a un crimen, una ciudad con todas las calamidades que esas calamidades conllevan... Pero tú seguías allá, flotando, intentando descender y apoyarte en aquel balcón apuntalado, queriendo bajar y sentarte en aquel parque donde seguramente esta noche harán una "recogida"... ¡Hacia el sur! ¡Hacia el sur!, te decía entonces –te repetía otra vez–, seguro de que en un lugar parecido a aquél no ibas a sentirte en las nubes o en ningún sitio. ¡Hacia el sur!, digo, apagando las luces del apartamento e impidiendo que sigas mirándote en el espejo, en otro sitio... ¡A la parte más al sur de este país, al mismísimo Cayo Hueso, donde tantas veces te he invitado y no has querido ir, sólo para molestarme! Allí encontrarás lugares semejantes o mejores que los tuyos, playas a las que se les ve el fondo, casas entre los árboles, gente que no parece estar apurada. Yo te pago el viaje, la estancia. Y no tienes que ir conmigo... Como siempre –sin decirme nada, sin aceptar tampoco el dinero– sales, salimos a la calle. Tú, delante, caminas por la Octava Avenida. Tomas 51 Street. Cada vez más remoto entras en el torbellino de Broadway; los pájaros, nublando un cielo violeta, se posan ya sobre los tejados y azoteas del Teatro Nacional, del Hotel Inglaterra y del Isla de Cuba, del cine Campoamor y del Centro Asturiano; en bandadas se guarecen en la única ceiba del Parque de la Fraternidad y los pocos y podados árboles del Parque Central de La Habana. Los faroles del Capitolio y del Palacio Aldama se han iluminado. Los jóvenes fluyen por las aceras del Payret y por entre los leones del Prado hasta el Malecón. El faro de El Castillo del Morro ilumina las aguas, la gente que cruza rumbo a los muelles, los edificios de la Avenida del Puerto, tu rostro. El calor del oscurecer ha hecho que casi todo el mundo salga a la calle. Tú los ves, tú estás ahí casi junto a ellos. Invisible sobre los escasos árboles, los observas, los oyes. Alborotando a los pájaros atisbas ahora desde las torres de La Manzana de Gómez; te elevas y ves la ciudad iluminada. Planeando sobre el litoral sientes la música de los que ostentan radios portátiles, las conversaciones (susurros) de los que quisieran cruzar el mar, la forma de caminar de los jóvenes que al levantar una mano casi te rozan sin verte. Un barco entra en el puerto sonando lentamente la sirena. Oyes las olas romperse en el muro. Percibes el olor del mar. Contemplas las aguas lentas y brillantes de la bahía. Desde la Plaza de la Catedral la multitud se dispersa por las calles estrechas y mal iluminadas. Desciendes; quieres mezclarte a esa multitud. Estar con ellos, ser ellos, tocar esa esquina, sentarte precisamente en ese banco, arrancar y oler aquella hoja... Pero no estás allí, ves, sientes, escuchas, pero no puedes diluirte, participar, terminar de descender. Impulsándote desde ese farol tratas de tocar fondo y sumergirte en la calle empedrada. Te lanzas. Los autos –taxis sobre todo– impiden que sigas caminando. Esperas junto a la multitud por la señal del WALK iluminado. Cruzas 50 Street y pareces difuminarte en las luces de Paramount Plaza, de Circus Cinema, Circus Theater y los inmensos peces lumínicos de Arthurs Treschers; ya estás bajo el descomunal cartel que hoy anuncia

OH CALCUTTA! en árabe y en español, caminas junto a la gente que se agolpa o desparrama entre voces que pregonan hot dogs, fotos instantáneas por un dólar, rosas naturales iluminadas gracias a una batería discretamente instalada en el tallo, pulóveres esmaltados, espejuelos fotogenados, medallas centelleantes, carne al pincho, frozen food, ranas plásticas que croan y te sacan la lengua. Ahora el tumulto de los taxis ha convertido todo Broadway en un río amarillo y vertiginoso. Burger King, Chock Full O'Nuts, Popeyes Fried Chickens, Castro Convertibles, Howard Johnsons, Melon Liqueur, sigues avanzando. Un hombre vestido de cowboy, tras una improvisada mesa, manipula ágilmente unas cartas, llamando a juego; una hindú, con atuendos típicos, pregona esencias e inciensos afrodisiacos, esparciendo llamaradas y humos que certifican la calidad del producto; un mago de gran sombrero intenta, ante numeroso público, introducir un huevo en una botella; otro, en cerrada competencia, promete hipnotizar un conejo que exhibe a toda la concurrencia. ¡Girls! ¡Girls! ¡Girls!, vocea un mulato en short junto a una puerta iluminada, en tanto que un travesti, envejecido y alegre, desde su catafalco se proclama maestro en el arte de leer la palma de la mano. Una rubia desmesurada y en bikini intenta tomarte por un brazo, susurrándote algo en inglés. En medio de la multitud, un policía provisto de dos altavoces anuncia que la próxima función de *E.T.* comenzará a las nine forty five, y un negro completamente trajeado de negro, con alto y redondo cuello negro, Biblia en mano, vocifera sus versículos, mientras que un orfeón mixto, dirigido por el mismísimo Friedrich Dürrenmatt, canta "Tómame y guíame de la mano"... Alguien pregona entradas para *Evita* a medio precio. Otra mujer, faldas y mangas largas, se te acerca y te da un pequeño libro con las 21 Amazing Predictions. Jóvenes erotizados de diversas razas, en pantalones de goma, cruzan patinando en dirección opuesta a la nuestra, palpándose promisoriamente el sexo. Un racimo multicolor de globos aerostáticos se eleva ahora desde el centro de la multitud, perdiéndose en la noche; al instante, una banda de flamantes músicos provistos sólo de marimbas, irrumpe con un magistral concierto polifónico. Alguien en traje de avispa se te acerca y te da un papel con el que podrías comerte dos hamburgers por el precio de uno. *Free love! Free love!,* recita en voz alta y monótona un hombre uniformado, esparciendo tarjetas... La acera se puebla de sombrillas moradas que una mujer diminuta pregona a sólo un dólar, pronosticando además que de un momento a otro se desatará una tormenta. Un ciego, con su perro, hace sonar unas monedas en el fondo de un jarro. Un griego vende muñecas de porcelana que exhiben una lágrima en la mejilla. TONIGHT FESTA ITALIANA, anuncia ahora la superpantalla lumínica desde la primera torre de Times Square Plaza. Cruzas ya frente a Bond y Disc-O-Mat, observas las vidrieras repletas por todo tipo de mercancías, desde un naranjo enano hasta falos portátiles, desde un edredón de Afganistán hasta una llama del Perú. *¡Yerba!*, te aborda alguien en español ostensible. Todos cruzan frente a ti ofreciendo abiertamente sus mercancías u ostentando libremente sus deseos. Por O'Reilly, por Obispo, por Obrapía, por Teniente Rey, por Muralla, por Empedrado, por todas las calles que salen de la bahía, camina la gente buscando la frescura del mar, luego de otro día monótono, asfixiante, lleno de responsabilidades ineludibles y de insignificantes proyectos truncos; pequeños goces (un refresco, un par de zapatos a la medida, un tubo de pasta dental) que no pudieron satisfacer, grandes anhelos (un viaje, una casa amplia) que sería hasta peligroso insinuar. Allá van, buscando al menos el espacio abierto del horizonte, desnutridos, envueltos en telas rústicas y semejantes, pensando *¿será muy larga la cola del frozen?, ¿estará abierto el Pío Pío?...* Rostros que pueden ser el tuyo propio, quejas susurradas, maldiciones solamente pensadas; señales y ademanes que comprendes, pues también son los tuyos. Una soledad, una miseria, un desamparo, una humillación y un desamor que compartes. Mutuas y vastas calamidades que te harían sentir acompañado. Desde los guardavecinos del Palacio del Segundo Cabo intentas otra vez sumergirte entre ellos, pero no llegas a la calle. Los ves. Compartes sus calamidades, pero no puedes estar allí, compartiendo también su compañía. El chiflido de una ambulancia que baja por toda la 42 Street paraliza el tráfico de Broadway. Sin problemas atraviesas lentamente Times Square por entre el mar de automóviles; yo, detrás, casi te doy alcance. La Avenida de las Américas, la Quinta Avenida hacia el Village, sigues avanzando por entre la muchedumbre, mirándolo todo hoscamente, con esa cara de resentimiento, de impotencia, de ausencia. Pero, oye, quisiera decirte tocándote la espalda, ¿qué otra ciudad fuera de Nueva York podría tolerarnos, podríamos tolerar?... La Biblioteca Pública, las fastuosas vidrieras de Lord and Taylor, seguimos caminando. En la calle 34 te detienes frente al Empire State Building. ¡Y fíjate que lo he pronunciado perfectamente! ¿Me oíste? Hasta ahora todas las palabras que he dicho en inglés las he dicho a las mil maravillas, ¿me oyes? No sea cosa que vayas a burlarte de mi acento o a ponerme esa otra cara entre compasivo y fatigado. Claro, ninguna cara pones ya; es posible que ya nada te interese, ni siquiera burlarte de mí, ni siquiera quitarme como siempre la razón. Pero de todos modos quise traerte hasta aquí antes de despedirnos; quise que me acompañaras en este paseo. Quiero que conozcas todo el pueblo, que veas que yo tenía razón, que hay aún un sitio donde se puede respirar y la gente nos mira con deseo, al menos con curiosidad. ¿Ves? Hasta un Sloppy Joe's igual, qué igual, mucho mejor que el de La Habana. Todos los artistas famosos han pasado por éste. Día y noche se oye esa música y se puede disfrutar (si no con el oído, al menos con la vista) de esos músicos. Aquí Hemingway no tiene que preocuparse por la vejez: jóvenes y más jóvenes, todos en short, descalzos y sin camisa, bronceados por el sol, mostrando o insinuando lo que ellos saben (y con cuánta razón) que es su mayor tesoro... No en balde la Tennessee Williams plantó aquí sus cuarteles de invierno, soldados no le han de faltar...¿Viste los vitrales de esa casa? *Old Havana*, dicen. ¿Y ese corredor con columpios de madera? *Chez Emilio* se llama, algo latino por lo menos. ¡Mira! Un hotel *San Carlos*, como el de la calle Zulueta... Desde el Acuario estamos ya a un paso de los muelles y del puerto. Este es el Malecón, no tan grande ni tan alto, pero hay la misma brisa que allá, o más o menos... Oh, sí, ya sé que no es lo mismo, que todo aquí es chato y reducido, que esos edificios de madera con sus balconcitos parecen palomares o casas de muñecas, que estas calles no son como aquéllas, que este puerto de mierda no puede compararse con el nuestro, no tienes que insinuarme nada, no tienes que empezar otra vez con la letanía. Sé que estas playas son una basura y el aire es mucho más caliente, que no hay tal malecón ni cosa por el estilo y que hasta el mismo Sloppy Joe's es mucho más chiquito que el de allá. Pero mira, pero mira, óyeme, atiéndeme, ya aquél no existe y éste está aquí, con música, bebida, muchachos en short. ¿Por qué tienes que mirar a la gente de esa manera como si ellos tuvieran la culpa de algo? Trata de confundirte entre ellos, de hablar y moverte como ellos, de olvidar y ser ellos, y si no puedes, óyeme, disfruta de tu soledad, la nostalgia también puede ser una especie de consuelo, un dolor dulce, una forma de ver las cosas y hasta de disfrutarlas. Pero sabía que era inútil repetir la misma cantinela, que no me ibas a oír, y además, ni yo mismo estaba seguro de mi propia verborrea. Por eso preferí seguirte en silencio por el largo lobby del Empire State. Tomamos el elevador y, también en silencio, subimos hasta el último piso. Por otra parte, lo menos que te hacía falta era conversación: el tumulto de unos japoneses (¿o eran chinos?) que subían junto con nosotros no te hubiera permitido oírme. Llegamos a la terraza. La gente se dispersó por los cuatro ángulos. Nunca había subido de noche al Empire State. El panorama es realmente imponente: ríos de luces hasta el infinito. Y mira para arriba: hasta las mismas estrellas se pueden divisar. ¿Dije "tocar"? Da igual; cualquier cursilería que emitiese, tú no la ibas a oír, aunque estuvieras, como estás ahora, a mi lado. De todos modos, te asomaste por la terraza hacia el vacío donde relampagueaba la ciudad. No sé qué tiempo estuviste así. Serían horas. El elevador llegaba ya vacío y bajaba cargado con todos los dichosos (así lo parecían) japoneses (¿o serían coreanos?). Alguien cerca de mi habló en francés. Experimenté el orgullo pueril de entender aquellas palabras que nada decían. Detrás de los cristales del alto mirador, un hermoso y rubio niño me miraba. Sin yo esperarlo, me hizo un amplio y delicioso ademán obsceno. Sí (no vayas a creer que fue pura vanidad –o senilidad– mía), así fue; aunque después, no sé por qué, me sacó la lengua. Tampoco yo le presté mucha atención. La temperatura había bajado bruscamente y el viento era casi insoportable. Estábamos ya solos en la torre y lo que más deseaba era bajar e irnos a comer. Te llamé. Como respuesta me hiciste una señal para que me acercara junto a ti, en la baranda. No recuerdo que hayas dicho nada. ¿No? Simplemente me llamaste, rápido, coño para que viera algo extraordinario y por lo mismo fugaz. Me asomé. Vi el Hudson expandiéndose, ensanchándose hasta perderse. ¡El Hudson, dije, qué grande!.. ¡Imbécil!, me dijiste y seguiste observando: un mar azul rompía contra los muros del Malecón. A pesar de la altura sentiste el estruendo del oleaje y la frescura inigualable de esa brisa. Las olas batían contra los farallones de El Castillo del Morro, ventilando la Avenida del Puerto y las estrechas calles de la Habana Vieja. Por todo el muro iluminado la gente caminaba o se sentaba. Los pescadores, luego de hacer girar casi ritualmente el anzuelo por los aires, lanzan la pita al oleaje, cogiendo generalmente algún pez; rotundos muchachos de piel oscura se desprenden de sus camisas abiertas y se precipitan desde el muro, flotando luego cerca de la costa entre un alarde de espumas y chapaleos. Grupos marchan y conversan por la ancha y marítima avenida. El Júpiter de la cúspide de la Lonja del Comercio se inclina y saluda a la Giraldilla de El Castillo de La Fuerza que resplandece. Verdad que por un costado del mar había salido la luna. ¿O era sólo la farola del Morro la que provocaba aquellos destellos? Cualquiera que fuese de las dos, la luz llegaba a raudales iluminando también las lanchas repletas que cruzan la bahía rumbo a Regla o a Casablanca. En el cine Payret parece que esta noche se estrena una película norteamericana: la cola es imponente; desde el Paseo del Prado hasta San Rafael seguía afluyendo el público, formando ya un tumulto... Tú estabas extasiado, contemplando. Te vi deslizarte por sobre la alta baranda y descender a la segunda plataforma que ostenta un cartel que dice NO TRESPASSING, o algo por el estilo. No creo que yo haya intentado detenerte; además estoy seguro, nada ibas a permitir que yo hiciera. ¿No es verdad? ¡Dímelo!... De todos modos te llamé; pero ni siquiera me oíste. Volviste a asomarte al vacío. Usurpando el sitio donde estaba el oscuro y maloliente Hudson, un mar resplandeciente se elevaba hasta el cielo donde no podían fulgurar más estrellas. Sobre el oleaje llegaban ahora los palmares batiendo sus pencas, erguidos y sonoros irrumpieron por todo el West Side, que al momento desapareció y cubrieron el Paseo del Prado. Cocoteros, laureles, malangas, platanales, almácigos y yagrumas arribaron navegando, borrando casi toda la isla de Manhattan con sus imponentes torres y sus túneles infinitos. Una fila de corojales unió a Riverside Drive con las playas de Marianao. El Paseo de la Reina hasta Carlos III fue tomado por las yagrumas. Salvaderas, ocujes, laureles, jiquíes, curujeyes y marpacíficos anegaron Lexinton Avenue hasta la Calzada del Jesús del Monte. Los balcones de los edificios de Monserrate se nublaron de pencas de coco, nadie podía pensar que una vez esa calzada verde y tropical llevase el raro nombre de Madison Avenue. Todo Obispo era ya un jardín. El oleaje refrescaba las raíces de los almendros, guásimas, tamarindos, jubabanes y otros árboles y arbustos cansados quizás del largo viaje. Una ceiba irrumpió en Lincoln Center (aún en pie) convirtiéndolo súbitamente en El Parque de la Fraternidad. Un júcaro curvó sus ramas, bajo él apareció el Parque Cristo. La calle 23 se colmó de nacagüitas –quién iba a pensar que en un tiempo a eso se le llamase la Quinta Avenida de Nueva York–. Al final del Downtown estalló un jagüey, su sombra cubrió la Rampa y el Hotel Nacional. Desde La Habana Vieja hasta el East Side que ya se difuminaba, desde Arroyo Apolo hasta el World Trade Center, convertido en Loma de Chaple; desde Luyanó hasta las playas de Marianao, La Habana completa era ya un gigantesco arbolario donde las luces oscilaban como cocuyos considerables. Por entre los senderos iluminados la gente camina despreocupadamente, caminan pequeños grupos que se disuelven; vuelven a divisarse a retazos bajo la fronda de algún paseo; otros, llegando hasta la costa, dejan que el vaivén del oleaje bañe sus pies. El rumor de toda la ciudad estibada de árboles y conversaciones te colmó de plenitud y frescura. Saltaste. Esta vez –lo vi en tu rostro– estabas seguro de que ibas a llegar, lograrías mezclarte en el tumulto de tu gente, ser tú otra vez. No pude en ese momento pensar que pudiera ser de otro modo. No podía –no debía– ser de otra manera. Pero el estruendo de esa ambulancia nada tiene que ver con el del oleaje; esa gente que, allá abajo, como hormiguero multicolor se amontona a tu alrededor, no te identifica. Bajé. Por primera vez habías logrado que Nueva York te mirara. A lo largo de toda la Quinta Avenida se paralizó el tráfico. Sirenas, pitos, decenas de carros patrulleros. Un verdadero espectáculo. Nada hay más llamativo que una catástrofe; un cadáver volador es un imán al que nadie se puede resistir, hay que mirarlo e investigarlo. No creas que fue fácil recuperarte. Pero nada material es difícil de obtener en un mundo contratado por cerdos castrados e idiotizados, sólo tienes que encontrarte la ranura y echarle la quarter. ¡Y dije *quater*! –¿Me oíste?– ¡En perfecto inglés! Como lo pronunciaría la mismísima Margaret Thatcher, aunque no sé si la Thatcher habrá pronunciado alguna vez esa palabra... Por cierto tenía un poco de dinero (siempre he sido cicatero, y tú lo sabes). A las mil maravillas pronuncié las palabras *incineration, last will* y todas esas cosas. Ya sólo tenía que colocarte en el dichoso y estrecho nicho –¿viste?, hasta para tu trabalenguas se prestaba el asunto–. Pero, por qué tener que dejarte en ese sitio reducido, frío y oscuro, junto a tanta gente meticulosa, melindrosa, espantosa, junto a tantos viejos. ¿A quién le iba a importar que un poco de ceniza se colocara o no en un hueco? ¿Quién iba a molestarse en averiguar tal tontería? ¿A quién, además, le importabas tú? A mí. A mí siempre. Sólo a mí... Y no iba a permitir que te metieran en aquella pared entre gente de apellidos enrevesados y seguramente horrorosa. Una vez más hube de buscar la ranura del cerdo y llenar su vientre.

No sé si en Nueva York estará de moda salir de un cementerio con una maleta. El caso es que así lo hice y a nadie le llamó la atención. Un taxi, un avión, un ómnibus. Y aquí estamos, otra vez en el *Southernmost Point in USA*, luego de haberte paseado por todo Key West y fíjate que lo pronuncio perfectamente. No quise despedirme de ti sin antes haberte proporcionado este paseo; sin antes haberme yo también proporcionado este paseo contigo. Cuántas veces te dije que éste era el sitio, que había un sitio parecido, casi igual, a aquel de allá abajo. ¿Por qué no me hiciste caso? ¿Por qué no quisiste acompañarme cada vez que yo venía? Quizás solamente para molestarme, o para no dejarte convencer, o para no caer en la cobardía de aceptar a medias una solución, suerte de mutilación piadosa e inevitable, que te hubiera permitido más o menos recuperar algunos sentidos, el del olfato quizás, parte de la vista tal vez. Pero tu alma, pero tu alma seguramente había seguido allá abajo, en el sitio de siempre (de donde no podrá salir nunca) mirando tu sombra acá deambular por calles estruendosas y entre gentes que prefieren que les toques cualquier cosa menos el carro. *Don't touch the car! Don't touch the car!* ¡Pero yo sí se los tocaré! ¿Me oyes? Y les daré además una patada, y cogeré un palo y les haré pedazos los cristales; y con esta historia haré un cuento (ya lo tengo casi terminado) para que veas que aún puedo escribir; y hablaré arameo, japonés y yidish medieval si es necesario que lo hable con tal de no volver jamás a una ciudad con un malecón, a un castillo con un faro ni a un paseo con leones de mármol que desembocan en el mar. Óyelo bien: yo soy quien he triunfado, porque he sobrevivido y sobreviviré. Porque mi odio es mayor que mi nostalgia. Mucho mayor, mucho mayor. Y cada día se agranda más... No sé si en este cayo a alguien le importe un pito que yo me acerque al mar abierto con una maleta. Si fuera allá abajo ya hubiera sido arrestado, ¿me oyes? Con una maleta y junto al mar, a dónde podía dirigirme allí sino a una lancha, hacia un bote clandestino, hacia una goma, hacia una tabla que flotase y me arrastrara fuera del infierno. Fuera del infierno hacia donde tú vas a irte ahora mismo. ¿Me oíste? Donde tú —estoy convencido— quieres ir a parar. ¡¿Me oyes?!... Abro la maleta. Destapo la caja donde tú estás, un poco de ceniza parda, casi azulosa. Por última vez te toco. Por última vez quiero que sientas mis manos, como estoy seguro que las sientes, tocándote. Por última vez, esto que somos, se habrá de confundir, mezclándonos uno en el otro... Ahora, adiós. A volar, a navegar. Así. Que las aguas te tomen, te impulsen y te lleven de regreso... Mar de los sargazos, mar tenebroso, divino mar, acepta mi tesoro; no rechaces las cenizas de mi amigo; así como tantas veces allá abajo te rogamos los dos, desesperados y enfurecidos, que nos trajeses a este sitio, y lo hiciste, llévatelo ahora a él a la otra orilla, deposítalo suavemente en el lugar que tanto odió, donde tanto lo jodieron, de donde salió huyendo y lejos del cual no pudo seguir viviendo.

Nueva York, julio de 1982

LA ESTRELLA FUGAZ

Carlos Victoria

I

Tres hombres se han sentado junto al río Miami y observan en silencio las barcazas, los muelles, los pontones, los puentes levadizos. Una lancha de motor atraviesa la turbia cinta de agua; en un extremo de la embarcación, un muchacho de piel intensamente blanca, de pie, hace unas señas a las nubes, al cielo; en el otro, un jovencito negro, inclinado sobre la borda, mete las manos dentro de la corriente, como si se lavara los dedos, o intentara una forma absurda de pescar. Anochece.

Los tres hombres, reunidos desde el mediodía, cargan legajos de papeles metidos dentro de cartulinas, repletos de palabras escritas por ellos mismos, que durante la tarde se han leído en voz alta, por turno, bajo los árboles del parque de enfrente. Concluida la lectura, han cruzado la calle y se han sentado en un pequeño malecón junto al río. El agua huele a escamas, a tintura de yodo, a sumidero. Los árboles del parque se han llenado de pájaros cuyo escándalo trastorna la sombra.

Este parque, a un costado del centro de Miami, servía en esa época de refugio para vagabundos, gente venida a menos, borrachos, prostitutas, locos y drogadictos. Y estos tres hombres, uno loco, otro borracho y drogadicto, y el otro, en una peculiar acepción del término, un prostituto, se sentían en el sitio a sus anchas.

Habían venido de un país que proclamaba ser una tierra de héroes, que imponía a punta de pistola virtudes en las que casi nadie creía, y mucho menos ellos, que por pura venganza se habían dedicado a pisotearlas con el ejemplo de sus propias vidas, jugándose en el reto la supervivencia. En esta lucha contra la corriente, algo se había estropeado en cada uno. Sin embargo, hasta esta tarde de mediados de los años 80, los tres habían conseguido durar.

El loco, William, colérico, desarrapado, víctima de perpetua carraspera, escribía una novela sobre una siniestra casa de huéspedes en el corazón de Miami; el borracho y drogadicto, Marcos, cuentos sobre su juventud en Cuba; y el prostituto, Ricardo, la historia de un portero alucinado en un edificio de Nueva York.

A esta hora de la tarde, bandadas de gaviotas se posaban cerca del malecón, sacudiendo sus plumas manchadas de sargazo; los hombres, agotados por las horas de lectura, permanecían tan quietos que las aves revoloteaban en torno a ellos sin temor y sin desasosiego, como si los tres, en vez de carne, de huesos y de sangre, estuvieran hechos de piedra o de madera. Pero su tranquilidad era una simple tregua, una engañifa poco convincente. Nada podía calmar el tumultuoso río que a su forma arrastraba a cada uno, muy distinto al que frente a ellos ahora se deslizaba con quietud, donde cruzaban yates de lujo y barcos herrumbrosos, donde se reflejaban modernas autopistas y astilleros decrépitos, imitando con sus violentos contrastes a la vida. Rápidamente la luz se reducía a un tinte umbrío. Del río se alzaba un humo de frialdad.

—Tengo hambre —dijo William.

Fueron de inmediato a comer a una pescadería cerca del malecón; las mesas llegaban al borde del agua. Devoraron los pargos, el arroz, los frijoles, sin preocuparse de que a su alrededor algunos comensales miraban con disgusto su falta de modales: hablaban con la boca llena, se atragantaban, se salpicaban la ropa de salsa; William y Ricardo hacían chistes sobre sus respectivas dentaduras postizas; a Marcos se le atoró una espina en la garganta, que al fin logró escupir entre toses y arqueadas, ante los aspavientos de sus dos amigos.

Con diferencia de cuatro o cinco años, rondaban los cuarenta. Sólo Ricardo había triunfado como escritor, y tanto William como Marcos envidiaban sus libros publicados, algunos traducidos al inglés y al francés. En el fondo cada uno se sentía superior a los otros; tenían visiones literarias distintas; sus estilos chocaban entre sí; pero también se admiraban, y aunque en muchas ocasiones reñían, había momentos, como esta tarde y esta noche, en que llegaban a amarse.

El carácter irascible, la inaudita capacidad de rencor de William y Ricardo dificultaban la relación entre ambos, por lo que Marcos venía a ser un mediador o intérprete. Los dos lo apodaban *el santo*, a veces con afecto pero otras con saña.

–El santo quiere demostrarnos su superioridad –decía William, moviendo las mandíbulas como si masticara, al comentar un gesto generoso de Marcos.

–La gata de María Ramos –decía Ricardo, con su voz atiplada–. La mosquita muerta. El lobo vestido de oveja.

–Los comprendo a los dos –decía Marcos, esquivando los ojos de sus jueces–. No hay nada que irrite más que la bondad.

En ese instante Ricardo y William lo miraban con odio. El odio los esclavizaba a los dos.

Marcos también podía odiar con vehemencia, pero el encono le llegaba en ráfagas, como un atroz fogaje que de inmediato se desvanecía. Luego de odiar quedaba exhausto, como el que acaba una larga carrera y jadeando se tumba sobre la hojarasca. Cuando el odio lo atacaba de repente, se emborrachaba y se drogaba hasta perder el sentido, y al otro día, hincado por la culpa y la vergüenza, se uncía de nuevo el yugo de la caridad.

Ricardo lidiaba de una forma distinta con sus odios: los cultivaba, les daba cauce con su maledicencia, humillando a cualquiera, destruyendo, armando peloteras, calumniando. Pero luego, como un niño después de una perreta, sin percatarse del bulto de destrozos, se sentaba con fértil entusiasmo a escribir sus novelas insólitas.

William, por el contrario, no alimentaba el odio; el odio lo alimentaba a él. El odio lo hacía oír voces, ver enemigos en cada rostro, escuchar insultos en cada frase. Por odio enflaquecía hasta volverse este desecho humano, este espectro cuya mirada llena de desprecio asustaba.

Pero esta noche de finales de octubre los tres reían o guardaban silencio con una especie de sonrisa matrera: cada uno sospechaba que lo que había leído había impresionado a los otros dos. Como hombres dedicados a sacar a la luz los secretos, se observaban calculadoramente entre sí, espiando de reojo los gestos, las miradas, los contornos del rostro, el énfasis en alguna expresión dicha con imprudencia. Ni siquiera en una reunión entre amigos podían dejar a un lado el oficio que había hecho de sus vidas un arisco remedo de la realidad.

Habían empezado a leer en un rincón del parque, alejados de los merodeadores, en un banco roto bajo un flamboyán; mientras uno leía sentado sobre el banco, los otros dos se acostaban sobre las hojas secas, cuyo color de mortandad realzaba las flores de un punzante naranja que caían de las ramas, sumándose al detrito que cubría la tierra.

Hombres tiznados, como si se hubieran zambullido en hollín, cruzaban por los senderos interiores del parque, cargando en carros de supermercados sus sucias y preciosas pertenencias. Una mujer descalza, desgreñada, con el rostro exageradamente maquillado, dormitaba bajo una palma enana, tal vez víctima de un abrupto soponcio. Jóvenes macilentos cuchicheaban sentados en el tronco de un árbol caído, cuyas raíces apuntaban en todas direcciones, como un loco abanico en el que prosperaban los insectos.

El capítulo de la novela que William leía describía un mundo parecido al del parque; Ricardo, con la cabeza recostada a una penca, escuchaba con los ojos cerrados; Marcos, atento a la lectura pero a la vez a los alrededores, sentía que las palabras de William materializaban el sórdido escenario, de modo que le resultaba difícil distinguir entre los personajes de la narración y los bergantes que deambulaban entre árboles y estatuas, pisoteando la hierba.

Un pordiosero con un pañuelo rojo atado en la cabeza, que exigía con voz ronca dinero y cigarrillos, los obligó a trasladarse a un costado del parque, a los escalones de un templo, cuyo friso ostentaba en relieve la inscripción *Scottish Rite*. Aves míticas esculpidas en bronce levantaban sus alas en el techo.

—Eso de rito escocés me sugiere un festín sexual —dijo Ricardo.

—A mí un acto de magia negra —dijo William.

—Es más simple, debe ser una logia masónica. Los escoceses fueron pioneros de esas fraternidades, y en la Edad Media los albañiles y los constructores de catedrales se organizaron en sectas. Es increíble que al cabo de los siglos hayan venido a parar aquí. ¡Qué persistencia!

Marcos, exaltado, gesticulaba al hablar; luego guardó silencio. Al rato William dijo:

—Un santo racional y erudito.

–Un aguafiestas –dijo Ricardo.

–No jodas más y lee –le dijo Marcos a Ricardo, que con gran teatralidad comenzó a recitar un poema. De pronto se detuvo en el medio de un verso y con sonrisa malévola aclaró:

–No lo escribí yo. Lo escribió esa rata de alcantarilla, ese ser inmundo que prefiero no nombrar. Pero quería ponerlos *en situación* antes de leerles mi capítulo, que tiene una *sutil* relación con este texto insípido y de mal gusto.

Pero después de una hora de lectura, los tres se vieron forzados a encontrar otro sitio: los anchos escalones del templo se habían llenado de vagabundos, que esperaban la llegada de un camión del Ejército de Salvación que repartía comida al atardecer. La tropa zarrapastrosa murmuraba; sus voces se entrelazaban formando un zumbido; sus manos se aferraban a fardos y tarecos, que colocaban con extremo cuidado sobre la escalinata; sus ojos escrutaban y sus cuerpos hedían.

–No hay paz, no hay paz –protestaba Ricardo, dando pequeños saltos y manoteando al cruzar entre ellos.

Los escritores regresaron al banco bajo el flamboyán, donde Marcos leyó dos relatos. El estrépito distante de los vehículos en las autopistas, que se volvía más denso en esta hora de tráfico, servía de fondo a su voz temblorosa. Cuando Marcos acabó de leer, William dijo:

–Hay algo en esos cuentos, hay algo de verdad, pero es difícil determinar qué es. Es como un estado de ánimo.

–Maravillosos –dijo Ricardo–. Sólo les falta un poco de cocina literaria. Un poquito de *sazón*, una calentada primero a fuego lento y luego a fuego vivo, y listos para la mesa.

–Tal vez les haga falta un poco de chacota, de perversión –dijo William–. Pero no es posible esperar eso de un–

–Al carajo –dijo Marcos, poniéndose de pie, observando a un mendigo que echado sobre una piedra imitaba el gorjeo de los pájaros que comenzaban a inundar los árboles–. Vamos a sentarnos en el malecón.

Una lancha de motor trepidante, tripulada por un negro y un blanco, cruzaba el río dejando grietas de agua estropeada. Luego en el restaurante los tres devoraron la comida con precipitación, como come la gente nerviosa e impaciente, o la que alguna vez ha pasado hambre. Al terminar regresaron al muro. Ya era de noche, y las gaviotas habían desaparecido; sólo un pelícano de pico depravado se posaba sobre una empalizada, fingiendo dormir. Los tres se tendieron en el malecón, de cara al cielo repleto de estrellas, cuyo brillo sobrevivía a pesar del chillón resplandor del centro de la ciudad.

En la orilla del río se amontonaban barcos arrimados como colinas de chatarra, de proas despintadas y mástiles ruinosos, en cuyas puntas flotaban banderas, telas gastadas que representaban vastos fragmentos de tierra, cuencas de continentes, penínsulas, islas. En embarcaciones semejantes los tres habían cruzado años atrás el Estrecho de la Florida, negando así (según se les dijo y se les repitió antes de la partida, entre golpes e injurias) un pedazo de tela que simbolizaba lo mismo que éstos que ahora ondeaban en el aire oscuro.

En las cubiertas, entre contenedores gigantescos, deambulaban marinos solitarios, o estibadores que amarraban sogas. Grúas de brazos ominosos rozaban con sus ganchos las popas mugrientas. El palo mayor de un antiguo velero, abandonado entre vigas mohosas, se hallaba totalmente cubierto de hierba, como un árbol inclasificable, a la vez mineral y vegetal. Más allá del puente levadizo, los altos edificios demarcaban con sus frígidas luces lo que Ricardo llamó *la línea de flotación del cielo*.

En ese instante una chispa cruzó entre las estrellas, maromera, volátil.

–¿La vieron? –preguntó Marcos– ¿Pidieron algo?

–Sí –contestaron los dos al mismo tiempo.

La sirena de un buque bramó junto al puente, que se abrió poco a poco para dar paso a la mole de hierro. Los faros de los autos se acumulaban en la alta autopista.

–Vámonos –dijo William.– Otro día volvemos.

Mientras los tres caminaban por la avenida que bordeaba el río, un barco destartalado comenzó a desplazarse muy cerca de la orilla, ignorando el peligro de encallarse. Un hombre fumaba junto a la escotilla, por la que asomaban un mono y una cabra.

–El Arca de Noé –dijo Ricardo.

El estribor desollado del buque casi rozaba las puntas de los muelles. En la proa, dos hombres desenredaban cuerdas cuyas puntas se deslizaban como furtivos reptiles hasta tocar el agua. De repente uno de ellos agitó el brazo, como si saludara. Luego el barco prosiguió río abajo, sin detenerse en los embarcaderos, sobresaltando el aire con su ronca sirena hasta desvanecerse en los meandros.

II

Dos años después de esta reunión, Ricardo descubrió que padecía una enfermedad incurable y mortal. Se había mudado para Nueva York, donde se sentía a gusto entre las multitudes, hormigueando entre los rascacielos, entrando y saliendo de baños de vapor, de cines para adultos, viajando en trenes arropado en bufandas, escribiendo novelas en su cuchitril de un barrio peligroso de Manhattan. Pero al saber que estaba enfermo decidió regresar a Miami, la ciudad que amaba y odiaba. Llegó escuálido, tosiendo como un tuberculoso, y Marcos lloró al verlo. Al otro día ingresó en el hospital.

La habitación junto a la bahía, con su espléndida vista de islotes y ensenadas, invitaba a la vida. Los yates se enchumbaban con la marea verdosa; las olas formaban farallones de espuma. Marcos lo visitaba y le leía a Cervantes, a Góngora, a Quevedo, porque la enfermedad había despertado en Ricardo una predilección por el Siglo de Oro. Detrás de tubos, máscaras de oxígeno e inacabables botellones de suero, escuchaba con avidez; a veces levantaba la cabeza de la almohada, alerta, como si lo hubieran llamado por su nombre; luego cerraba los ojos y volvía a recostarse, hasta que poco a poco se quedaba dormido. Marcos salía sigiloso del cuarto.

A pesar de todos los pronósticos, el paciente macilento comenzó a mejorar, y luego a protestar, a insultar a médicos y enfermeras (Marcos de vez en cuando recibía un ramalazo), y al ser dado de alta había recuperado su energía. A los dos meses parecía cualquier cosa menos un hombre enfermo.

—No resisto a Miami, no resisto esta aldea, no la resisto —decía—. Vine porque quería morirme junto al mar.

—Hierba mala nunca muere —decía Marcos.

—No es verdad. Yo noto que me estoy volviendo *bueno*, claro que *nunca como tú*. En mí eso es un síntoma fatal, y tengo que tomar medidas contra esta debilidad mierdera. Yo le he hecho daño a mucha gente, querido, y todavía me falta mucha, mucha. Mis enemigos no se van a dar el gusto de verme convertido en una piltrafa. Y además tengo que terminar dos novelas, seguir jodiendo a esos hijos de puta que han destruido a Cuba, poner en orden mis papeles. Y voy a hacer también mi testamento.

—No seas melodramático. Tú me entierras a mí.

–Yo no estoy tan seguro. Los *santos* pueden durar cien años.

Una tarde llamó por teléfono a Marcos desde el aeropuerto.

–Me voy para Nueva York dentro de quince minutos.

–Estás loco.

–Yo te llamo o te escribo. No te preocupes, hay Ricardo para rato. Miami me deprime, me asfixia, y yo necesito respirar, querido. *Respirar.* Vendré cuando empiece el invierno.

–Estás loco, estás loco. Más que viajes te hace falta descanso.

Pero Marcos se equivocaba: la vida de Ricardo dependía de moverse, de andar de un lado para otro, imaginando historias, peleándose con medio mundo, redactando manifiestos políticos, burlándose de todo. El sosiego en él equivalía a la muerte.

En realidad era William el que estaba cada vez más loco: llevaba meses sin escribir, pidiendo limosnas en las cafeterías, deambulando por La Pequeña Habana, hablando solo en alta voz, quejándose de que los viejos en el *boarding home* lo espiaban, creyendo firmemente que la gente en la calle se reía de él, haciéndole la vida imposible a Marcos cada mañana alrededor de las once, cuando con puntualidad inexorable lo llamaba por teléfono.

–¿Y qué? –preguntaba William– ¿Qué hay de nuevo?

–Nada. Tratando de escribir. ¿Cómo estás tú?

–Me dices que estás tratando de escribir para hacerme saber que te estoy molestando.

–No me molestas, te lo he dicho mil veces. ¿Cómo está esa novela?

–No sale. Ahora se me ocurrió otra idea. ¿Te la cuento?

Y durante media hora William, carraspeando, relataba el argumento completo de un libro (Marcos estaba seguro de que improvisaba), detallando con minuciosidad situaciones, personajes y diálogos, impostando la voz cuando hablaba una mujer o un niño. Cuando terminaba, sin aliento, preguntaba con temor:

–¿Qué te parece?

–Genial. Genial.

(Marcos no mentía: la capacidad de fabular de William era extraordinaria.)

–No me digas que es genial. Eso lo dices para salir del paso.

–Te digo que es buenísima. ¿Por qué carajo no te sientas a escribirla?

–No puedo. Las pastillas que estoy tomando no me dejan concentrarme.

–Deja de tomar las pastillas.

–Si dejo de tomarlas oigo voces.

Marcos entonces no sabía qué decir. Se despedía murmurando una excusa, y regresaba a sus páginas llenas de tachaduras. El gato en el sillón lo observaba con ojos inquisitivos. En el cuadrado de la ventana los árboles, sometidos al resplandor, se erguían extrañamente quietos, como esperando que alguien destruyera su inercia bajo el implacable mediodía de Miami. Más allá del follaje, fachadas de edificios recién construidos reflejaban el sol en sus paredes desprovistas de historia. Marcos describía en el papel un cielo oscurecido, un aire de tormenta, tal vez una leve ráfaga invernal, mientras afuera el estático calor quebrantaba la voluntad, la imaginación, el impulso.

A medida que pasaban los meses William hablaba cada vez menos de literatura. Pero el teléfono seguía sonando rigurosamente en el cuarto de Marcos a las once de la mañana.

–¿Y qué? ¿Qué hay de nuevo?

–Nada.

–¿Tratando de escribir?

–Más o menos. ¿Cómo va esa novela?

–No sirve. La novela no sirve, yo no sirvo. Estoy planeando matarme.

–No hables mierda.

–Lo único que me falta decidir es cómo lo voy a hacer. Ahorcarme no me gusta. Ni cortarme las venas. Tomar pastillas es cosa de maricones. Si me consiguiera una pistola–

–¿Por qué hablas tanta mierda?

–Fíjate bien, Marcos, lo único que te pido es que me incineren. Te pido que seas tú el que te ocupes de eso. Me da lo mismo lo que hagas con las cenizas, las botas, las entierras, cualquier cosa. Pero quiero que seas tú el que te encargues de eso. No dejes que mi puñetera familia haga nada. No quiero tener nada que ver con ellos ni después de muerto.

Marcos colgaba el teléfono. A los dos minutos sonaba otra vez.

–Si sigues hablando mierda vuelvo a colgar.

—Perdóname, viejo, perdóname. Es que hoy estoy muy deprimido. ¿Cuándo vas a venir a verme?

—No sé, a lo mejor el viernes.

—Te espero el viernes. Tráeme veinte dólares. Y un cartón de cigarros. Marlboro Lights.

—¿Desde cuándo cambiaste de marca?

—Desde hoy por la mañana. Los otros me dan asco.

El viernes por la tarde un Marcos vacilante entraba en el vestíbulo de aquella especie de hotel desbaratado, donde un predicador con acento cubano vociferaba en el televisor, mientras un par de ancianos cabeceaban en sillones hundidos frente al aparato. Subía las escaleras de madera como el que se dirige a un calabozo, tratando de ignorar el olor a humedad y a orine. La puerta del cuarto de William estaba de par en par. William lo recibía tirado en un camastro, tapado con una sábana a pesar de estar totalmente vestido, fumando, rodeado de ceniceros repletos de colillas, de platos con restos de comida petrificada, de vasos nublados por el polvo, de libros.

—William, ¿qué tú haces tapado con este calor? ¿Tienes fiebre?

—Iba a salir, pero después me arrepentí. Me tapé con la sábana porque si ellos pasan por el pasillo y miran para acá piensan que estoy enfermo, y me dejan tranquilo. A ellos les interesa la salud, no la enfermedad.

—¿Quiénes son ellos?

—¿Ellos? ¿Qué quiénes son ellos? ¿Quiénes van a ser? Los que me vigilan día y noche. Los que quieren destruirme. Pero si me ven enfermo me dejan tranquilo.

Marcos, después de colocar el billete de a veinte y el cartón de cigarros en la mesa, se sentaba en el borde de una silla, evitando mirar directamente el rostro de su amigo, mientras pensaba en algo que decir. Una fila de hormigas cercaba unas hilachas de carne cetrina amontonadas en un plato en el piso.

—Hoy recibí una carta de Ricardo. Estuvo ingresado otra vez, acaba de salir del hospital. Parece que está mal, va a regresar a Miami.

William se quitaba la sábana. Su ropa olía como si muchas veces se hubiera empapado en sudor y se hubiera secado encima de su cuerpo.

—Si viene no quiero verlo. No quiero que me vea en estas condiciones. Ricardo se alegra del mal de los demás.

—¿Cómo vas a decir eso, William? Ricardo está mil veces peor que tú. Me dijo que había perdido cuarenta libras. Y él no se alegra de que tú estés mal, él te admira y te aprecia.

–Sí, claro, él me admira y me aprecia. ¿Y cómo no me ha ayudado a publicar mis novelas? Él tiene palanca con los editores.

–Tenía, ya no la tiene. Le han cerrado las puertas por su posición política.

–¿Y cómo no me ayudó cuando tenía palanca? Nunca quiso darme una mano.

–William, la cosa no es tan fácil. Ricardo puede ser terrible con la gente, pero ni tú ni yo podemos quejarnos de él.

–Está bien, defiéndelo. Tú no lo conoces como yo. Yo lo conozco desde hace veinte años, lo conocí en Cuba cuando no era nadie, un guajirito maricón que acababa de publicar su primera novela. Y yo nunca pude publicar la mía, que era mejor que la de él. Cuando publicó la segunda en México me prometió que le iba a dar mi manuscrito a su editor, pero luego se puso a darme excusas y nunca le dio nada. Y hasta el sol de hoy. Después, cuando cayó en desgracia–

En ese instante una anciana se asomaba en la puerta y pedía con voz llorosa un cigarro.

–¡No hay! –gritaba William.

–Sí, sí hay –insistía la anciana–. Un cigarrito, por favor.

William se levantaba de un salto de la cama, se desabrochaba la portañuela y se sacaba el pene.

–¡Esto es lo que hay, vieja! ¡Esto es lo único que hay!

La anciana desaparecía en el pasillo, murmurando blasfemias. Marcos aprovechaba para despedirse de prisa. Hasta la mañana siguiente, a las once, cuando el teléfono volvía a desgañitarse.

A las dos de la tarde llegaba el cartero. Marcos había enviado el manuscrito de su libro de cuentos a varias editoriales y esperaba impaciente una respuesta. Pero las pocas veces que llegaba alguna era en forma de carta impersonal, obviamente un modelo de la casa editora para librarse de los impertinentes, donde se precisaba que debido al gran número de proyectos, no era posible tomar en consideración... Marcos ripiaba el papel. Podía haberlo masticado, escupido, pero se limitaba a reducirlo a minúsculos fragmentos, que luego echaba en la taza del servicio. Verlos perderse en el remolino de agua lo aliviaba durante segundos. Salía y compraba una pinta de vodka, que tomaba con jugo de naranja encerrado en el cuarto, mientras leía en voz alta a Keats. Por la noche recorría bares de mala muerte, oliendo cocaína, fumando marihuana, atragantándose con buches de cerveza, y al otro día sólo recordaba truncas escenas de sus aventuras.

Una tarde el cartero le entregó un bulto gigantesco: Ricardo le enviaba los manuscritos de sus dos últimas novelas desde Nueva York. La loma de papeles estaba encabezada por una breve carta, con instrucciones, recomendaciones. Tres días después una llamada despertó a Marcos por la madrugada. Un amigo periodista le dijo con voz precipitada:

–Ricardo se suicidó.

Por la mañana los periódicos anunciaban la noticia en primera plana. Allí estaba la foto de un hombre sonriente, empeñado perpetuamente en lucir juvenil y buen mozo. Marcos no deseaba mirar sus ojos, sus cejas pronunciadas; arrancó la página, la dobló y la guardó en un libro. A las once el teléfono sonó.

–¡Marcos, Ricky se fue! ¡Se la dejó en la mano a todos, Marcos! ¡Qué tipo, qué cojones! ¡El escritor más grande de Cuba, Marcos! ¡Estúpido, no hay que llorar! ¡Hizo lo que tenía que hacer, lo único que se puede hacer! ¿Tú me oyes, Marcos? ¡Se me adelantó, el muy cabrón! ¡Qué tipo, Marcos, qué tipo! ¡No llores, no hay que llorar, comemierda! ¡Él está feliz, al fin demostró que tenía cojones!

A partir de ese instante William sólo hablaba de su muerte inminente, que ocurriría esta tarde, o mañana, o a más tardar la semana que viene. Marcos ya ni siquiera trataba de llevarle la contraria. Lo visitaba dos veces al mes, le llevaba dinero, libros y cigarros. No subía al cuarto; William lo esperaba en el portal de aquel enorme caserón construido a principios de siglo, cuando nadie esperaba que Miami se convirtiera en este raro sitio donde gentes radicalmente distintas entre sí habían confluido desde puntos remotos, determinadas a vivir y morir. Los locos, los ancianos, los retrasados mentales, los hombres cincuentones de piel erosionada por diversos excesos, se mecían en los balances, al fresco, entre las sierpes de los buganviles, que trepaban por postes, paredes y tejas.

–Antes de Navidad –decía William–. A los cuarenta y siete años.

Marcos asentía con la cabeza.

–¿Qué pasa, no me crees?

–Claro que te creo.

–Ya sabes lo que te he dicho. No quiero que mi familia se ocupe de nada. Tú eres el que tienes que hacerte cargo de todo. Júrame que lo vas a hacer.

—Lo que tienes que hacer es ponerte a escribir.

William daba una patada en el piso. Su carraspera se agravaba al gritar:

—¡No me hables de escribir! Ya yo escribí todo lo que tenía que escribir. Dos novelas —de pronto sonreía tenuemente y agregaba—. Excelentes, las dos. Como decía tu querido Keats: "Yo sé que mi nombre estará entre los poetas".

—Keats tenía tuberculosis. Tú estás sano.

—Marcos, no me mortifiques. Júrame que vas a hacer lo que te pedí.

—Te lo juro.

William se olía las axilas, miraba a su alrededor y decía en voz baja:

—Ellos piensan que soy un cobarde. Les voy a demostrar de lo que soy capaz. Tú mismo, aunque dices que sí, en el fondo no crees que yo pueda matarme.

—Ojalá que no lo hagas. Tienes todavía mucho que hacer.

—No tengo nada. Sólo hay algo que tengo que hacer. ¡Valor tengo, cojones! ¿No crees que tengo valor?

—Lo tienes —decía Marcos, bajando la mirada.

William lo acompañaba hasta el carro, gesticulando. Marcos arrancaba el motor y se marchaba mirando por el espejo retrovisor al hombre demacrado que se quedaba rígido en la acera, con las manos metidas dentro de los bolsillos y los ojos tercamente fijos en los inofensivos buganviles.

—Nunca —pensaba Marcos—. Nunca.

Pero como le ocurrió con Ricardo, con William Marcos se volvió a equivocar.

III

Los libros póstumos de William y Ricardo fueron publicados con una nota breve en la que el editor agradecía la labor de Marcos, que pasó en limpio los manuscritos y corrigió las galeras. Marcos a veces se sentía culpable de haber sobrevivido, y le daba vergüenza contestar las preguntas que le hacían lectores entusiastas sobre sus dos amigos. La gente componía a su manera máscaras, rostros, defectos y virtudes de los dos escritores, parodiando, exaltando y corrompiendo el tejido vital de su memoria. Incluso Marcos, cuando los evocaba, tenía la hiriente impresión de deformarlos.

El hecho de no haberlos visto muertos lo ayudaba a mantener la ilusión de que algún día tal vez tropezaría con ellos en una playa, en una biblioteca o en la entrada de un hotel (por alguna razón estos tres lugares le parecían los más satisfactorios), pero poco a poco comenzó a aceptar que la escritura era lo único que podía esperar de los dos.

A mediados de los años 90 el parque y el malecón junto al río fueron cercados, para impedir el paso de los vagabundos. Por esa época, y cerca de este lugar, Marcos tuvo una aventura relacionada con la inclinación a hacer favores que le había ganado con sus dos amigos el apodo de *el santo*. En realidad ni siquiera sabía por qué acababa siempre ayudando a la gente; ignoraba si era debilidad, sentimentalismo o nobleza, o una manera de compensar su oculto desapego, o de disimular su frigidez.

Luego de una función de cine, cuando se encendieron las luces, una mujer de unos 40 años, desparramada sobre la luneta, dormía con la boca abierta, roncando aparatosamente; al pasar junto a ella, Marcos sintió un fuerte olor a licor. En los pasillos y las filas de asientos se amontonaban vasos, servilletas, rosetas de maíz, restos de pan, mostaza y encurtidos, como si en vez de una simple película, en el local hubiera tenido lugar una orgía; la mujer misma, que a pesar de su estado se hallaba elegantemente vestida, parecía una figura de bacanal. Marcos se inclinó sobre ella y le tocó un brazo.

—Señora, la película se terminó.

La mujer entreabrió los ojos y de súbito se puso de pie, impulsada por una extraordinaria energía. Agarró su cartera febrilmente y salió del local dando tumbos, sin mirar a Marcos. En el estacionamiento vacío la mujer daba vueltas tratando de orientarse.

—¿Usted vino en su carro? —preguntó Marcos, acercándosele con cautela.

La mujer se negaba a contestar. Miraba hacia los árboles, hacia las vacuas paredes del teatro, y luego echaba un rápido vistazo a sus zapatos, al parecer pesando el pro y el contra de sus movimientos.

–Si usted vive cerca de aquí puedo llevarla a su casa. Do you speak Spanish?

La mujer asintió con la cabeza. Sacó de la cartera una polvera y un creyón de labios y se maquilló un poco. Luego, trastabillando, se paró frente a Marcos y le dijo:

–Yo vengo de otro mundo.

–No lo dudo. Pero ahora está en Miami. ¿Dónde vive usted en Miami?

La mujer hizo un gesto de desdén, mientras se peinaba con los dedos.

–Todos se fueron y me dejaron sola. Mis hijos, mi marido. Todos me odian porque saben que yo vengo de allá, de un lugar donde todo es distinto.

–Yo también vengo de un lugar donde todo es distinto. Usted está borracha, ¿no? Dígame dónde vive y la dejo en su casa. O si quiere puedo llevarla al *detox*, una clínica para la gente que tiene problemas de alcoholismo. Allí la van a ayudar.

Marcos había dejado de beber y de consumir drogas, y siempre que podía hacía con discreción algún proselitismo.

–Yo no tengo ningún problema de alcoholismo –espetó la mujer, mostrando las manos cubiertas de anillos, como si las joyas (obviamente falsas) fueran su incontestable garantía contra el vicio–. ¿Usted se imagina lo que es tener un gato, un solo gato, lo único que tengo en el mundo, lo único que me ha sido fiel, y que vengan unos perros furiosos y lo maten?

Marcos tosió levemente.

–Qué lástima, eso es–

–¡No me diga que es karma! –gritó la mujer, amenazante.

–Yo no le he dicho nada –dijo Marcos, dando un paso atrás. El aliento de whisky lo mareaba.

La mujer respiraba agitada; sus senos batallaban contra la tela ceñida de la blusa.

–Yo conozco esa historia, yo conozco esa historia –dijo la mujer, y comenzó a registrar con afán su bolso de gamuza–. Todo el mundo viene con lo mismo. Las lagartijas matan a las moscas, los gatos matan a las lagartijas, los perros matan a los gatos, los hombres matan a los perros, los hombres matan a los hombres. Y Dios los mata a todos. ¿O es el diablo el que mata? –y cerrando con brusquedad el bolso, agregó mirando fijamente a Marcos–. Pero yo soy la dueña de mi propio destino. Yo vine aquí porque quise, nadie me trajo, nadie me obligó. ¿Que me equivoqué, me va usted a decir? Es posible, sí, es posible. Pero yo asumo la responsabilidad por mis actos. Hasta el final, óigame bien: hasta el mismísimo final.

Marcos parpadeaba y tragaba saliva, pero al fin logró hablar con firmeza:

–Todo eso está muy bien, me parece muy digno, pero ahora tengo que irme. ¿Usted tiene dinero para un taxi?

–¿No me dijo que me iba a llevar a mi casa? Yo vivo al lado del downtown.

En el asiento del carro, junto a Marcos, la mujer volvió a maquillarse sin dejar de hablar.

–¿Usted conoce el mundo, la gente? Le estoy hablando del mundo de verdad, la gente de verdad. Yo he vivido en cuatro países, fíjese bien. Y tengo cuarenta y cinco años, aunque todo el mundo dice que parezco más joven.

–Es cierto que parece más joven –dijo Marcos, que sujetaba el timón con brazos rígidos, conduciendo con extrema lentitud, como si la velocidad pudiera complicar aun más su situación.

En ese instante la mujer se volvió completamente hacia él y le clavó en el hombro la punta de un seno, como una pistola.

–Usted es un hombre inocente –dijo, sonriendo por primera vez–. ¿Nunca se lo han dicho, que usted es un hombre inocente? ¿Es una pose, o usted es inocente de verdad?

–No tanto –dijo Marcos, un poco más seguro de sí mismo, y sonriendo también–. No tanto.

–Usted se parece al primer esposo que yo tuve –dijo la mujer, y agregó suspirando–. Yo misma lo maté.

Marcos frenó de golpe.

–Usted no debe tomar. La bebida le hace daño, no sabe lo que habla.

La mujer, recuperándose de la sacudida, se echó a reír y se pasó la mano por la cara. A Marcos le pareció que trataba de cambiar sus facciones, o tal vez de borrarlas.

—Era un chiste, joven. Yo sería incapaz de matar a una mosca. Y menos a ese hombre. Nos separamos amistosamente, no he vuelto a saber de él. Fue mi primer amor.

El automóvil arrancó de nuevo, imponiéndose a la poca voluntad del chofer. Pero antes de llegar al puente levadizo de Flagler, como si obedeciera finalmente al ánimo del dueño, comenzó a resoplar, a cancanear, hasta que el motor se apagó de repente.

—Se recalentó —dijo Marcos—. Le pasa a cada rato, ahora hay que esperar a que se enfríe.

—Mi casa está cerca —dijo la mujer—. A la bajada del puente. Puedo ir caminando.

—Si quiere la acompaño.

—Gracias, se lo acepto. De noche este barrio no es de los mejores.

La mujer había adquirido de pronto un aspecto sobrio, que Marcos atribuyó al aire que había entrado por la ventanilla durante el viaje. Con el creyón revivió una vez más sus labios finos, y con el lápiz oscureció sus cejas, antes de bajarse con un gesto decidido del carro, cuyo capó había empezado a humear.

Sin embargo, mientras cruzaban el puente, la mujer no acababa de hallar el equilibrio. Marcos le ofreció el brazo, que ella sujetó con timidez, diciendo:

—Me llamo Irene.

Marcos se presentó formalmente, con nombre y apellido. Estuvo incluso a punto de decirle que era escritor, pero decidió callarse: su primer libro, escrito en otra década, había entrado en la imprenta la semana pasada, y era posible aún que un accidente impidiera su publicación. Frente a ellos los imponentes edificios y la intrincada madeja de autopistas refulgían con frialdad.

La mujer vivía junto al río, en una vieja casa de madera de dos plantas, rodeada por un jardín en el que sobresalía un rosal. Pese a sus dos pisos era sumamente pequeña, con un aire artificial, como si en vez de vivienda fuera una simple muestra de un estilo arquitectónico pasado de moda, que había sobrevivido a las demoliciones para quedar como objeto de curiosidad. Luego de esfuerzos fallidos con la llave, la mujer consiguió abrir la puerta.

—Si quiere tomarse un trago...

–Yo no tomo ningún tipo de bebida alcohólica. Pero si tiene otra cosa, algún refresco...

Ambos gesticulaban vacilantes en el oscuro portal.

–Debo tener algo, pase. No se fije en el reguero. Yo me mudo mañana, me voy para Nueva York.

Pasaron por encima de cajones, de muebles apilados. La mujer comenzó a subir las escaleras; sus muslos eran firmes y su ropa interior tenía un brillo rosado. Marcos la siguió, sintiendo un asomo de erección y pensando que sus impulsos sexuales nunca obedecían a lo previsto.

Llegaron a un saloncito desordenado, donde todo parecía recubierto por una piel de polvo; Marcos, después de mirar por la ventana abierta al río cercano, se sentó con precaución, como si el sillón pudiera hacerse añicos bajo su peso. La mujer comenzó a trajinar en el cuarto de al lado, canturreando.

–Tengo jugo de manzana –anunció desde la puerta.

–Sí, sí –dijo Marcos, ansioso. Ahora observaba una pieza sobre la mesa de centro: un barco enorme tallado en madera. Diminutas figuras de vidrio representaban marinos trabajando en la cubierta, o en actitud reflexiva sobre la pasarela y el castillo de popa. Uno de ellos decía adiós con la mano. Una cabra y un mono en miniatura se asomaban a través de la escotilla entreabierta.

–Es todo lo que queda del jugo –dijo la mujer, sentándose frente a Marcos y alcanzándole un vaso, mientras bebía de otro un líquido transparente. Marcos olió el contenido del suyo y probó un sorbo.

–Sabe bien este jugo. ¿Usted qué toma?

–Agua.

–¿Agua o vodka?

–Usted quiere saberlo todo, precisarlo todo –dijo la mujer, torciendo la boca.

–A mí me da la impresión de que usted podría tener un problema –dijo Marcos con voz respetuosa, mientras se inclinaba hacia adelante–. Tal vez yo podría ayudarla. Yo también tuve durante muchos años un problema con el alcohol.

–No se trata de mí ni del alcohol, se trata de la gente –dijo la mujer con agresividad–. De la chusma, la canalla, ¿me entiende? Aunque los cultos y los inteligentes son a veces peores. En Nueva York voy a aislarme de todo. Una tía me va a prestar su apartamento por seis meses. Ella viaja de un lado para otro, tiene dinero, puede darse ese lujo. Aunque tampoco es feliz.

–La paz viene de adentro –dijo Marcos, en un tono apagado. Luego preguntó abruptamente–. ¿Quién le regaló ese barco, o dónde lo compró? Es un objeto curioso, muy bien hecho.

En ese instante unos perros comenzaron a ladrar desaforadamente en el jardín. La mujer se levantó frenética y corrió a la ventana.

–¡Esos son los malditos que me mataron el gato! –chilló.

Y luego de beber de un solo golpe el líquido del vaso, bajó atropelladamente por la escalera.

–¡Tenga cuidado! –dijo Marcos, poniéndose de pie.

Al momento los gritos de la mujer se mezclaron abajo con los ladridos de los perros. Marcos se asomó a la ventana irresoluto, como si se inclinara sobre el brocal de un pozo. En el jardín, armada con una escoba, la mujer perseguía a los animales, insultándolos en inglés y español, golpeando los arbustos, hasta que la jauría se perdió calle abajo. Una luna rebosante surgía al final del río. La inercia de los techos y las calles no guardaba relación con el tumulto de luces veloces que circulaban por las autopistas encima de la ciudad, ni con el furor de la mujer, que tambaleante continuaba gritando y agitando la escoba.

Marcos sacó la cabeza por la ventana y le dijo:

–Cálmese, ya se fueron.

La mujer miró hacia arriba como si no lo reconociera, y después de una pausa entró en la casa. Pero a los pocos minutos apareció de nuevo en el jardín, con una vasija de metal en la mano, y comenzó a regar la hierba y los arbustos.

–¿Qué hace? –preguntó Marcos –. Yo tengo que irme, es tarde.

La mujer no contestaba, concentrada en su tarea. Del otro lado de la cerca, en un solar cubierto de maleza, un gato merodeaba interrogante. De repente Marcos percibió el penetrante olor a gasolina y corrió a la escalera. Al salir con precipitación estuvo a punto de perder un zapato. Una explosión estremeció el jardín, que al instante se alumbró con un voraz fulgor de lengüetas rojizas. Las arecas emitían un crujido. Las llamas crepitaban siguiendo la línea zigzagueante del líquido vertido, trazaban brutalmente surcos erráticos en el rosal, desguazaban los tallos y las flores, ennegrecían la hierba. El vaho de la candela se propagaba con velocidad, enardeciendo el aire.

Cuando ya estaba en el medio de la calle, Marcos recordó el nombre de la mujer y gritó:

—¡Irene!

Pero la mujer se había desvanecido. Él echó a andar de prisa por la calle vacía, dobló sin titubear por la primera esquina y no se detuvo hasta llegar al puente, donde prevalecía una ominosa quietud. A la mente le venía una frase leída en alguna parte: "Las llamas impulsadas por la brisa de la medianoche". De pronto sirenas de bomberos y carros policiales vociferaron desde distintos sitios, estridentes, chirriantes.

A medida que Marcos subía el puente, el resplandor del incendio a sus espaldas se iba envolviendo de ráfagas negruzcas; nubes voluminosas se adentraban en el hirsuto entramado de columnas que sostenían a las autopistas. Pero él apenas miraba hacia atrás.

Ahora rozaba los penachos de palmas que crecían junto al puente, las copas húmedas de robles y pinos que se remontaban hasta la alta baranda. Las hojas empapadas de rocío dejaban en los dedos unas gotas viscosas. Proas y mástiles se congregaban abajo, en actitud de espera, como piezas de una conspiración, mientras en los atajos a la orilla del río se oxidaban pedazos obscenos de chatarra. Los faros de un avión volaban quietamente encima de los techos, de los árboles que prosperaban en la llanura urbana; las luces de los embarcaderos culebreaban en la capa de agua y penetraban arrastrando hasta el fondo cuerdas de color. A la izquierda del río, los rascacielos se alzaban como un dique de hormigón y cristal. El bramido de un buque se acercaba con lentitud, cruzando los meandros.

Marcos miró desde la altura el malecón donde una vez se había reunido con sus dos amigos. Esta noche la gigantesca luna difuminaba las estrellas, pero aún era posible distinguir algunas. En aquella ocasión, cuando los tres estaban tendidos sobre el muro, una atravesó el cielo como una chispa sobre sus cabezas. Marcos recordaba lo que él había pedido. Pero lo que pidieron los otros dos, o si sus deseos les fueron concedidos, eso él no iba a saberlo jamás.

ANOCHECER DE REINALDO ARENAS

Armando Álvarez Bravo

Ya es hora. No doy más. Bastante duré y no sé ni cómo. Lo suficiente para acabar lo que tenía que acabar. Libros, lo único que he hecho. Mi pasión y razón. Contra viento y marea. Allá en la Isla, hostigado, maldito, escondido, a la intemperie. Siempre buscando desesperadamente papel, cintas de máquina transparentes de tanto machacar sobre ellas, hasta una dichosa máquina de escribir. Escribiendo de un tirón. Escondiendo el manuscrito, casi siempre sin copia. Perdiéndolo. Volviendo a escribirlo y a esconderlo otra vez hasta que lo pudiera sacar fuera. Culpable por escribirlo, culpable por sacarlo, culpable porque se publicó. Culpable por lo que dice. Culpable por lo que no dice. Culpable por no aplaudir. Culpable por homosexual, que aquí, donde todo tiene que ser políticamente correcto, es una preferencia sexual. ¡Qué se lo digan a los policías de allá! Culpable por antisocial y contrarrevolucionario y por estar vivo. Culpable por malagradecido a la revolución que me lo dio todo, patadas y más patadas, y más culpable por guajiro. Culpable porque tengo dientes postizos. Culpable porque me sudan las manos. Culpable por ser. ¿Hubo algo en el universo de lo que no fuera culpable? Porque allí, en la Isla, hay tres tipos de personas: los culpables, los que los culpan y castigan implacables a los culpables designados, y los que se consumen evitando a toda costa ser culpables y haciendo increíbles e insólitas piruetas para no verse en la obligación de culpar.

Al final, todos son culpables. No hay escapatoria. Porque el sistema se alimenta de culpa. Se perpetúa a partir de la culpa. Lo único que hay allá y que sobra es culpa. No hace falta la libreta de abastecimientos, ni colas, ni paquetes de la familia de Miami, ni tratos más o menos dudosos con extranjeros, ni mercado negro para adquirirla. Tanta es la culpa que hasta los encargados de castigarla pueden convertirse de golpe en culpables y engrosar atónitos las filas de los culpables. Pude escapar milagrosamente de esa sentina de culpa declarando con minuciosidad ante los fiscales, jueces y verdugos de la culpa que era reo de todas las abominaciones y las culpas posibles e imposibles. Un monstruo. Mi expediente carcelario daba sobrada cuenta de ello. ¡Días espantosos aquellos! Los policías y los aterrados que querían quedar bien con los policías, los que no querían buscarse problemas, cometieron todo tipo de atrocidades. No importó que sus víctimas fueran hombres, mujeres, niños, viejos, inválidos, locos y enfermos. De golpe se desató el aquelarre de los actos de repudio. Sitiaron con violencia a la gente en sus casas y sus trabajos, los pasearon a golpes y escupitajos por las calles, los desnudaron y sometieron a todo tipo de humillaciones y los insultaron hasta quedar roncos. A muchos los mataron. Éramos la escoria. Y todo porque queríamos largarnos para siempre, a cualquier precio, de la culpa. Tanta era la furia de los policías que su odio también se volcó sobre los no integrados, sobre los que no pensaban, ni podían marcharse. Un caos como nunca antes se vio. Así, nos mezclaron con empedernidos y salvajes delicuentes comunes que sacaron masivamente de las cárceles, con locos peligrosos que abarrotaban manicomios de horror. Nos redujeron a un campo de concentración junto al mar, en que mantener la integridad física y la razón era un milagro. Allí, siguieron torturándonos física y sicológicamente. Separaron a las familias. A muchos, les negaron la salida y los enviaron a realizar trabajos forzados. La eficacia y la brutalidad policial fueron modélicas. De igual suerte, su astucia para incluir a sus agentes y espías entre la escoria y los inermes privilegiados en los umbrales de su sueño de libertad. Y, por supuesto, en aquel despetronque, la avalancha humana también se nutrió con súbitos conversos: oportunistas sin escrúpulos y esbirros que botaron el carnet del Partido confiados en la mala memoria del cubano. Fui muy afortunado gracias a la confusión que a veces se producía entre los que con sadismo inapelable determinaban cruelmente quien partía y quien se quedaba. Sí, me puse dichoso a pesar de todo lo que tenía en mi contra. A pesar de ser una no persona y un apestado. Llegué a Cayo Hueso en una embarcación atestada que varias veces estuvo a punto de naufragar. Pasé los trámites migratorios. Vine a Miami. A la inesperada libertad. De súbito era un guajiro de manos siempre sudorosas que disponía de la posibilidad de elegir. Un marielito que no tardó en descubrir que los marielitos eran un cuerpo extraño en el exilio que, aunque se volcó en su ayuda, no tardó en crisparse por la conducta de los delicuentes y los locos que los policías sacaron de la Isla con la siniestra intención de crear problemas. Se instauró el malestar y pagaron justos, la mayoría, por pecadores. ¡Otro golpe al imperialismo! Me puse a escribir de inmediato. Traté de poner al día y en orden mis asuntos, que en Cuba jamás pude controlar. Hice todo lo posible no sólo por borrar esa imagen negativa que nos manchaba injustamente, sino también para propiciar el que nuestra creación consolidara aquí el espacio que se le negó allá. Me impuse ganar el tiempo perdido y producir lo que tanto tiempo fue proyecto, a la par que hacer frente, con la misma intensidad, a todas las malignas agendas del régimen en el exterior, muy especialmente en el mundo de la creación y la cultura. Algunos me ayudaron. Otros tantos me marginaron sutil o abiertamente. El exilio no es igual para todos y para cuántos no es exactamente una responsabilidad insoslayable hacia la libertad y la democracia. Se han acomodado a las complacencias a su alcance, a la buena vida, a todo aquello de que carecían en Cuba. Me fui para Nueva York con y sin ilusiones, pero con la certidumbre de que aquí podía mantenerme en un plano de sombra y no perder el tiempo. También en busca de unos horizontes más amplios. ¿El dinero para vivir? Nunca tuve mucho, las más de las veces no tuve. Nada de que asombrarme. El hambre, la necesidad y los trabajos no son nada nuevo para mí. Soy capaz de vivir bajo una piedra. Aprendí a hacerlo hasta la saciedad en la Isla. Ese fue un buen entrenamiento. Porque aunque publiqué bastante, apenas vi el producto de mi esfuerzo. En otras ocasiones, éste no fue o fue patéticamente risible. De hecho, escribir y publicar en el extranjero, mi única alternativa y otra de las grandes herejías contra las que se vuelcan apocalípticas las iras de los policías de la cultura, me convirtieron en un delicuente, un paria, una no persona, un desamparado, un perseguido. Acabé finalmente en prisión. Entre los presos comunes. Puro delirio y horror. Una versión corregida y aumentada al otro lado de las rejas. Con esos recuerdos de pesadilla, aquí, donde la supervivencia se rige por otras apremiantes leyes, de inmediato me vi obligado a incorporarme a una nueva y vertiginosa realidad. Debí aprender hasta moverme entre la gente. A ajustar las imágenes de este mundo a las imágenes que me había hecho de él en aquel otro mundo que había dejado atrás. Pero aquí no todo es miel sobre hojuelas y la realidad, aunque muy otra, sigue siendo la realidad, y el deseo, el deseo. Es muy simple. Aquí, los escritores disponen de una serie de fuentes de entrada que muchas veces les permiten dedicarse sin zozobra a su obra. Son las becas, conferencias, artículos, cursos y seminarios, lecturas, prólogos, cuidado de ediciones, participación en jurados y el servir de lectores en editoriales... Ahí están tentadoras esas ofertas. Apenas se me dieron. Nunca me extrañé de ello. Porque el control de esas gratificaciones está en manos de instituciones culturales, la academia, publicaciones y editoriales. Y en casi todas ellas, abierta o enmascaradamente, la izquierda festiva es quien decide. Nunca fui persona grata para esa manada de miserables mediocres y unos pocos infames con talento y, por tanto, más nocivos y peligrosos. Por el contrario, era un demonio. Sencillamente, no me perdonaban el que fuera anticastrista. El que gritara contra la abominación en que había estado sumido y en la que Cuba se hunde cada vez más. El que no quisiera hacer el juego a sus agendas, ni siquiera como disidente, algo que ahora viste y rinde mucho. Por otra parte, qué triste y absurdo y demencial, el exilio, salvo contadas excepciones, no ha volcado sus recursos con constancia y sin limitaciones en pos del desarrollo y la consolidación de nuestra creación y cultura. Ese final signo de identidad cubana y eficaz instrumento de enfrentamiento al régimen en la arena internacional. Más en mi contra, que es tan poca cosa ante el interés mayor de la Patria. Sí, por encima de mi acumulación de adversidades y limitaciones, y más allá de lo que he podido alcanzar con mi obra –que a los que están en la Isla, a pesar de su talento y calidad, les está vedado– esos hechos me desgarraron y llenaron de furia. Comprendo el tenaz y siniestro juego de la izquierda, no nuestro proceder. Digamos que soy más afortunado que los que ven perderse su labor en Cuba y los que aquí se consumen invisibles. No, no veré los nuevos desastres que el infernal programa de la izquierda y nuestra conducta inevitablemente engendran. Ya he llegado al límite de mi resistencia física y, con ello, al de mi furia, que es mi tumultuosa existencia. Si no hay un vuelco total al cabo de tanta muerte, sufrimientos, separación, desmanes y horror, cuando se concrete la posibilidad de libertad y democracia para la trágica Cuba, cuando llegué el inevitable e imprescindible momento de la justicia y la compasión, los exiliados y los cubanos decentes y tiranizados en la Isla, comprobarán inermes que sólo tienen ante sí un castrismo sin Castro, en el que los policías y los verdugos de siempre y sus cómplices de este lado del mar se podrán la casaca de redentores. Lo más horrendo que puede acontecer a un pueblo. La única gran rumba final con toda la compañía que falta a nuestra historia. ¡Y mira que hemos bailado! Pero para mí termina el baile. El baile histórico, el baile político, el baile literario y el baile personal. No más desfile. De todo lo que puedan decir de mi participación en la cumbancha, lo que me tiene sin cuidado, sólo habrá una cosa que no podrán endilgarme: nunca dejé de bailar a mi ritmo. Como un trompo. Contra la música subalterna, las fanfarrias y las marchas triunfalistas. Bailé como un alucinado hasta cuando no había música. Hice, allá y aquí, lo que me dio la gana cuando y como me dio la gana. A grito limpio. Hasta desgañitarme. Sin sujetarme a ninguna regla, ni plegarme a ningún interés, ni bandería. Desconociendo advertencias, consejos, críticas, reproches, infamias, golpes y peligros. Fiel al latido de la intensidad de mis pasiones. Sí, he vivido a tope. Amé el mar. Escribí lo único que podía escribir. Páginas incesantes dictadas por la memoria, el sueño, la imaginación, la realidad y su otredad. Fui, sin importarme el precio a pagar, infatigable e inflexible en la pública condena de los enemigos de mi Patria y la libertad. Abominé de la hipocresía, la mediocridad, el resentimiento y la envidia que desató el castrismo. Escribí con cruda franqueza sobre mi propia vida y sus demonios, que, aunque nunca me lo dijesen, a muchos espantaba. Su problema. No dejé aquello para ser otro, sino para poder ser yo mismo al máximo. Así, denuncié a golpes de palabras a los falsos amigos, los oportunistas y los traidores. No di tregua a los miserables. Condené lo deleznable, que a tantos encandila. Anduve a ras de mundo. Me entregué desbocado al placer y encajé el horror. ¿Más? Soy deudor de la dicha que me prodigó el escribir bajo presión cada una de mis páginas, que pudieron ser más cuidadas, pero que están escritas para el siempre. Ellas son mi copioso legado. Mi justificación. Pero hay tantísimo más. Nunca me faltó la maravilla de la lectura, la gracia inagotable de la poesía. Tuve el privilegio de la amistad y la intimidad de unos pocos grandes que admiré y quise. En la soledad y la desesperación nunca carecí de la desinteresada y entrañable solidaridad de alguien bueno. No falta a mi memoria el recuerdo y la iluminación de la dicha. Viví siempre entre la pobreza, la intemperie y la frugalidad. En la cocina del diablo en que habito desde hace unos años y me muevo a mis anchas, soñé, padecí, sentí, amé, forniqué y corrió el tiempo para mí como para cualquier anónimo hombre de a pie, y pude escribir torrencialmente, como único sé hacerlo. Cuando me falló la salud y mis días comenzaron a estar contados, yo, que no creo o creo a mi manera, pedí a un Dios desconocido que me diera el tiempo preciso para acabar lo que faltaba a lo que consideraba culminación de mi obra. Contra toda razón y lógica, se me concedió. Ahí están mis manuscritos. No puedo aspirar a más, después de ese demasiado que otros llamarían milagro. Ahora, soy una sombra de mí mismo. Puro hueso y pellejo. Un espectro. Cada instante que pasa más débil y frágil. En cuestión de semanas o de días, a estas alturas es difícil de decir, entraré en un irreversible estado crítico. No me salva ni el médico chino. No quiero ese fin. La estéril agonía de una vida prolongada artificialmente. Es por eso que durante estas últimas semanas he puesto en orden mis cosas. Es lo único decente que puedo hacer para evitar trabajos y complicaciones a quien deba ocuparse de mis arreglos póstumos, unas gestiones que siempre son engorrosas. Con plena conciencia de cada una de mis palabras, he escrito, para que se haga pública, una carta. Ya está en correos. No hay vuelta atrás. En ella responsabilizo por mi muerte a Fidel Castro y su régimen. No existe, dígase lo que se diga, otro culpable. De eso morimos todos los cubanos. También he dispuesto la cremación de mis restos y que mis cenizas sean esparcidas en el mar de Cayo Hueso, lo más cerca que hay de Cuba. Me ilusiona pensar que tan siquiera una partícula de ese finísimo polvo llegue a la arena de las playas donde fui feliz, hallé paz de espaldas al infierno y me entregué desbocado a los apetitos de mi sensualidad. Es la alta noche y hay aquí un inmenso silencio. Todo está tan tranquilo. Esa paz es como una música. Junto a mí, el enorme vaso de agua que me recuerda a los enormes vasos de grueso vidrio de los guajiros cubanos. Voy tragando lentamente las pastillas, sorbo a sorbo. Su efecto será muy rápido. Se acabó este espíritu burlón. Ahora, ¡que trine Eva!

RÉQUIEM POR EL REY

Armando de Armas

> Reinaldo Arenas en las antípodas del tiempo.
> Caballero gallardo, éste sí; con tacha pero sin
> miedo.

Intentaba introducir el índice en el ano a la anoréxica. Era un ano aéreo, un círculo incapturable; el cero, y el infinito. ¡Deja que te coja zorra!, rezaba recio, pero ni con eso, no se concretaba el cabrón y el dedo iba su vía; agujereaba el aire con una perseverancia digna de mejor causa, de mejor culo. Allá afuera cabalga el puro, no el puro de la patria, asere, sino mi puro, y acerta con la lanceta en la carrera de cintas; reminiscencia del Caballero Cifar, de los guachos que son guapos; y eso asere que el puro está curda, ¡clase caballero que es el puro! Yo también estoy curda, consorte. El puro y yo somos dos curdas, curvas en el Tiempo.

En tanto cazo al culo utópico de la anoréxica (no excreta ni incorpora y para colmo huele a rosas) el andrógino anda en mi entrepierna, chupa el pito con esmero de ternero; las tetas le arrastran por la barra, los uváceos pezones enchumbados en alcohol. ¡Ah, se me olvidaba, estamos los tres sobre la barra de un bar neblinoso! Acá no hay nadie, o al menos no se ve a nadie, ni en las mesas ni al otro lado de la barra. No tengo ni puta idea del tiempo que llevábamos encaramados como monos en la barra. Este es un bar de Miami o de Madrid, tal vez de New York, o si te apuras un poco hasta de La Habana.

El andrógino se incorpora con la izquierda aferrada al falo, guerrero con un puñal, y con la derecha me pone una teta tremenda en la boca; el alcohol asumido en la barra gotea por el pezón, paso la lengua larga, filosa, y el alcohol no sabe a alcohol, cuando más a agua mineral Ciego Montero. El culo de la anoréxica ejecuta una cabriola en el aire. El puto pito, parado a partirse, cabecea como majá entre los dedos del guerrero; no siento nada especial, no siento, siento un frío en los cojones; eso, eso es, un frío, un aire, un puñal de aire, de esos eficaces que llevan caja de aire por dentro para la hemorragia interna; solo que éste es puñal vuelto del revés, el frío aire por fuera, y el filo por dentro; o tal vez sucede que el puñal es todo aire; un falo de feria, de fe, de fumbi.

En esa cochambre, consorte, recholata en lata, nos encontrábamos los tres cuando apareció Rey disfrazado de corsario, Francis Drake el Olonés, hecho una furia. Traía dos enormes pistolas plateadas de chispa, las cachas trabajadas en motivos ornamentales franceses, cruzadas a la cintura bajo un ancho cinto. Extrajo ambos artefactos, los dos a un tiempo, y estilo ejecución acertó con la siniestra un tiro en el culo a la anoréxica, y con la otra, también siniestra, acertó un tiro en la cabeza al andrógino. ¡Putas perversas!, dijo Rey, y me convidó a una botella.

Entonces despegué los ojos salpicados de sangre, o de una sustancia similar, y me corrí ligero debajo de los fumbis fulminados.

Rey puso la botella sobre la mesa. Era aguardiente Coronilla, pura y dura de nueve pesos. No sé si la pidió a alguien, menos si la pagó. Sólo sé que allí estaba la botella erecta como un soldado entre los dos. Soy Carlos el Chacal, dijo, e hizo puaf y escupió lejos, tan lejos que el gargajo no cayó, se sostuvo en un gajo invisible, orbitó transmutado en un pequeño planeta color violeta. No asere, en serio (agregó realmente serio); acabo de escapar del Parque Lenin, de Lenin, de una redada de Avispas Negras, o sabe dios de qué increíbles insectos. Asere si no llega a ser por las hermanas Bronté que me cubren la retirada con fuego de lanzallamas me cogen los bugarrones bitongos del avisperío; ¡avemaría purísima pa qué te cuento consorte!

Oye, asere, y eso que la Jíbara Inglesa pinta a las Bronté como aladas locas de atar; si las viera disparar con los lanzallamas, diezmar despiadadas al bicherío avisperil, pueril y borreguil, mientras yo escapaba como un guineo por sobre las alambradas y el hambre, hampón heroico; si eso viera otra cosa pintaría la Jíbara Inglesa.

Era Rey, bueno, algo me decía que era Rey, pero en verdad parecía Hemingway; o un americano cualquiera. Era alto, robusto, rubio, rubicundo. Yo esperaba encontrarlo enclenque, minado por la plaga; pero no, hete aquí que lo tenía ante mí pletórico de salud y suerte, bebiendo como un granjero granuja del medio oeste. Claro que en el fondo yo sabía que entre Rey y Hemingway había, más allá de las diferencias evidentes, y de las semejanzas evidentes (las del último acto y las de la pluma y la página como premisa primera) una comunión en el enfrentar, vivir, la vida hasta el precio postrero, en la peremne pelea, en la peremne huida de algo o de alguien hacia cualquier parte, en el ofrendar y ofender de las vísceras como materia prima literaria; y sobre todo, me decía, en tanto la línea de flotación bajaba en la botella, en tanto Rey gesticulaba desenfadado contándome los pormenores de la fuga, todo fuga y fuego él; sobre todo, en la manera de asumir el sexo. ¿En la manera de asumir el sexo, tú estás seguro asere o tú estás borracho? Sí asere, seguro; mira, en el desenfreno por incorporar varones de Rey probablemente no hay más que el inconfeso deseo de manifestar su varonía, de ser varón total; y en el desenfreno por penetrar féminas de Hemingway probablemente no hay más que el inconfeso deseo de manifestar su feminidad, de ser fémina total.

La botella estaba ya casi vacía, yo no sé si se salía, o si en verdad tomábamos; si estábamos lúcidos o aletargados. El caso es que salíamos abrazados, más que nada de la botella, cuando Rey enfurecido empezó a abrir desmesuradamente los ojos, a mover desacompasadamente las manos y a señalarme para su frente, gritando. ¡Coño, qué es esto, mira esto consorte, cabrona crica! En efecto, allí en la frente, bajo sus crespos alborotados, ya no hemingwayanos, sino arenianos, le había salido como la estrella que ilumina y mata, como un estigma, como un enigma, una crica supurante y peluda. Sin darme oportunidad a nada saco sus dos enormes pistolas, que había recargado mientras hablábamos en la mesa, y se descerrajó dos disparos a un tiempo en la crica que crecía desafiante en su frente, y cayó hacia atrás desfrentado, es decir, decabezado, es decir, descricado. La crica, ya sin frente, flotó en el aire, cliqueó en una lejana computadora, y habló fañosa y furiosa como un robot de circo; Yo Soy la que Soy, la Supercrica, la bien amada y mejor mamada, matona y maternal.

Yo caminé hacia la puerta. Afuera los fumbis, felices y afiebrados, celebran al puro que había acertado otra lanceta en la carrera de cintas. El puro avanza hacia el bar, o lo que fuese aquello, abrazado a la anoréxica y al andrógino otorgados a él como trofeos. Salgo a su encuentro por entre los fumbis y las fumarolas y las flamas que queman sin quemar, sin consumir, y en la medida que nos acercamos o nos alejamos, acá nunca se sabe, aprecio que se le ve tan joven y jodedor y jactancioso como alguna vez yo lo fui.

Miami, 1/1/2001

EN LA BIBLIOTECA

Rodolfo Martínez Sotomayor

Lo peor no era el vacío ante la hoja en blanco, era la certeza de que se hacían precisas las palabras, de que esa noticia, ahora cercana al papel, podía ser la causa por la que pretendía exteriorizar esa vorágine de pequeños recuerdos, dándole un sentido a la idea que no podía concretar finalmente.

En realidad nunca lo había conocido, pensó, pero esa muerte es una de esas notas que por extrañas razones recortamos celosamente, para archivar entre cosas que tenemos siempre al alcance.

Atrajo lentamente el papel, entonces comenzaron a fluir imágenes pasadas, formando letras ilegibles, tachaduras, y procurando llevar el ritmo de la mano al compás de las ideas, intentó escribir...

En sólo dos semanas estaban ya atados todos los posibles inicios de vida en esta parte del mundo. Miami, había dejado de ser una quimera, ahora, con la visión de su arquitectura, iba perdiendo poco a poco ese encanto propio de lo anhelado. La ciudad tangible se iba reduciendo, los autos ya no eran motivo de asombro, eran parte de un paisaje moderno lleno de un tecnicismo abrumador. Caminar era un hábito que perdería con el tiempo, una de esas necesidades por las que somos capaces de sentir nostalgia. Después de varias cuadras, la biblioteca aparecía frente a él. No se trataba de aquella mole de mármol y concreto, donde ya desde la aparición de su diseño majestuoso, despertaba el deseo intenso de la sabiduría. Aquí no estaban las inscripciones en sus columnas de sabios griegos y latinos, que le daban la bienvenida en otro tiempo y lugar, y a las que se había acostumbrado desde sus ya lejanos catorce años, en constantes visitas a la biblioteca José Martí de La Habana. Ahora se trataba de una construcción moderna, más bien pequeña, en contraste con las enormes tiendas vistas en su ruta, pero no por esto dejó de sentir el mismo cosquilleo en el estómago que le producía la entrada a ese santuario de los libros. El sólo hecho de saber que se trataba de algo distinto, lo seducía. No tendría que esperar media hora, al solicitar un texto, para recibir la respuesta de una absurda restauración en proceso de libros que sabía prohibidos. Palparía con sus manos, descubriría con sus ojos, todo lo desconocido en las letras de esa Cuba que estaba en otra parte y de la que le hablaban sus amigos.

Apenas divisó la estatua de John F. Kennedy, que parecía presidir la sala, donde el silencio se imponía. No se detuvo ante computadoras de las que desconocía el manejo totalmente. Se acercó hasta un pequeño mueble con el letrero de catálogo en un español que ya le iba resultando novedoso, entonces pensó en varios nombres. El primero en buscar fue Lezama, ese *Paradiso* tantas veces mencionado y nunca visto, formaba parte de su obsesión, en otro orden, puso a Baquero, seguido de Padilla, esa poesía le pareció suficiente para empezar. Anotó en una hoja la localización, y fue hacia los estantes, donde pudo darse cuenta de la inexactitud de aquel catálogo. El temor a que le respondieran en esa lengua desconocida, o tal vez, la timidez de parecer un ignorante, lo detenían ante la posibilidad de pedir ayuda. Decidió entonces mirar al azar, y pudo ver ante sí, el *Paradiso* de Lezama. Abrió sus páginas y comenzó con voracidad la lectura, pero a medida que avanzaba, su mente se perdía en otro sitio, no lograba concentrar su atención, tal vez la densidad de la narración o la imposibilidad de leerlo a la velocidad deseada, le dieron por pensar que se trataba de uno de esos mantos maravillosos como aquel cuento del Rey, donde los súbditos se negaban a descubrir su desnudez, por no parecer iletrados ante la incapacidad de distinguir la tela, que supuestamente sólo verían los sabios. Lo puso a un lado y continuó indagando, hasta encontrar a Baquero entre aquellos estantes de hierro. No pudo eludir el deseo de llegar hasta el índice, que lo llevara a leer otra vez esa frase que a veces le llegaba a la memoria, cuando sentía la necesidad de evocar un poema, y repetía tantas veces, como quien siempre lo ha sabido *"Yo te amo ciudad"*.

Siguió mirando entre los libros, y removiendo varios, cayó ante sus pies uno pequeño. En la portada, una especie de collage, que sin lugar a dudas, aludía a su país, indios semidesnudos y transparentes, dejaban ver detrás la figura de un negro con aspecto de esclavo o cimarrón, mirando al horizonte. A lo lejos, un niño se distinguía sobre una multitud compacta, de la cual salía una bandera cubana, mientras un cuadro de Marx y otro de Martí, escapaban de aquel tumulto donde apenas se divisaban los rostros.

Poniéndolo sobre la mesa, entró en sus páginas y comenzó a leer esta vez de prisa... a medida que avanzaba, un vertiginoso enlace de realidades con metáforas le daban esa sensación de ser poseído por la palabra, que conocía muy pocas veces.... *"nadie podrá escapar, inútiles serán los carnets, la rápida sacada de la camisa fuera de los pantalones".* Se veía a sí mismo arrastrado tras una cacería por aquel parque donde la historia que leía se había repetido tantas veces, esta era tal vez la razón de ese misterio que lo sumergía una y otra vez entre la prosa que viajaba desde sus ojos hasta calar en ese lugar inaccesible a veces de su sensibilidad.

"... Típica figura de la nueva sociedad
la puta
revolucionaria".

Él conocía esas danzas que sólo cambiaban de forma con los años, pero era la misma en su esencia. Allí estaban condenadas para siempre, ironizadas y vulnerables ante ese verbo certero, esa danza de milicianas al ritmo de tambores y pancartas, gritando consignas y haciendo converger las ganas, el sudor y la vileza entre carnes sudorosas que siempre se prostituían ante dogmas políticos.

"...pues ninguna palabra, por muy noble que sea, le dará más vigencia a tu poema, que el grito: de pie, cabrones, rayando siempre al alba."

Sí, él también conocía ese grito, él también conoció sus primeras ampollas a los doce años, sus primeras gripes bajo platanales llenos de rocío y un mínimo descanso sobre maderas con colchones de eso que llamaban guata, esperando siempre el grito antes de que el sol le recordara, el lugar donde estaban, y al que extranjeros lejanos, llamaban "paraíso".

"Un millón de niños (16 a 18 años)
desfilan marciales"

    Él también estaba entre esos niños, mucho tiempo después, la historia se repetía con ensayos de marchas sobre el asfalto, con sonrisas planificadas de antemano, mirando siempre a la tribuna.... no hacía paréntesis en la lectura, sólo la emoción comunicaba a su cuerpo la necesidad de nicotina, pero no quería interrumpir el encanto alcanzado. Llegó al final de las páginas como un ser abatido, ahora parecía acariciar el libro en un extraño ritual. Leyó otra vez el nombre del autor, como quien teme a un posible olvido, aunque ya desde entonces le parecía imposible. Eso era a lo que su amigo Daniel llamaba un orgasmo literario. Habían apagado y encendido las luces, anunciando que cerrarían el lugar, entonces vino a él la idea, caminó hasta el baño, sosteniendo aún el libro, mientras miraba a todas partes con el temor de ser visto, lo colocó en el interior de su camisa, y salió entonces buscando el rótulo de EXIT.

    Ahora caminaba sin apenas distinguir la ciudad, apresurando los pasos, procurando alejarse en el menor tiempo posible, ya a lo lejos, tornó sus ojos a la biblioteca, y viendo que estaba a cierta distancia, sacó nuevamente el libro, poniéndolo entre sus manos, teniendo el extraño placer de saber que ahora era suyo.

    ...Se alejó de aquellas hojas al llegar al párrafo final, sin apenas releer lo escrito, acercó otra vez la noticia ante sus ojos. El autor de ese libro ya no existía desde hacía apenas varias horas, tal vez tampoco existiría esa historia, si no hubiese leído una vez que:

"Para el terror basta la sencillez del verso épico: decir,
Hay que decir
Hay que decir en un sitio donde nada se puede decir
es donde más
hay que decir
Hay que decir
Hay que decirlo todo"

    Ese todo trascendía esta vez a su país, se trataba sólo de la historia simple del robo de un libro. Nada de singular tendría ese recuerdo, si esa tarde, no tuviera ante sí la noticia de que su autor había puesto fin a su vida, ahora atrajo nuevamente hasta sus manos aquel libro, y mirando su portada, comenzó la lectura, esta vez en voz alta... Reinaldo Arenas, *El Central...*

CUARTA PARTE

TESTIMONIOS

REYNALDO ARENAS

EL MUNDO ALUCINANTE

NOVELA

Escribe el autor: "Esta es la vida de Fray Servando Teresa de Mier. Tal como fue, tal como pudo haber sido, tal como a mí me hubiera gustado que hubiera sido. Más que una novela histórica o biográfica, pretende ser, simplemente, una novela". Una novela de aventuras en la que la poesía vence a la lógica y el coraje de un hombre por alcanzar la libertad se impone a toda clase de infortunios. Alegre, desenfadada, picaresca, imaginativa, recrea no sólo la vida de un hombre excepcional sino también el mundo contradictorio y sorprendente en que le tocó vivir.* Nacido en Cuba el año 1943, el autor es uno de los escritores jóvenes más originales de su país y de América Latina. Reside en La Habana.

ESCRITORES DE LENGUA ESPAÑOLA
EDITORIAL DIÓGENES, S.A. MÉXICO

Portada de la edición príncipe de *El mundo alucinante*.
Editorial Diógenes, México, junio de 1969.

LA LUZ QUE ILUMINA *ANTES QUE ANOCHEZCA*

Entrevista con Julian Schnabel

Nedda G. de Anhalt

*E*l caso de Julian Schnabel, famoso pintor y escultor contemporáneo cuya obra forma parte, entre otras, de las colecciones del Museo de Arte Moderno de Nueva York, Whitney, Metropolitan, la Galería Tate de Londres, el Guggenheim de Bilbao, el Centro Pompidou en París, el Museo Metropolitano de Tokio, –convertido ahora en cineasta celebrado– comprueba, una vez más, que la creación pictórica, así como la cinematográfica, implica una búsqueda estética aunada a una actividad crítica.

Antes que anochezca –*las memorias póstumas del escritor cubano exiliado Reinaldo Arenas, que Schnabel ha llevado a la pantalla con refinamiento extremo, a la vez con una visión brutal e incluso inhumana– proyecta una mirada original sobre la vida de un escritor que al enfrentarse al régimen totalitario de su país, libró batallas físicas y espirituales en busca de la libertad.*

Nedda G. de Anhalt: ¿Cómo ha sido recibida *Antes que anochezca* en los festivales?

Julian Schnabel: Como sabes, fuimos a Venecia, y Javier Bardem obtuvo el premio por la mejor actuación masculina, y yo también recibí un premio. Además, a la película le dieron una presea católica, la misma que en su época recibió Pasolini por *Teorema*: es una especie de premio humanitario. En cuanto a la respuesta del público y la prensa, ha sido magnífica. En Venecia escribieron que era la mejor cinta del festival. De ahí, volamos a Toronto, donde el filme se presentó, y las reseñas han sido todas favorables. En San Sebastián fue estupendo; se proyectó en un edificio enorme ante una audiencia de 1200 personas. Fue agradable observar a un público español que escuchaba a Javier Bardem hablar en inglés, mientras que cuando Javier llegó a Nueva York, él habló en español. Esta bilingualidad me encanta. Es como si el lenguaje se convirtiera en el protagonista de la película. Me hace pensar en la Torre de Babel. Éste es un aspecto interesante de *Antes que anochezca:* la multiplicidad de lenguajes al contar una historia.

NA: ¿De dónde surge esta pasión por el bilingüismo?

JS: A mí me gustaría que mis hijos estuviesen preparados para hablar la mayor cantidad de idiomas posibles. Soy un director norteamericano, pero a la vez mi esposa es española y mi hijo habla español. Pienso que *Antes que anochezca* es el primer filme americano bilingüe.

NA: Entiendo que existe otra versión de la película doblada al cubano.

JS: Así es. La experiencia fue diferente, pero fabulosa, al tener esas dos posibilidades. Es como poseer un mismo cuadro en azul y en verde.

NA: ¿Por qué escogiste hacer un *collage* de la obra de Arenas, en vez de seguir una estructura lineal en la novela?

JS: Yo estoy haciendo mi propio trabajo y no quiero ilustrar un relato. Pero existe el hecho de que las historias se cuentan como si fueran una acumulación de sucesos en donde lo que importa es el ritmo, y no lo que debe ir en primer lugar o segundo. Es como la música: lo que deseas obtener es una respuesta emocional. Además, hablar en términos de linealidad es como afirmar que algo es conceptual o visual. Es una idea tramposa. Existe cierta linealidad en la película, pero con matices de substancia. A veces lo que importa es la imagen, o se subraya la simplicidad de una palabra, o predominan ciertas partes que pudieran parecer un documental, porque así funciona la memoria. Y tú tienes que experimentar la vida de Reinaldo Arenas como si fueras él. Y al final, piensas que todo te ocurrió a ti, no a él, porque tú estabas dentro de la historia.

NA: En el festival de cine en Nueva York, la película tuvo un enorme éxito. Lo atestigüé porque estuve en la exhibición dedicada a la prensa y también asistí a la proyección pública en el Alice Tully Hall.

JS: ¿Estuviste el viernes o el domingo? Porque el domingo fue aún mejor. Yo diría, espectacular. Había muchos más cubanos en el público. Y hoy salió una crítica fantástica en el *New York Times*. Ya había aparecido otra también excelente. En medio de todo esto, tuve una exposición en una galería y la película la presentamos la noche de la apertura. Al día siguiente volé a Brasil. El filme fue exhibido, primero, en Río de Janeiro y después, en Sao Paulo. Las reseñas han sido extraordinarias. La película fue exhibida también un día en la Ciudad de México. De Brasil, volé a Los Ángeles, donde la presentaron en el Instituto Americano. Así que, como un loco, no he parado de viajar. Estoy exhausto. A mí no me gusta volar en los aviones. Pero es una especie de responsabilidad la que siento por promover la película. Sé que en Los Ángeles la van a exhibir en cierta fecha, para que califique en la entrada de los Óscares, pero ya después tendrá una amplia difusión en los países.

NA: Primero, Jean Michel Basquiat, después, Reinaldo Arenas, ¿por qué a Schnabel le atrae la vida de los rebeldes y los disidentes?

JS: Es una cuestión de distancia que estos seres solitarios proporcionan. Y algo ocurre para que esa distancia sea posteriormente utilizada por otros. Aunque Basquiat fue distinto de Reinaldo, ambos estuvieron expuestos en contra de diferentes ambientes en sociedades saturninas. Saturno devora a sus criaturas. Es el caso de Reinaldo, y cuando él lucha contra el sistema, lo hace con el ritmo de su poesía.

NA: Háblame de tu equipo de trabajo.

JS: Los amo. Son mi familia. Ellos, por acompañarme, estaban listos para atravesar el mismísimo infierno. Trabajamos largas horas. Te lo digo de verdad; son las mejores personas de este mundo. No menciono nombres por no cometer la torpeza de olvidar a alguien. Pero que sepas que hubo días que trabajamos de 16 a 18 horas, con una dedicación y un compromiso que agradezco.

NA: Yo veía en la película unos bohíos, y una campiña auténticamente cubana consciente de que todo se había filmado en Veracruz y en Mérida, ¿cómo lograste esa fidelidad con el paisaje cubano?

JS: Como pintor, guardo imágenes en mi cerebro. He visitado Cuba en varias ocasiones. Hace años, cuando estuve en Mérida, me acordaba de un lugar que se parecía al barrio El Vedado en La Habana. Lo busqué, porque yo había visto fotos de la embajada de Perú, y tenía en mente una casa específica. La encontré. Era perfecta. Le construí un *set* extra con entradas y puse una guagua con gente, agregando el discurso de Fidel Castro. Eso me sirvió para filmar la secuencia de la embajada de Perú en La Habana, cuando más de 10 000 cubanos buscaron asilo para huir del país. Hay personas que han creído de que se trataba de un documental original. El discurso donde aparece Castro, obviamente lo es, pero hubo discursos que tomé de libros suyos y otros lo leyeron. En un artículo del *New York Times* pensaron que la salida por el puerto de Mariel estaba mezclada con material original; yo lo reconstruí todo. En cuanto a *PM* de Orlando Jiménez Leal y Sabá Cabrera Infante, ése sí es un documental original y, por cierto, magnífico. ¿Por qué fue censurado por el régimen si es completamente inofensivo? No te lo explicas. Me gustó incluirlo al final de mi película, porque de algún modo cierra el círculo. En Veracruz, había un club náutico que utilicé en varias secuencias. Salvador Parra, el encargado del diseño de producción, es excelente para estos menesteres. Somos grandes amigos. Javier Henríquez, también. Hay tantos amigos... ¿Tú sabes que en medio de la filmación me rompí el tobillo en Veracruz y tuve que filmar con muletas y en silla de ruedas?

NA: ¿Cómo se dio la elección de los actores?

JS: Cuando elegí a Bardem, me dijeron que por su tipo fuerte de macho, no era el actor adecuado para interpretar a un homosexual. Lo mismo me pasó con mi esposa, Olatz López Garmendía, para el papel de la madre de Reinaldo. No, decían, ella tiene un tipo demasiado refinado. No va a servir, pero sabía que ella se transformaría en una guajira. Porque todo es cuestión de tener fe, confianza, cuando sabes lo que quieres. Mi hijo Vito es un actor natural; hace lo que tiene que hacer, sin afectaciones. Estoy orgulloso de su actuación. Olivier Martínez posee una cualidad protectora; supe que sería la adecuada para el personaje de Lázaro. También hizo un gran trabajo Andrea Di Stefano. En cuanto a Sean Penn y Johnny Depp, vinieron por su cuenta para brindarme apoyo. Ellos aman la libertad, les interesan personajes como Reinaldo, el arte, –tal vez por eso también se interesen por mí–. Son mis amigos. Su manera de comportarse con todos, insufló ánimo e hizo que permeara un espíritu auspicioso durante la filmación.

NA: Cuando el personaje Heberto Zorrilla Ochoa ofrece su *mea culpa* estilo staliniano, no queda claro si era el poeta Heberto Padilla o el general Arnaldo Ochoa.

JS: Ese simultaneísmo está hecho a propósito. Sí, él podía haber sido Heberto Padilla, quien por cierto acaba de fallecer, como también Arnaldo Ochoa, o el escritor Norberto Fuentes. Fue muy difícil hacer esa escena. Recuerdo cómo Ochoa y otros acusados estaban de pie durante el juicio, mostrando una especie de vergüenza. Es complicado comportarse en público cuando uno ha sido castigado y ostracizado. Creo que Michael Wincott logró proyectar muy bien ese estado de confusión.

NA: ¿Cuál fue la secuencia más difícil de la película?

JS: Ciertas cosas exigen más esfuerzo porque a veces una simple escena sentado en una sala puede presentar más desafíos y dificultades. A veces pensé que estaba presionando demasiado a Javier. Lo más difícil para mí fue eso, sentir que lo estaba empujando tan fuerte que lo podría quebrar. Deseaba cuidarlo, pero a la vez, también quería llegar hasta el final de algo. Por ejemplo, en la escena en la que él grita al cielo y está sobre unas rocas, Javier estuvo afectado después de haber hecho cuatro tomas. Me dije: olvídalo, porque si continúo, él se va a trastornar. Además, lo que ya vi en la cámara era espectacular. Cuando Reinaldo muere en la película, todos estábamos tristes. Yo andaba en pijama, Javier, también, y tirado en un sofá: ambos llorábamos. Fue patético. Era como ver nacer a Reinaldo y verlo morir. ¡Una experiencia extraordinaria! Así que en las escenas finales sólo hice una toma. Cuando él le confiesa a Lázaro: "Nunca he conocido a un ser tan auténtico como tú". Así como lo dijo, así quedó en la primera toma. Me gustó. Nuestra colaboración fue intensa: estuvimos muy unidos. Por ejemplo, queríamos intentar algo que no se había hecho antes, cuando una persona entra en prisión. Así que cuando Reinaldo caminó *non chalant*, riéndose, porque eso impresionaría a los prisioneros, ¿cómo puede lograrse eso? Es una decisión que tomas con alguien que debe tener confianza en ti. Lo sugerí, pero Javier fue capaz de seguirme. Como me siguió cuando hizo los movimientos con su cuerpo delante del guardia, o cuando está en la celda-gaveta, la solitaria, gopeándose contra el piso. Yo me metí con él, porque quise mostrarle lo aterrorizado que puede sentirse uno cuando te encierran en un espacio mínimo. Después, él me comentó que yo era un excelente actor. Nada de eso, le dije, yo no estoy actuando, lo que pasa es que sufro de claustrofobia. Así es la dirección y tú sabes qué hacer para obtener resultados.

NA: En 1987, cuando le hice una entrevista a Reinaldo, él admitió la importancia del ritmo del mar en su escritura. Me conmueve que en la película, el mar, como el lenguaje, aparece como otro personaje más.

JS: La conexión de Reinaldo con el agua es obvia. La misma isla de Cuba está rodeada de agua. Los versos de su gran poema *Mi amante el mar* se mencionan en la cinta. Si Martí quiso morir con la cara al sol, Reinaldo quería morir con la cara al mar. *Mi amante el mar me aguarda./Mi amante el mar furiosamente yergue su anhelo, y, helo ahí que/resplandece de azul para esperarme...* Pienso que ese poema es tan importante, que cuando él está en la celda solitaria recita versos de *Mi amante el mar*. Y sin embargo, antes de morir, cuando Lázaro quiere leerle versos de ese poema, Reinaldo se niega. Eso es cosa mía, como si Reinaldo se hablase a sí mismo. Entonces, Lázaro lee versos de un poema de Gutiérrez Nájera, que habla precisamente del mar. Sí, el elemento acuático es una metáfora que recorre todo el filme. Como también lo es la imagen fantasmal del exilio. El mismo deseo de Reinaldo, de que sus cenizas fueran arrojadas al mar para que ellas entraran en contacto con los cuerpos de los jóvenes, es de una pansexualidad que explicó muy bien Guillermo Cabrera Infante.

NA: En la secuencia en que dos hombres nadan de espalda, en una suerte de *ballet* y la música se escucha como distorsionada, creaste una atmósfera casi surrealista y pensaba en tu selección musical, que es soberbia, ¿fue tuya?

JS: Carter Burbell y yo decidimos la música, pero yo sabía lo que quería. En esa parte que mencionas, no quise hacer lo obvio, que hubiese sido poner una melodía cubana. Por cierto, lo hice al grabar *Ritmo Pilón* y después otra canción, pero eso sería la escena clásica de un *nite club* cubano. Por eso elegí esa música, que no está distorsionada, pertenece a Lou Reed y Laurie Anderson. Al evitar el *clisé* tuve que definir la escena como si fuera cine mudo. Quise mostrar el interior de Reinaldo (Javier) cuando descubre que él es otro más para Pepe (Di Stefano). También las personas que son promiscuas se decepcionan de una realidad concreta; y yo quería que eso saliera, con la música, a través de la película.

NA: Le comenté a Bardem su impresionante parecido con Arenas, cuando se recrea la entrevista de Jana Bokova en *Havana*, y él se deja el pelo largo, rizado. Estoy segura de que *Antes que anochezca* recibirá nominaciones para el Óscar, incluida la mejor actuación masculina para Javier Bardem.

JS: Eso esperamos.

NA: Hay una secuencia que me hizo reír: cuando una pareja mayor entra al edificio y Lázaro (Olivier Martínez) les abre la puerta, y ellos, en *yidish*, le desean un feliz año a este exiliado cubano que probablemente ni siquiera sabe del año nuevo judío. Leí *El portero* de Arenas y no recuerdo esto. Me dije: voy a releer la novela para buscar esa parte.

JS: Y no la vas a encontrar, porque ésa fue idea mía. ¿Sabes? Esa pareja es mi madre y mi padre, a quienes hice actuar en el filme.

NA: Si Schnabel tuviese la oportunidad de filmar otra novela o cuento de Arenas, ¿cuál escogería: *La vieja Rosa; Arturo, la estrella más brillante;* o *Mona*?

JS: Curioso que me menciones *Monalisa*, porque es un proyecto en el cual estamos trabajando. Hace 15 minutos, Lázaro Gómez Carriles, acaba de entregarme el guión.

**Esta entrevista tuvo lugar el domingo
5 de noviembre de 2000.**

MI AMIGO REINALDO ARENAS

Nicolás Abreu Felippe

Hay dos cosas para las que guardo siempre mis reservas de desconfianza: el ser humano y la historia. Por aquellos días no pensaba así pero ya era amigo de Rey. Yo trabajaba de *cojo* (así le llamaban a los operadores de cinematógrafos en Cuba), como suplente en los cines de La Habana. Mi tío me consiguió el puesto cuando salí con baja de loco del Servicio Militar Obligatorio. Era una panza el trabajito y le estaba agradecidísimo. Podía leer mucho. Todo consistía en montar correctamente los rollos de películas en los proyectores y hacer los cambios de un equipo a otro cuando aparecían los ponches de aviso en la pantalla. Cada rollo duraba aproximadamente diez minutos. Yo pegaba con acetona dos o tres rollos y los pasaba a una bobina de metal para alargar mis lecturas. El proceso de *embobinar*, como le llamaban los *cojos*, llevaba su tiempo, pero valía la pena. Así y todo rara vez lograba pasar una película sin interrupciones. Muchas veces, bajo el estruendo de los golpes de lunetas y los gritos de *"cojo* suelta la botella", saltaba de mi silla cuando ya pataleaba el celuloide contra la lata protectora y echaba a funcionar el otro proyector. La sangre nunca llegaba al río, sólo que a veces venía el administrador a llamarme la atención, porque yo me encabronaba y sacaba la cabeza por el hueco de proyección a decirle cuatro cosas a un espectador que seguía chillando, aún después que volvía la imagen a la pantalla. Algunos de mis libros los escribí encerrado en esas casetas de los cines de La Habana mientras proyectaba una película soviética. No se asusten. Gracias a Dios desaparecieron todos menos *En Blanco y Trocadero* y algunos capítulos de *La perlana*. Por cierto esta última le encantaba a Rey. Por esos días terminé mi libro *Los tarecos* donde cada poema llevaba el nombre de una constelación, valga decir que no se salvó ninguna. Allí, entre semana, revisaba los capítulos de mi última novela para espantárselos a Rey cuando nos viéramos en la próxima tertulia de matorral en el Parque Lenin. Aquellas reuniones empezaron para mí un día que mi hermano José, después de insistir mucho, me convenció para que le leyera mis cosas a Rey, que era un escritor de altura y rebelde para nosotros. En realidad yo escribía por competir con mis hermanos y no porque me interesara mucho la literatura. Un día específico que prometió pagarme una medianoche en el restaurante Los Galápagos, me decidí a ir. Como Rey venía de la playa el punto de encuentro era el paradero de La Víbora, frente al cine Gran Cinema, de donde salía la guagua para Calabazar. Ya estábamos allí los mismos de siempre, mis hermanos José y Juan, Luis de la Paz y yo. Estaba cansado de esperar y me senté en un muro, ya habíamos dejado pasar como cuatro ruta 88. Cuando ya estaba a punto de regresar a casa, José señaló un flaco maltrecho de pelo ensortijado y nariz de boxeador y me dijo: ahí viene. Así conocí a Rey. Caminaba como desorientado, con la cabeza un poco empinada. Antes de saludarme, cuando mi hermano me lo presentó, con los dedos abiertos como peine se alboroto más el pelo, al rato me di cuenta que era una manía. Me miró de arriba a abajo y me dio la mano. Después que sonrió me dijo: tienes que leer tú primero, ya sé que escribes de maravilla. Hasta para halagar era hiperbólico.

Nos montamos en una 88 vacía y ocupamos el asiento de atrás para nosotros. Yo tendría 17 o 18 años y estaba un poco nervioso. No era para menos, iba a leerle mis boberías a un escritor de verdad. En realidad todo el valor que tenía mi obra eran los halagos que me hacían mis hermanos, aunque en el fondo ya me creía un escritor y estaba empezando a tomarme en serio el jueguito. Nos bajamos antes de la entrada principal, cruzamos la calzada y empezó la competencia. Rey se mandó a correr. Parece que ya era costumbre y la tribu lo siguió. Me costó trabajo alcanzarlo porque corría como un animal, pero estaba incursionando en mi terreno; para correr sobre aromas, pedregales, charcos o lo que sea, búsquenme a mí. Ahogados llegamos a los matorrales, donde nos tiramos sobre la yerba todavía húmeda. Era un lugar especial, podíamos ver si se acercaba algún intruso. Leer oculto en unos matorrales era subversión a los ojos de cualquiera. Aunque siempre a la expectativa, cada cual desenfundó sus mamotretos y empezó el ataque. Todo el mundo disparó con inspiración. Rey leyó unos cantos de su novela *Otra vez el mar* que estaba reescribiendo. Como visitante me dejaron para el final y me alegré porque fui entrando en confianza. Leí unos capítulos de mi novela *En Blanco y Trocadero*. A Rey le encantó y le debo mucho a su comprensión y sus críticas siempre justas y sobre todo condescendientes. Simpatizó mucho con mi imaginación. Nunca más dejé de ir a una de esa lecturas. *En Blanco y Trocadero* se convirtió en una trilogía acompañada de *La perlana* y *Un sisí*. Fueron días fructíferos, de magia para todos, que escribíamos como locos y hasta por los codos. También, solavaya, escribí las novelas *Amén* y *El desbarajuste*, un libro de cuentos que se llamaba *Las ratas* y un cuento largo titulado *Pedrito echapalante*. Todavía no puedo explicarme cómo podíamos soportar aquellas palizas que nos dábamos de lecturas. Con *La perlana* se morían de la risa, pero con el tiempo se convirtió en una amenaza porque era una novela interminable. Ya cuando decía que iba a leer un capítulo de la misma mis contrincantes huían a toda carrera. Me sirvió de mucho, sobre todo con mis hermanos, para salvarme de las torturas de sus poemas, les decía que yo los escuchaba a cambio de que oyeran lo último de *La perlana*. Nunca aceptaron el reto. En realidad era mucho, cualquiera de nosotros era capaz de terminar un libro en unas horas.

Eso sí, a todo el mundo le encantaba oír leer a Rey, leía lindo, le daba un encanto a las palabras que te hacía sentir las vibraciones y el ritmo de las frases como él quería. Parecía cantar con aquella pronunciación suave y pausada que tenía.

Después de cada lectura nos quedábamos un rato hablando de los nuevos proyectos y nos hacíamos críticas severas pero constructivas. En esas tertulias de matorral aprendí a decirle sin reparos, a cualquiera que me pida una opinión, si es una mierda lo que me ha dado a leer. También hacíamos intercambios de libros, Rey siempre nos sorprendía con algo imposible de conseguir. Algunos, fácilmente, podían costar 10 años de cárcel si te sorprendía la policía con uno de ellos. Un día de mi cumpleaños me regaló, dedicados y todo, *Sodoma y Gomorra* de Proust y *Poesía completa* de Jorge L. Borges. Andan por Cuba. A veces en la exaltación, se nos escapaban ideas que otro aprovechaba. Rey era un rey en eso. Raptaba la idea con su estilo y la hacía suya sin remedios. Dios sabe lo que hace. Él por su cuenta nos llamaba las hermanas Brontë y nosotros por la nuestra le decíamos la Esponja.

A principio de la década de los setenta Rey se enfermó. Le diagnosticaron meningitis y a correr se ha dicho. Pensó que se iba a morir y escribía como un mulo. Había instalado un rollo de papel a la máquina de escribir, porque no consiguió hojas, y arremetía todos los días contra el teclado escribiendo *El asalto*. Le pusimos a aquel rollo *el papiro* y nos moríamos de la risa cuando sacaba el pliego interminable y se ponía leer. Es muy cómodo, no pierdo tiempo cambiando hojas, decía.

Unos amigos franceses, cuando se enteraron de su enfermedad, le mandaron penicilina que le decomisó el gobierno. José le consiguió antibióticos en el hospital y mi madre lo inyectaba semanalmente. Más tarde, un segundo envío se manejó para que lo recibiera personalmente y se hizo de una penicilina muy fuerte. Había que pincharlo al lado de la cama, para que se derrengara sobre el colchón cuando recibía el millón quinientos mil de penicilina. A ver mi hijo, no te pongas tenso que jorobas la aguja, le decía mima, y fuácata le metía el pinchazo. Era una experta tirando la jeringuilla. En una de las visitas me dijo que pasara por su casa para devolverme *Pedrito echapalante* que le había dado para que me lo revisara y que tenía que hablar conmigo.

Una mañana me levanté temprano, me monté en una 100 vacía y me fui a verlo a la playa. Como de costumbre le tiré una piedra a la ventana de su cuarto para avisarle que estaba allí. Se asomó soñoliento y me dijo que bajaba enseguida. Era una mañana linda y muy rico el olor que llegaba con la brisa del mar que se agitaba a unos metros. La chismosa de la tía ya se había parapetado y espiaba por entre las persianas. No tardó mucho por suerte. Cuando íbamos camino del Patricio Lumumba, nombre con el que bautizó la revolución un antiguo círculo privado que había en las playas de Marianao, me entregó el cuento y me dijo que le había gustado mucho. *Pedrito echapalante,* trataba de un fanático personaje revolucionario que como buen esclavo cumplía con todo lo que el régimen le pedía por el bien de su país. Fidel Castro desaparece y Cuba vuelve a ser lo que fue, una isla libre. El tarado Pedrito no podía aceptar el cambio y se aferra a sus diplomas y su televisor ruso. La sociedad lo acorrala, pero no se atreve a integrarse al progreso, por lo que comienza a planear, rodeado de todos sus diplomas y medallas, como tumbar al nuevo gobierno.

Fuimos directo para la cafetería, compramos croquetas al plato, guachipupa para desprenderlas del cielo de la boca y nos fuimos a sentar a una mesa, pegada a los ventanales desde donde veíamos la playa y a la gente tirándose desde el puente de madera al agua cristalina. Rey me dijo que estaba metido en un lío y que necesitaba que lo ayudara porque le podía costar caro. No se veía nervioso, tenía un temple del carajo. Me dijo que unos muchachos habían tratado de robarles sus pertenencias a él y a otro amigo en la playa de Guanabo, pero que cuando vino la policía, los delicuentes se defendieron diciendo que los dos habían tratado de violarlos. Me explicó que la policía la emprendió rápidamente contra ellos porque los jóvenes eran *camilitos* (así le decían a los niños que ingresaban a la escuela militar Camilo Cienfuegos), y que ahora tenían que enfrentarse a un juicio. Yo le dije que contara conmigo y me dio a conocer el plan que tenía para que yo sirviera de testigo, que no había problema, que todo estaba consultado con su abogado. Lo único que yo tenía que hacer era decir en el juicio que yo estaba también en Guanabo ese día y que por casualidad vi la trifulca cuando ellos se defendían de los *camilitos* que trataban de robarles. Quedamos en vernos en una semana allí mismo para que conociera a Coco, el otro que había participado del bochinche. Por último me dijo que no se lo dijera a nadie. Después caminamos por la playa conversando de literatura y como siempre del día en que pudiéramos largarnos de aquella isla. Qué inocentes estábamos, Rey en esos instantes camino a su cuarto, y yo, sentado en la ventanilla de una ruta 100, del despelote que se avecinaba.

La verdad es que no le di mucha importancia al asunto. Creía que iba hacerle un favor a mi amigo, que se lo merecía, sin mayores complicaciones. Más bien me sentía orgulloso de poder ayudarlo. Nunca pensé, que un problema como aquél, que sucedía todos los días en cualquier lugar de La Habana, pudiera perjudicarme.

Días después, Rey y Coco ya me estaban esperando en la entrada del Patricio cuando llegué. Rey me lo presentó y fuimos directo a un bote de madera que ya tenían alquilado. Es mejor hablar mar afuera, quién sabe si por casualidad vamos a parar al otro lado, dijo Rey en broma. Me explicó que su amigo estaba ya al tanto de todo, pero que era importante que nos conociéramos. Rey y yo estábamos en trusa, pero Coco iba disfrazado de pepillo, con pitusa, camisa extranjera y gafas oscuras. Desde el principio me pareció un tipo raro, tengo ojo clínico para los policías. Nos montamos en el bote, zafé las amarras y salimos. Allí junto al muro estaba como siempre la mancha milenaria de manjúas. Remábamos Rey y yo. Coco iba sentado mirándonos remar como todo un mamalón, dándosela de tipo importante. Por el muelle iban unas jovencitas y Rey les grito: si son putas que vengan. Dos se tiraron y sofocadas regresaron a la orilla porque no pudieron alcanzar el bote. Rey aceleró el movimiento de los remos gritando a su vez, "huyamos". Cuando pasamos el faro, que ya no era faro sino trampolín de donde se tiraban los güevones que se la daban de clavadistas, el mar se agitó y el azul se hizo más oscuro. Nos costó esfuerzo y tiempo alejarnos trecientos metros de la costa. Así, lejos de la orilla, siempre bullía en mi mente la idea de huir. Pero número uno, en aquel bote era imposible, y número dos, estábamos vigilados. En realidad no hablamos mucho, boberías más bien, ya Coco sabía que yo iba a ser testigo en el juicio para ayudar a sacarlos de la candela en que estaban metidos. Pero a mí aquel amiguito de Rey me inspiraba mucha desconfianza. Varias veces lo sorprendí bajándose las gafas para mirarme al rostro, parece que quería llevarse una imagen más clara. Nos dimos un chapuzón mar afuera, el mamalón miraba como nos sumergíamos y nos gritaba que no nos alejáramos mucho que él no sabía remar. Después regresamos. En un momento que estuvimos solos le comenté a mi amigo que Coco me parecía policía. Rey confiado me contestó que lo que era imbécil. A fin de cuentas, Rey y yo no volvimos a vernos en largo tiempo ni tampoco pude hacer mi papel de testigo para defenderlo.

Los días pasaron y yo estaba leyendo muy tranquilo en la caseta del cine Dora cuando me llamó el administrador y me dijo que alguien quería verme, le pedí que lo dejara subir. Al minuto se apareció un personaje que se me identificó con el aterrorizador carnet de la Seguridad del Estado. Me dijo que se llamaba Víctor. Ahí empezó todo. Rey estaba huyendo y lo buscaban por toda la isla. Al principio el "seguroso" me trató bien buscando mi colaboración. Me preguntó que si yo sabía dónde estaba oculto Rey y por su novela *Otra vez el mar*, que si la conocía. Que lo buscaban por contrarrevolucionario. Yo por supuesto, haciéndome el loco, le contesté a todo que no. Al final me dijo que si trataba de contactar conmigo me comunicara con él y me dio un teléfono. Cuando Víctor se fue, las patas me temblaban y estaba blanco como la pared. Tenía que llegar a la casa, mi temor era que ya la hubieran asaltado por sorpresa y encontrado todos los libros de Rey y de nosotros. Cuando se acabó la función, tratando de guardar la calma, porque sabía que me estaban vigilando, salí rumbo a mi casa. Era un mazo de nervios, la ciudad parecía derrumbarse sobre mí.

Las cuatro cuadras, de donde me dejaba la guagua a mi casa, fueron interminables. Cuando quité el pestillo de la puerta y la abrí, al primero que vi fue a José, Juan no estaba en la casa todavía. Lo metí en el cuarto y le conté todo, ahí se desayunó que yo iba a servir de testigo en el juicio y todo lo demás. No me reprochó nada, lo único que me dijo fue que había que esconder todos los manuscritos, antes de que la seguridad abordara la casa para registrarla. Cuando Juan llegó ya teníamos una fogata en la cocina dentro del latón de basura quemando todas las copias innecesarias, tratando de reducir un poco la loma de manuscritos. Algunas cosas muy comprometedoras se convirtieron en cenizas. Lo único que se acordó proteger fue la obra de Rey. Inmediatamente creamos planes para ponerla a buen recaudo en casas de amigos de confianza. Esa noche no dormimos quemando papeles y planificando dónde íbamos a meter las copias que sobrevivieron. Envolvimos muchas en *nylons* y las enterramos en el patio. Ahí con la humedad fue donde se deterioraron, gracias a Dios, las únicas copias que quedaron de mis libros y que después reescribí uno por uno, para que volvieran a desaparecer. Como yo era el más vigilado hasta el momento, me iba de la casa arrastrando con todos los policías y mis hermanos aprovechaban para llevar los paquetes de manuscritos a diferentes puntos. Decidimos repartirnos la información de los escondites, pensando siempre que alguno podía caer preso y ser presionado a hablar. Todos sabíamos de las más sofisticadas torturas que empleaba la Seguridad del Estado para que los prisioneros lo vomitaran todo. Días nos costó sacar de la casa lo que podría comprometernos. Luis cargó con una jaba llena de libros que escondió en casa de una tía, sin que se diera por enterada. A todas estas mis padres estaban ajenos a lo que estaba sucediendo.

    La seguridad empezó a interrogarme con más violencia. Apareció Saúl, un tipo agresivo que por sus modales se veía que no creía ni en su madre. Me acosaban en todos los cines que iba a trabajar, tratando de encontrar información del paradero de Rey. Llegaron a decirme que yo sabía donde estaba oculto y que me habían visto cuando escondía el manuscrito de *Otra vez el mar*, detrás del librero que teníamos en la sala de la casa. Que si no colaboraba iba a terminar en la cárcel con él. Me mandaron a Delfín, que estaba preso en esos momentos, al cine para preguntarme por Rey. Había que ser un imbécil para no darse cuenta que aquello era una trampa. La cara de Delfín lo decía todo. Como Víctor y Saúl me habían encomendado la tarea de avisarles si cualquiera iba a preguntarme por Rey, lo retuve casi a la fuerza y los llamé por teléfono. Como era de esperar, me dijeron que lo dejara ir, que no me preocupara, que ya ellos tenían eso bajo control. La cosa se fue poniendo fea. Rey seguía huyendo y la seguridad, altanera al fin, perdía la paciencia. Me encerraron en un VW con cuatro agentes. Ese día me sacudieron fuerte. Saúl me tiró unos manotazos y gritó "cojones" con tal fuerza, con tal brío, que por nada se ahoga, luego dijo a Víctor, que estaba al timón, que le diera para Villa Marista a ver si iba a vomitarlo todo o no. Allí en la acera, frente al tenebroso edificio, me dejaron botado cuando, no sé ni cómo, dentro de mi apendejamiento, les hice creer que no sabía nada.

    A todas estas Rey trataba de huir de Cuba en una cámara de goma, la corriente lo llevó de nuevo a la orilla sediento y hambriento. Ya en tierra se escabulló montando trenes de carga y pidiendo botellas. A esas horas era buscado por toda la isla. Llegó a Oriente y se comunicó con su madre. Le pidió que fuera a La Habana y que hiciera contacto con nosotros y que me dijera que le echara la culpa a él de todo para que la policía me dejara tranquilo. Eso mismo pretendía hacer Rey si lo cogían vivo. Su madre se apareció en mi casa con un mensaje de Rey. Había decidido esconderse en el Parque Lenin. Deja claro en la nota el día y la hora en que se encontraría con uno de nosotros en el anfiteatro. Recuerden que el Parque nos lo conocíamos de memoria. Nunca supimos cómo la policía no vio a la madre de Rey ir a mi casa porque en esos momentos ya estaba completamente vigilada día y noche. Una pobre madre, agobiada, confusa, tratando de ayudar a su hijo. Desde la ventana, a medianoche, veíamos un policía sentado en una piedra inmensa que había en la otra acera. Los nervios se me querían reventar. Yo a cada rato iba al altar y rezaba a mi manera, parece que funcionó.

A pesar de que yo les decía que no quería que se enterara mi familia de lo que estaba pasando, en uno de los martirizantes interrogatorios que me hacían Saúl y Víctor, cansados ya porque no le daba información, decidieron acosar a José y fueron conmigo a la escuela de enfermeras donde mi hermano era profesor de matemáticas. Tu hermano fue el primero que lo conoció, pues que hable él, me decían.

Mi hermano se hizo el desentendido, más bien el loco, que no era muy difícil tampoco en los momentos que estábamos viviendo, cuando Saúl fue y lo sacó del aula. Me miraba a la cara compungida y me decía, fingiendo asombro, que cómo era posible que yo estuviese en ese problema y no le hubiera dicho nada. En esos momentos me estaba cagando, pero hoy con mucha alegría pienso, que todos aquellos segurosos eran unos comemierdas. A partir de ese instante descansé un poco, porque alternaban los interrogatorios con mi hermano. Lo llevaron hasta la tabla, lo acosaban donde quiera. Una vez lo soltaron en una esquina y le gritaron que a ellos no les importaba otro caso Padilla.

Mi hermano Juan estaba en trámites de matrimonio y eso lo salvó un poco, por lo menos no lo molestaron con los interrogatorios. Ya le habíamos dado las características físicas de Saúl y Víctor, por si acaso, ya que él no los había visto nunca. Una sola vez Víctor me preguntó si Juan sabía del paradero de Rey, yo le dije que estaba en el lío del casamiento. Que conste que me puse un poco nervioso porque cuando indagó por Juan tenía una foto en la mano, que resultó ser Cortés, el responsable de que Rey tuviera que reescribir *Otra vez el mar*, personaje repulsivo que odiaba con muchas ganas.

Como Juan era el menos vigilado, se ocupaba de encontrarse con Rey en el Parque Lenin y le llevaba comida, dinero y libros. Antes de que Juan se moviera, salíamos José y yo por diferentes caminos arrastrando a los policías que vigilaban la casa. En estos planes colaboraban mis padres y mi hermana aunque ellos estaban inocentes de su papel. A pesar de toda esta vigilancia José, para aliviar un poco a Juan de la presión, fue varias veces y le llevó vino de arroz para que se calentara por las noches y un pomo de pastillas que Rey pidió para tomárselas si se veía acorralado.

A todas estas Rey ya tenía hecho contacto en el extranjero para que lo sacaran de Cuba. El punto de contacto en caso de que estuviera fugitivo éramos nosotros. Como si fuera poco ya lo que estábamos pasando, bajo acoso absoluto se aparece un francés en la casa con un pomito de medicina en la mano, es decir la contraseña adecuada. José lo recibió. Cuando vio aquello por nada le da un ataque. Lo metió en el cuarto y lo interrogó hasta hacerlo sudar. El francés lió cigarrillos para los dos y el olor sabroso de la picadura hizo confiar un poco más a mi hermano. Dudamos hasta que Juan se entrevistó con Rey a toda carrera y éste confirmó las contraseñas que traía, un libro y un pomo de medicinas. José lo sacó de la casa, después que fijó un lugar en La Habana Vieja, donde uno de nosotros se encontraría con él y lo llevaría al escondite de Rey. Nada iba a poder hacer porque le habían decomisado el bote velero que traía donde pretendía cruzar el estrecho de la Florida con mi amigo. El personaje era un aventurero de película, tenía oficio y experiencia. Se imaginan qué hubiera pasado si nos sorprenden con el hombre. Pero los segurosos inconcebiblemente no vieron nada. Parece que seguían funcionando mis rezos frente al altar de mi madre.

Juan fue el encargado de recoger a Joris, así se llamaba el francés. Se entrevistó con él en la caseta del cine Novedades donde trabajaba Bernardo, un *cojo* como yo, de mucha confianza para la familia. Después de muchas peripecias, caminatas y múltiples abordajes de guaguas repletas lo llevó al Parque Lenin a encontrarse con Rey. Fue como si le hubieran echado un jarro de agua fría por la cabeza, cuando supo que se habían caído los planes de fuga. Sin más remedio Rey le dio un S.O.S. para que lo sacara de Cuba dirigido a la Cruz Roja Internacional, a la ONU y a la UNESCO, denunciando su persecución. También cargó con dos manuscritos de mis hermanos. El francés se fue sin Rey. Tal vez mi amigo pensó que el fin estaba cerca, en aquella cloaca, donde se escondía, y empezó a escribir su autobiografía titulada *Antes que anochezca*, sencillamente porque tenía que hacerlo antes de que cayera la noche.

Mientras todo esto pasaba me citaron a juicio a pesar de que Rey seguía huyendo. El papelucho traía una nota al pie que decía: "apercibido de ser conducido si no comparece". Fui con José y allí me encontré con Coco que, insistentemente, me preguntaba si había visto a Rey. Trataba de cogerme, el cabrón, de atrás para alante dándome fechas equivocadas. Yo lo que tenía ganas era de entrarle a patatas al mamalón allí mismo.

Rey huyendo y él ahí como si nada, se suponía que debía estar preso. Por eso sigo pensando que era policía y cómplice de toda aquella bachata preparada para encarcelar a Rey. Siempre suspendían el juicio y me decían que esperara por una nueva citación. Cuando capturaron a Rey, que se celebró de verdad el juicio, a mí no me citaron. Rey fue para el Morro a cumplir los años que le metieron por la cabeza.

Mi hermano se casó bajo una estrecha vigilancia de la Seguridad del Estado que pensaban que Rey estaba invitado a la boda. En esos momento yo sé que Rey se escondía en un desagüe, con frío, hambre y destruido.

Los nervios nos iban consumiendo y todos bajamos de peso. El francés mandó una postal desde México que significaba que había salido de Cuba sin problemas y con los manuscritos. Yo seguía yendo a rezar o hacer promesas frente al altar. Una mañana un vecino nos comentó que no se podía ir a Calabazar porque tenían el Parque Lenin rodeado, tratando de capturar a un prófugo muy peligroso. José se fue, con el fin de acercarse al lugar y tratar de conseguir información. Yo estaba tirado en la cama cuando regresó y me dijo a rajatabla que habían capturado a Rey. Más tarde nos enteramos que cuando se supo rodeado se tomó las pastillas y se sentó en una piedra a leer. Los perros entrenados se lo querían comer. No me moví de mi cama de madera, sentía las cucarachas cuchichear bajo el colchón. Miré hacia el altar y me cagué en Dios, luego me tapé la cabeza con la colcha y lloré.

Esto es parte de una historia, como fue, no como a mí me hubiera gustado que hubiese sido. Te lo agradezco Rey, ya que todavía puedo. ¿Quieres que te lea un capítulo de *La perlana*?

Enero y 2001

REINALDO ARENAS, LAS CUCARACHAS Y YO

Héctor Santiago

Como escribano interesado en la Historia siempre me he acercado a figuras como Sor Juana Inés de la Cruz, Julia de Burgos, Concha Urquiza, Gertrudis Gómez de Avellaneda, José Martí y otros, de los cuales el mito, la distancia histórica, los intereses religiosos, el orgullo nacional y los distintos ángulos con que los han mirado, han creado no una figura monolítica sino tantas como interpretaciones e intereses existan. Eso sucede con todos los Reinaldos Arenas que han sido para tantos; para enemigos, detractores, amigos y los que al no conocerlo tratan de reinterpretarlo. En verdad nadie es unidimensional, pues lo que damos a unos quitamos a otros, dejamos entrar a quien pensamos se lo ha ganado y dejamos fuera a los que desdeñamos, amamos a unos y odiamos a otros. Quizás estos polarismos forman mucho de la psiquis del cubano; caja de Pandora para tantos. En una reunión he oído hablar de tantos Reinaldos Arenas que a veces he creído que en realidad no lo conocí nunca. Puede ser esto también característica de los escritores cubanos; pues así me parece haber conocido a distintos Guillenes, Carpentieres, Lezamas, Virgilios Piñeras, Gastones Baqueros y otros, que solían cada vez sacar de sus juegos diarios una faceta nueva.

Y queda la posibilidad de que sea un elemento común en el paradiso de las grandes locas escritores, que como un ciclón han hecho valer su peculiar visión homosexual desde que comenzaron a brillar sin recato en las letras cubanas, desde la década del 40 hasta hoy.

Está Reinaldo Arenas el escritor que ya tantos estudios al fin comienza a generar tras un largo período de ostracismo académico por consideraciones políticas, está el público disidente que tantos silencios y ataques le costó en vida, está la loca desenfadada y quevediana que le pone los pelos de punta a los moralistas del exilio, está el difamador que con tal de hacer valer su punto de vista torcía la verdad para hacerla su verdad, estaba el jocoso cubano de lengua diestra y barroca, el excelente estudioso de nuestra literatura, el amigo fiel, el indomable amante de la libertad, el adolorido exiliado, el que hablaba sin antes pensar en las consecuencias, la loca que nada respetaba pues a él nada le habían respetado, el aterrado enfermo de SIDA enfrentado a su mortalidad, el que en el sexo se reafirmaba y combatía la hipocresía de los machos en su cama hoy y mañana tirándole la piedra, el que tenía una visión muy personal de la religión –creo que fuertemente influenciada por el ateísmo de Virgilio Piñera y el saber que el Dios oficial lo rechazaba–, estaba el cubano que contaba angustiado los días del exilio, el que anduvo entre rencores y ácidos al saberse marcado por la muerte y usó eso como licencia para empuñar el látigo, ahora el de la película de Schnabel, y estaba... el que cada uno creía que era.

De todos éstos yo pudiera hablar un poco, pero entonces dejaría a tantos sin poder hacerlo también. Juntos compartimos lo que llamaba el Infierno: la estancia en Cuba; me perdí el Purgatorio: Miami; recuperamos el tiempo perdido en el ganado Limbo: New York; y por último –si como dicen los católicos que el sufrir vale un punto– vivimos en carne propia la plaga que definitivamente le concedió el Paraíso. Con un hombre con tantas facetas como una preciosa gema es bien difícil escoger de cuál de ellas se va a hablar, aunque al final yo prefiero recordar al ser humano que corre el peligro de ser enmascarado por el mito. De todo lo que pudiera contar voy a escoger sólo un incidente cotidiano que compartimos en el Infierno, y que recordamos muchos años después en su apartamento a escazos bloques del mío en New York, cuando le presté un libro –creo que *"FINAL EXIT"*– sobre la eutanasia y sus distintos métodos, en los momentos en que la plaga sólo significaba una horrible muerte, y finalmente con gran sentido del humor discutimos las pastillas de dormir con vodka y la final bolsa plástica en la cabeza que llamó: "Comprar un melón en el supermercado". En medio de ese cantinflesco estilo con que hablamos los cubanos, no terminando un tema, interrumpiéndonos, pasando a otro, o retomándolo media hora después, no sé cómo resurgió aquella noche en la heladería Coppelia, cuando la policía irrumpió en uno de sus raids persiguiendo a todos los que no conformaran la imagen revolucionaria-conservadora del Hombre Nuevo guevarista, en especial los jóvenes "apáticos" al Sistema –léase pelos largos, pantalones estrechos, mini faldas, discos de los Beatles en mano– y por supuesto el objeto preferido del odio nacional: los homosexuales.

Una pobre loca que trabajaba en Coppelia remitido por el Ministerio de Trabajo, pues había sido depurado de su cargo de maestro –para evitar que "contaminara" a sus alumnos–, y que nos conocía, se acercó muy discretamente a nuestra mesa donde saboreábamos un helado de fresa –sin chocolate– y nos anunció que el Administrador había recibido la noticia de la policía de que iban a "recoger" y había dado la orden a los empleados de que retrasaran al trabajo para que las colas fueran más largas y hubieran más "antisociales", además de poder parquear los carros policiacos en las cuatro calles que rodeaban a Coppelia: 23, 21, L y K, y los chóferes de los ómnibus que pasaban por la zona –por miedo o con órdenes– no se detenían en esos sitios a recoger a nadie. Algunas veces los Jóvenes Comunistas de la Universidad de La Habana brindaban su apoyo para evitar que nadie escapara corriendo de la zona de seguridad, al igual que los milicianos de los estudios de televisión de la CMQ, donde más de un rostro ahora exiliado en Miami vi personalmente... pero que los juzgue el Diablo.

Cuando las "recogidas" comenzaron en la etapa "pre UMAP", alguien se allegaba a uno y discretamente pedían que los acompañaran a un salón habilitado en Coppelia donde iban reteniendo la "carga" hasta la transportación y acusación por "ostentación pública" en las estaciones de Policía, pero ya una vez que se logró el consenso de la población para la guerra contra los "elementos antisociales", se abrieron los campos de concentración de la UMAP, los actos de repudio en la Universidad y negarle el título de graduación a los acusados, las "depuraciones" en los trabajos y la "parametración" del movimiento cultural cubano, las "recogidas" cobraron su definitivo aspecto de brutalidad policiaca donde el régimen mostró abiertamente su carácter represivo sin tratar de enmascararlo: te paraban donde quiera a pedirte el carnet de identidad, la policía entraba en los teatros, esperaba a la salida de los cines, "peinaba" las playas de La Concha, Santa María, Guanabo, el Paseo del Prado, el malecón y toda el área de La Rampa y los Portales del Louvre, se hicieron redadas masivas como la del hotel Capri donde cayeron presos más de mil personas que fueron enviadas sin delito alguno para las granjas de trabajo obligatorio, y todo eso acompañado de insultos, golpes, falsas acusaciones, juicios populares en plena calle, despidos de trabajos y el aplauso general de todos...

Tarde llegó la loca a anunciarnos el eminente aquelarre, o nos quedamos decididos a terminar el helado, no recuerdo, el caso fue que de pronto con criolla algarabía se oyeron gritos de: "¡Recogida!" "¡La policía!", cayeron mesas al piso, volaron los helados, se empujaron a los empleados, se desbandaron las colas y por todas partes se veían cuerpos aterrados saltando, corriendo, buscando un escondite, seguidos por la policía, apoyados por la indiferencia de todos, algunos aplausos y muchas risas. No recuerdo con la adrenalina en su punto y el terror cómo de pronto Reinaldo y yo nos vimos metiéndonos por un pasadizo entre una casa y el restaurant "La Carreta" en la esquina de K y 21, aplastando matas de un jardín, saltando verjas y saliendo a un patio lleno de alborotos de gallinas, maullidos de gatos, perros huyendo y una mulata anciana que salió a averiguar y se topó con nosotros. Años después Reinaldo y yo recordamos aquel momento en que paralizados los tres nos mirábamos congelados, y tal sería el espanto de nuestros rostros, o sería la anciana ya "veterana" en esos incidentes viviendo frente a Coppelia, que sin decir palabra alguna nos señaló en la oscuridad, al final de su patio, una pequeña cerca que daba a un pasillo que bordeaba otra casa y salía casi a la esquina de 21 y J; ocasión que por supuesto no desperdiciamos y salimos corriendo como alma que lleva al barbudo, mientras detrás de nosotros se debilitaban los gritos, ruidos, insultos y risas.

Correr, escapar, era nuestra única meta, y no hubo obstáculo que lo impidiera, tirándonos delante del tráfico, empujando gentes, zigzagueando, sin ni siquiera razonarlo, sólo por intuición poniendo la mayor distancia entre nosotros y la maldita Coppelia. Finalmente nos detuvimos en el parque "Gonzalo de Quesada" de la calle Calzada que quedaba a un costado del Lyceum y opuesto a la cafetería El Carmelo y la Misón Cubana ante la UNESCO y donde estaba la Fuente de Neptuno. En la esquina opuesta en la calle C, había una bodega en una vieja casa colonial con un portal completamente a oscuras y lleno de cajas. A toda prisa levantamos una muralla con aquellas cajas y nos escondimos detrás, sudorosos, tratando de retomar el aliento, prestos a ruidos, finalmente el pánico comenzó a dejar paso al cansancio, el terror moderado, y la pequeña ilusión de que quizás al menos por esa ocasión nos habíamos salvado: teníamos que esperar a que pasaran las horas y tratar de coger el ómnibus de la madrugada de la ruta 2 que nos acercara a Centro Habana y deslizándonos en la noche llegar a nuestras casas, o si no caminar por las oscuridades, matar el tiempo era lo esencial y sin hablar decidimos que nos salvara.

De pronto cerca de nosotros, alumbrada por el reflejo de la luz del poste de la esquina, apareció una de aquellas gigantescas cucarachas cubanas, prietas, voladoras, que tanto asco han producido y aterrorizado a nuestras madres criollas. Con una mezcla de todo eso la miramos en suspenso, esperando a reaccionar cuando tuviéramos la certeza de su trayectoria, pero ni que la cucaracha fuera psíquica enfiló directo hacia nosotros. Aterrado me quité el zapato listo a volverla pulpa, calculando el tenerla bien cerca para darle el certero y mortal zapatazo, y ya cerca lo alcé... Entonces Reinaldo me detuvo el brazo, lo miré; con aquellos ojos profundos y gitanos que tenía, con una luz iluminadamente humana y tierna, viendo mi natural asombro, me dijo: "Nosotros somos como las cucarachas. También estamos sobreviviendo". Eso nos lo había dicho alguien en la Playita 16 y yo lo había olvidado, pero en aquel contexto, con la humanidad que me lo dijo, yo sentí dentro de mí esa iluminación que dice Buda a veces se nos regala, y en ese momento lo entendí todo; el proyecto de exterminarnos por ser distintos, el odio, la represión... y la también habilidad de sobrevivir a través de los siglos a todos los espantos y proclamar nuestro derecho a ser como somos... Bajé el zapato, Reinaldo me sonrió y la cucaracha sintiendo que el asco había dejado paso a la solidaridad del amor y el respeto por su cuerpo negruzco, cruzó entre nuestros pies y muy oronda se perdió en las tinieblas... Esa experiencia la compartí por primera vez fuera de nosotros cuando se la conté a Schnabel en los albores de preparar su película, y ahora la comparto con tantos. De ese incidente surgió hace poco una novela, pero no quiero hablar de mí... Quiero hablar del Reinaldo Arenas que esa noche me hizo comprender tantas cosas...

REINALDO ARENAS: EL BRILLO DE LA GLORIA

Esteban Luis Cárdenas

Prolegómeno breve

Lo que sigue no tiene nada que ver con la obra de Arenas; por supuesto, me refiero a esta rápida y colateral introducción. Esto es sólo un curioso detalle, del que tuve información anterior, a lo que sobre mi colega y su pluma anotaré.

Lo que apunto a modo subsiguiente, lo escuché el 26 de diciembre en un programa, que se transmite cada tarde, de lunes a viernes, por la radio de Miami y, según las encuestas serias, el mencionado espacio, tiene muchísima audiencia hispana (grande), particularmente cubana.

El invitado esta vez fue Roberto Luque Escalona, periodista al que no conozco y que ni siquiera he visto nunca, pero que algunos amigos me han asegurado, que es uno de los tantos resentidos, producto de la realidad socio-política del castrismo. De todos modos, yo no lo conozco, ni me interesa hacerlo. Sus artículos aparecen, a veces, con extrañas apreciaciones, en algún periódico local.

Esa tarde Escalona --idéntico a un añejo fiscal–, expuso su acusación sobre las más nítidas expresiones del *Mal* en Cuba, incluyendo, para ello, el tiempo bajo la dictadura de Fulgencio Batista (1952-1958), y la tiranía de Fidel Castro (1959-?).

Luque Escalona estableció, que esa definición expresiva del *Mal cubano*, se podía ver, claramente, en tres figuras públicas: el general Arnaldo Ochoa, militar graduado como uno de los primeros expedientes en Frunze, la Academia de Inteligencia –espionaje– de la Unión Soviética, que se cuenta entre las más importantes del pasado siglo. El general Ochoa fue el encargado principal, durante un par de décadas, de proyectar al castrismo –su versión militar ingerencista– por Asia, África y América Latina. En verdad, este General se distinguió por ser el responsable directo de miles de muertes en los tres continentes y, al final, como ha sucedido tantas veces, en 1989 fue fusilado en Cuba por órdenes directas de Fidel Castro, junto a otros altos oficiales militares de la tiranía.

Rolando Manferrer, quien fuera un extraño político cubano, jefe de la organización, *Los tigres de Manferrer* (mafia-policiaca, durante la dictadura de Batista sinónimo hoy en Cuba, del Departamento Técnico de Investigaciones (DTI) y del Departamento de Seguridad del Estado (DSE); la otra figura en la lista de Luque Escalona, es el escritor Reinaldo Arenas, muerto también, hace diez años en Nueva York.

De acuerdo a la evaluación de este ambiguo periodista, según él mismo, anticastrista, el peor de los tres y, por tanto, la más definida manifestación del *Mal en Cuba*, fue la del autor de *El mundo alucinante*.

Debo señalar que también se refirió a Virgilio Piñera pero, al autor de la pieza dramática *Dos viejos pánicos*, y de *Cuentos fríos*, lo redujo, simplemente, a que fue "una crápula", además de un pésimo escritor.

I

La última vez que vi a Reinaldo Arenas con vida fue aquí en Miami, exactamente a fines de los años 80. Comienzo por aclarar, que estos son recuerdos y sentimientos bien personales –con la mayor objetividad posible– y, además, ocurrió porque él (Arenas) y Carlos Victoria, elaboraron lo equivalente a *una trama,* para eliminar de mi cabeza los rumores, que hasta a mí habían llegado, de que mi entrañable amigo, residente en Nueva York, estaba afectado con el mortal virus del Sida. Fue un andamiaje perfecto el que montaron los dos amigos, con razón magníficos novelistas.

Primero estuvo la apariencia física de Reinaldo, alguien al que yo conocía desde hacía mucho tiempo y que no parecía estar afectado por ninguna enfermedad, ni siquiera por la gripe. Claro, el detalle residía en que yo era, entonces, un perfecto neófito, que pudiera imaginar o saber, que el Sida, durante un tiempo puede estar, perfectamente, enmascarado. En fin... Almorzamos en un restaurante, especializado en hacer algunos platos de la histórica "comida cubana".

Aquella fue una tarde, realmente, mágica.

Nos fuimos los tres, en el auto de Carlos, a las cercanías de una preciosa parte de Miami Beach, hacia la calle ochenta y tanto. Estuvimos allí, en un alomado paraje, montado sobre roca y granito, junto al delicioso ruido del mar al rebotar su oleaje contra todo el engranaje.

Carlos Victoria –sin que yo percibiera en él, un sólo titubeo–, procedió a leernos parte (quizás entero) del capítulo diez de su novela –en aquel entonces inédita–, *La travesía secreta.* Conquistaron, de modo magistral, lo que se habían propuesto. Tuvieron, conmigo, un éxito rotundo.

II

La memoria, con mi permiso, revuela hacia La Habana, Cuba, 35 años atrás. Esto sucede porque acabo de leerme, en verdad, la primera novela de Reinado Arenas, *Celestino antes del alba,* que le fuese publicada cuando era un jovenzuelo de sólo 22 años, porque había obtenido la primera mención en el concurso nacional de literatura, de la Unión de Escritores y Artistas de Cuba (UNEAC).

Irónicamente, ese año 1965, uno de los jurados para el premio de novela, fue nada menos, que Alejo Carpentier y el premio, le fue concedido a Ezequiel Vieta, por una novela (más bien una ofensa a toda la literatura) titulada: *Vivir en Candonga.*

En 1966, en medio de la Conferencia Tricontinental, que se celebra en La Habana, yo soy expulsado de la universidad, en donde hacía la carrera de Historia Universal, por expresar ideas antisoviéticas. Dejé la beca, en la que llevaba tres años, realmente, derrotado, a pesar de que, por otra parte, seguía con la convicción de que mis ideas eran ciertas. Ello, por supuesto, estaba relacionado con que era un joven de sólo 21 años. Con la ayuda de mis hermanos, comencé a sobrevivir en La Habana. El tiempo transcurría con una velocidad increíble. Llegó muy pronto el siguiente año, y se celebró en Cuba, el Congreso Cultural de La Habana.

Esta otra actividad internacional, hizo que se conocieran, de cierto, muchas cosas y también gran cantidad de personas. Fue, entonces, que Reinado Arenas y yo iniciamos la amistad –no recuerdo a través de quien–, que nunca se malogró, durante nuestra mutua existencia.

Una noche, cerca de lo que se conoce en el barrio del Vedado como "El Pabellón Cuba", sostuvimos una larga y buena conversación, en la que Arenas hizo acotaciones bien agudas e inteligentes. A mí me pareció, en aquellos momentos, que debía leer su novela, además, ya me había enterado que él, era muy bien considerado por Cintio Vitier, Fina García Marruz, Eliseo Diego y otras importantes personalidades de las letras.

En realidad, sólo me leí parte de *Celestino antes del alba*, pues un envidioso de Arenas (que se las daba de antihomosexual, incluso), era quien poseía el ejemplar del libro y me mostró –únicamente–, las partes en que Reinaldo repite frases, como un recurso literario o modo de decir. De esa manera, a pesar de todo, la conocí fragmentariamente, con el estúpido prejuicio, por otro lado, de un joven –como yo– aspirante a escritor, cuyos ejemplos a seguir eran: Ernert Hemingway, Marcel Prout, Franz Kafka, Pío Baroja o Víctor Hugo. ¡Qué tonto!

De todos modos nuestras relaciones de buena amistad, como escritores y también, esencialmente, jóvenes en contra de cualquier dictadura o tiranía, continuaron perfectamente armonizadas; a pesar de que el aumento de la represión del castrismo, en toda la isla aumentaba por minutos. Por ejemplo, fue en ese año, que supe con detalles, lo que eran los campos de la UMAP, iniciales que, descaradamente, querían decir Unidades Militares de Ayuda a la Producción, pero que en realidad eran, las versiones castristas de los campos de concentración nazis o del brutal stalinismo en la Rusia comunista. Estos campos tenían sus centros principales enclavados en la provincia de Camagüey, de donde yo soy originario, y en viejas cárceles a lo largo de toda la nación.

En 1968, Año de la Ofensiva Revolucionaria, en el que Heberto Padilla –contradictoriamente, sólo en apariencia– gana el premio de poesía del concurso UNEAC, por su trascendental libro *Fuera del juego*... creo, si no me traiciona la memoria, que Reinaldo Arenas resulta finalista en el Concurso UNEAC, con su extraordinaria novela *El mundo alucinante*. Pero para continuar haciendo más nítidos mis recuerdos debo hacer referencia a ese aumento de la represión policiaca, a la que hice alusión en estos apuntes, anteriormente:

En ese año 1968, La Habana –particularmente– estaba repleta de una juventud inducida por vía directa, a las diferentes tendencias que se proyectaban en las generaciones de Europa, especialmente Londres, por The Beatles, los Estados Unidos, por los Black Panters y los hippies de todas partes. En fin, el furor se identificaba en la manera de vestir, en el cabello largo o afro, y la abierta libertad de las mujeres jóvenes, que usaban sus minifaldas provocativas, que eran una bofetada a la infernal represión establecida por el gobierno comunista, que optó primero, con arrestos amenazadores, donde procedían a pelar al cero a los melenudos y luego, para que se sintiera en la práctica aquella Ofensiva Revolucionaria, decidió una recogida masiva, donde sin pestañear, en camiones montaron a miles de jóvenes, mujeres y hombres, para desaparecerlos en lugares convertidos, por el Ministerio del Interior, en prisiones, ya fueran en Granjas del Pueblo, cercadas y vigiladas por militares armados, o en viejas cárceles a lo largo de toda la nación.

Yo pienso que ningún cubano o cubana, con un ligero interior de honestidad, que haya sido joven durante esa época, pueda no recordar aquella ola de represión multitudinaria que, además, ya se correspondía perfectamente, con el peor estalinismo soviético, al que Fidel Castro le sometió toda la proyección del país, tanto fuera como dentro de la isla.

Volviendo a Reinaldo Arenas, que es, a fin de cuenta, por quien estoy haciendo estas acotaciones.

Al año siguiente, 1969, creo que nombrado como Año de la Organización, los pocos que habíamos sobrevivido a la brutal represión de los comunistas, aunque nos sabíamos vigilados y arrestados por cualquier razón de la policía, asistíamos, desde las siete o las ocho de la noche, a un costado del Hotel Capri, perteneciente en su estructura al propio edificio, en donde habían puesto una especie de terraza enrejada, donde se vendía té, a un precio módico, que ya no recuerdo. Antes de irnos a tomar café a la cafetería de la funeraria Rivero, muchos de los que nos habíamos salvado de *la recogida de los hippies*, nos sentábamos allí para conversar, tomar té o intercambiar alguna que otra idea.

Fue dirigiéndome hacia ese lugar, cuando estaba en la calle 23 entre M y N, que reconocí a Reinaldo, que se apeaba de un ómnibus; casi corriendo se me acercó, traía un rostro de felicidad infinita, empezó con una de sus manos a sacudirme por un hombro, yo no decía nada, pues él me estaba transmitiendo con profunda alegría, que la editorial Diógenes, en México, le había publicado su novela *El mundo alucinante*. Yo no recuerdo nada de lo que le expresé pero, no olvidaré jamás el brillo en los ojos de aquel auténtico artista, que me regalaba una grandeza y una gloria proyectada en la iluminación de aquellas pupilas, que transmitían la plenitud de un espíritu refinado, acariciado por el aliento de Dios.

III

Aquella edición en México tuvo una repercusión muy positiva de modo inmediato, así fue que personas tan grandes y profundas como Octavio Paz, expresaran su admiración y satisfacción ante una pieza de tal envergadura. Sin embargo el resultado de esto (similar al de Heberto Padilla) no fue otra cosa igual a que Reinaldo hubiese firmado su propia culpabilidad por publicar en el extranjero sin autorización del gobierno, o se hubiera auto-proclamado como contrarrevolucionario. Él, que solo contaba 26 años y era, además, un homosexual especialmente activo.

Dejó de recibir los pagos por la Unión de Escritores y Artistas de Cuba y quedó desconectado de su membresía. Es decir, legalmente no era alguien que *trabajaba*.

Dos años después, el gobierno lanzó (luego del fracaso olímpico de la nombrada zafra de los 10 millones de toneladas de azúcar), la ley 1231 contra la vagancia. Reinaldo y yo fuimos víctimas de aquel andamiaje truculento. Claro, cada uno por su lado, y él mucho más reprimido, pues era una figura bien conocida y yo estaba, completamente, inédito. Sin embargo, para la gran alegría de ambos coincidimos en un sitio, cercano a la Escuela Nacional de Arte, donde conducían a los presos a realizar diferentes y duras tareas de trabajo, durante largos horarios.

Fue de ese modo que volvimos a vernos. Era una tarde hermosa, cayendo sobre aquella maravillosa parte de La Habana distinguida, a pesar de los 12 años de *Revolución Proletaria*, por toda su belleza.

De esta manera singular nos vemos nuevamente y otra vez puedo yo ver el brillo en los ojos de Reinaldo Arenas, sólo que en esta ocasión no era la gloria lo que destilaban aquellas pupilas, era solamente la alegría por ver a un buen colega y amigo, que al igual que él, estaba siendo víctima de la barbarie gubernamental, únicamente por ser un escritor de libre pensamiento.

Aunque no estaba la gloria en esta iluminación de sus ojos, toda la gloria que yo había percibido hacía sólo dos años, aquella noche cerca del hotel Capri, sí pude apreciar todo el cariño que se desprendía de esta otra luz de sus ojos, así como la transmisión de que nuestras almas de artistas libres, permanecían encadenadas por una trampa intolerable e inquisitorial a la que denominaban *Revolución Comunista del Proletariado*, es decir, una de las expresiones socio-económicas y culturales más tenebrosas y peores del hemisferio occidental, en la segunda mitad del siglo XX.

Luego los años siguieron pasando y Reinaldo Arenas y yo no volvimos a vernos. Yo salí de la prisión y gracias a ciertas amistades y a algún familiar, pude colocarme, primero como periodista y rápidamente –pues ideológicamente yo no era la persona adecuada– como asesor de literatura, aunque esto tampoco duró mucho, pues en 1977 la Seguridad del Estado comenzó un entarimado, dirigido a erradicar a los intelectuales y artistas (incluía cualquier versión de personas que empleasen su mente) y someterlos durante varios días a interrogatorios, amenazas y humillaciones. Fue a partir de ese año, luego de que sufriera varios arrestos, que comencé a maquinar de qué modo irme de Cuba.

Para ese entonces Reinaldo Arenas permanecía preso o *fugado*, yo –sin entrar en detalles– caí preso en 1978, y fui condenado a 15 años de prisión, pero sólo estuve tras las rejas 23 meses, pues se inició a finales de ese mismo año, el *plan de indultos*. De ese modo salí de Cuba, en enero de 1980, y para mi alegría, ese mismo año o al siguiente, era invitado para que junto a Reinaldo, que se había escapado de Cuba durante el éxodo del Mariel, procediéramos a ofrecer puntos de vistas, experiencias, en fin, charlas con las personas en alguna universidad o en otros lugares públicos aquí en el sur de la Florida. Pero pronto Reinaldo se fue a vivir a Nueva York. De todos modos, a veces él venía a Miami, y siempre nos veíamos y conversábamos. Además, yo me leía todos sus libros, antes de sus memorias, recuerdo haber disfrutado de *El asalto*. En fin...

Por último, aparece una muy valiosa carta de despedida, dirigida a sus amigos cuando ya, incapaz de seguir soportando los intolerables espasmos, que provoca el virus del Sida (ya concluida su autobiografía extraordinaria) decide, voluntariamente, terminar con su existencia; lo que lleva a cabo en 1990.

De todos modos, a pesar del dolor inmediato, que aquello provocó en todos los que te quisimos bien, muchas gracias, Reinaldo, por esta última joya, que nos dejaste como regalo, así como por toda tu obra y tu existencia misma.

Donde quiera que more hoy, tu espíritu, allí estará con él, siempre él. De tu colega y hermano, Esteban Luis Cárdenas.

MEMORIA DE ARENAS

Antonio Conte

La casa de la tía donde vivía el escritor Reinaldo Arenas se encontraba a dos cuadras del círculo social obrero Patricio Lumumba, antiguo Miramar Yacht Club, donde alguna vez la flor y nata de la burguesía cubana atracó sus yates, se soleaba, disfrutaba de la mejor bolera del país y se emborrachaba fervorosamente en los partys y las cumbiambas sabatinas. Reinaldo vivía en la 3ra. Avenida y la calle 92, a dos o tres cuadras del círculo social. Mi casa se encontraba justamente en la esquina de la calle 84 con 5ta. A. Casi a diario recogía al escritor en la puerta de "su casa". Habitaba un pequeño palomar con balcón que daba a la avenida. Me detenía en la puerta de la casa y silbaba un fragmento de *Ay Aurora me has echado al abandono*. Reinaldo salía en dos o tres minutos dispuesto a darse un chapuzón mañanero. Nos íbamos juntos, despreocupados, en shorts y chancletas plásticas conversando de poesía, política y literatura, memorias de su infancia campesina, memorias de mi infancia en el mar. Nunca dejó, durante el viaje de su casa al club de inventarse algún chiste vitriólico cuyo protagonista era siempre el comandante.

−¿Tú eres bobo, niño −me dijo una mañana− o qué te pasa? El problema de este hombre es que no es cubano. ¿No ves cómo se viste con el hijoeputa calor que hace en este país? Es una aleación muy extraña de gallego con Lenin en Octubre y el Caballero de París. ¡Pa su madre!

Nos reímos, a discreción, mientras nos acercábamos a la playa.

−El día que te muerdas la lengua viperina que tienes te vas a envenenar.

Volvió a reír, entonando ahora su risa casi inteligente como si fuera un aria de opereta, si es que las operetas cuentan con ese adminículo.

−Eso no es posible porque tengo los dientes postizos y no puedo morder bien la poca carne que me como cuando ella quiere (se refería al comandante), así que no me jodas, niño, que la lengua no me la voy a morder, no porque vaya a envenenarme, sino porque me voy a joder los dientes, y ya no tengo derecho a otra cajetilla.

No supe si mentía o no sobre sus dientes, porque Reinaldo, a pesar de sus leyendas, de sus realidades, siempre me pareció un hombre ingenuo, con mirada a veces de loco. Y otras, de niño que no sabe dónde meterse cuando se suelta del brazo de la madre.

Nadábamos juntos hasta el mar de la calle noventa y regresábamos a la orilla donde Reinaldo se tumbaba sobre la arena y dedicaba un buen rato a recrearse en la musculatura de los muchachones que empezaban a exhibirse haciendo calistenia o nadando treinta piscinas ante los ojos del escritor, que era también un excelente nadador. Pero nunca lo vi levantarse a ningún efebo, ni negro, ni blanco ni mulato junto al mar, a pesar de las truculencias amorosas que Arenas describe en algunos de sus libros.

Un día no lo vi más, aunque no dejaba de silbar *Ay Aurora me has echado al abandono*, cuando pasaba por la casa de la tía del escritor, camino al Patricio. Ni me atreví nunca a tocar a la puerta de la casa para indagar su paradero.

Luego supe que andaba escondido en las alcantarillas y en los parques de la ciudad, huyendo del tiempo, de la nada, de la policía política que lo buscaba no se sabe por cuál invento ideológico: acoso sexual (al mismo tiempo) de dos niños de seis pies de estatura y dieciocho años. O por haber publicado *El mundo alucinante* en el extranjero.

Nunca, durante el tiempo que compartimos en aquel círculo social obrero lo imaginé muerto, apremiado por esa porquería de enfermedad que lo convirtió en un guiñapo en menos de seis meses.

Reinaldo Arenas
NECESIDAD DE LIBERTAD
grito luego existo

EDICIONES UNIVERSAL

AUTORES

José Abreu Felippe,

La Habana, 1947. Poeta, novelista y dramaturgo. En su bibliografía se encuentran: *Orestes de noche* (Madrid, 1985), *Amar así* (Miami, 1988), *Cantos y elegías* (Madrid, 1992), *Siempre la lluvia* (Miami, 1994), *Teatro, cinco piezas* (Madrid, 1998) y *El tiempo afuera* (Madrid, 2001), Premio Gastón Baquero de Poesía. Exiliado desde 1983. Reside en Miami, donde reseña libros para "El Nuevo Herald".

Nicolás Abreu Felippe,

La Habana, 1954. Llegó a Estados Unidos en 1980, después de haber estado refugiado en la Embajada de Perú en la capital cubana. Como escritor forma parte de la llamada "Generación del Mariel". Ha publicado *Al borde de la cerca* (testimonio), las novelas *El lago* y *Miami en brumas*, así como *Habanera fue*, libro del cual es coautor junto a sus hermanos José y Juan. Tiene inédita *En Blanco y Trocadero*, novela y actualmente trabaja en *La Rivera*, otra novela.

Armando Álvarez Bravo.

La Habana, 1938. Poeta, crítico, ensayista y narrador. Miembro de número de la Academia Cubana de la Lengua; correspondiente de la Real Academia Española y la Academia Norteamericana de la Lengua Española. Crítico literario y de arte de "El Nuevo Herald". Fundador y miembro de la directiva del PEN de Escritores Cubanos en el Exilio. Ha publicado *El azoro*, *Para domar un animal* (Primer Premio Internacional de Poesía "José Luis Gallego/1981", *Juicio de residencia*, *Órbita de Lezama Lima*, *Al curioso lector* y *El día más memorable*.

Nedda G. de Anhalt

Cuentista, ensayista, crítica literaria y cinematográfica, Nació en Cuba y reside en México. Ha publicado entre otros títulos de cuentos *El correo del azar y El banquete*, *Cuentos inauditos* y *A buena hora mangos verdes*. Además de dos valiosos libros de entrevistas, *Rojo y naranja sobre rojo*, y *Dile que pienso en ella*.

Reinaldo Arenas,

Holguín, 1943 - New York, 1990. Uno de los autores más intensos de la literatura cubana contemporánea. Perseguido y acosado en Cuba se exilió en 1980 en los Estados Unidos. Su obra fundamental la componen las novelas: *Celestino antes del alba*, *El palacio de las blanquísimas mofetas*, *Otra vez el mar*, *El color del verano*, y *El asalto*, libros que conforman lo que él denominó "su pentagonía".

Lourdes Arencibia

Cienfuegos, Cuba. Investigadora, poeta, ensayista e intérprete de conferencias. Fundadora de la Facultad de Lenguas Extranjeras de la Universidad de la Habana Ha recibido cuatro premios literarios de ensayo. Especialista en la obra de Reinaldo Arenas, es autora de un libro titulado *Arenas entre Eros y Tánatos* y de los artículos *En busca de un tiempo de fábulas*, *Cuando lleguen los grandes aguaceros*, y *Vida, pasión y muerte en las arenas*. Su poemario *Con los ajos al cuello* ha sido traducido al inglés.

Armando de Armas

Santa Clara, Cuba, 1958. Licenciado en Filología. Narrador. Ha publicado *Mala jugada* (Miami,1996), libro de relatos. Algunos de sus cuentos han sido traducidos al alemán y el francés. Tiene inédita entre otras novelas, *La tabla y Capitán Caín*. Es colaborador de "Diario Las

Américas". Trabajos suyos han sido publicado en la revista "Letre Internacional", en Berlín.

Rafael Bordao

La Habana Vieja, Cuba, 1951. Poeta y escritor. En 1968 fue preso en la famosa recogida de los hippies en el Vedado. Salió de Cuba en 1980. Hizo su doctorado en Columbia University. Ha publicado ocho libros de poesía y uno de ensayo: *La revolucion de Castro: UN ABORTO PERFUMADO*. Su tesis doctoral *La sátira, la ironía y el carnaval literario en Leprosorio (Trilogía poetica) de Reinaldo Arenas*, será publicada próximamente por una editorial norteamericana. Es miembro del Pen Club para exiliados cubanos.

Madeline Cámara

La Habana, 1957. Recibió su doctorado en Hispanic Languages and Literature en SUNY at Stony Brook, NY. Actualmente enseña en San Diego State University, en California. Se dedica al ensayo y la crítica literaria. Su más reciente libro se titula *Vocación de Casandra* (Peter Lang, 2000) . Colabora con una columna literaria en el periodico "El Nuevo Herald".

Esteban Luis Cárdenas.

Ciego de Ávila, Camagüey, Cuba, 1945. Poeta y ex preso político. Sale al exilio en 1980 y desde entonces reside en Miami. Ha publicado los libros de poesía *Cantos del centinela,* (La Torre de Papel) y *Ciudad mágica* (Editions Deleatur), así como el libro de relatos *Un café exquisito* (Ediciones Universal).

Anezka Charvátová.

Praga, 1965. Escritora, traductora e hispanista checa. Cursó estudios de filología romance en la Facultad de Letras de la Universidad Carolina de Praga y después trabajó en el Instituto de la Literatura Mundial de la Academia de Ciencias. Se dedica a la traducción (entre otras cosas tradujo al checo la autobiografia de Reinaldo Arenas *Antes que anochezca*), a la docencia (da un curso sobre la literatura española en la Universidad Carolina) y ahora trabaja como editora en Mladá Fronta.

Antonio Conte

La Habana, 1944. Poeta, periodista, narrador. Obra publicada: *Afiche Rojo*, poesía; *Con la prisa del fuego*, poesía; *En el tronco de un árbol*, poesía; *Ausencias y peldaños*, poesía; *Agua del recuerdo*, cuento; *Y vendrá la mañana*, cuento; *La fuente se rompió*, novela.

Joaquín Gálvez

La Habana, 1965. Reside en Estados Unidos desde 1989, donde ha cursado estudios de Humanidades y Periodismo. Ha publicado el poemario *Alguien canta en la resaca* (Término Editorial, Ohio, 2000, la misma casa que editó la antología *Reunión de ausentes*, donde se recogen poemas suyos). Sus textos han aparecido también en revistas literarias como Linden Lane Magazine, Latino Stuff Review, 100 Años (boletín de la asociación del centenario de la república de Cuba) y en la revista electrónica *Nexos*.

Julio Hernández Miyares

Santiago de Cuba, 1931. Se graduó de Doctor en Derecho en la Universidad de la Habana. Desde 1961 está radicado en Nueva York donde es profesor de Kingsborough College del City University of New York. Entre sus libros publicados podemos citar los siguientes: *Doce cartas desconocidas de Julián del Casal* (1972), *Antillana rotunda* (1974), *Narradores cubanos de hoy* (1974), *Julián del Casal: Estudios críticos sobre su obra* (1975) y *Reinaldo Arenas: Alucinaciones, Fantasías y Realidad* (1990).

Maya Islas,

Cabaiguán, Las Villas, Cuba, 1947. Publicaciones: *Sola, desnuda... sin nombre* (1974); *Sombras-Papel* (1978); *Altazora* (1989); *Merla* (1991); *Lifting the Tempest at Breakfast* (digital, 2001). Finalista Premio Letras de Oro, 1986-87; 1990;91. Beca Cintas 1991. Latino Literature Prize 1993. Trabaja en el New School University, New York y reside en New Jersey.

Rodolfo Matínez Sotomayor

La Habana, 1966. Se graduó en el Instituto Superior de Economía del Cotorro. En 1989 se establece en Miami donde cursó estudios de periodismo en el Koubek Center de la Universidad de Miami. Ha publicado *Contrastes* (La Torre de Papel, 1996), libro de relatos. Trabajos suyos han aparecido en distintas revistas y periódicos.

William Navarrete

Cuba, 1968. El poema aquí presentado forma parte de su libro *Edad de miedo al frío*. Su autor es crítico de arte, narrador y ensayista. Ha publicado *La chanson cubaine (1902-1959)* (Ed. L'Harmattan, Paris, 2000) y ha dirigido la colección de música cubana de SonyDisc. Es fundador de la Asociación del Centenario de la República de Cuba (Francia, 1999). Vive en París desde 1991.

Luis de la Paz,

La Habana,1956. Narrador. Exiliado desde 1980. Formó parte del consejo de redacción de la "Revista Mariel". Ha publicado *Un verano incesante* (1996), *El otro lado* (1999). Trabajos suyos aparecen con regularidad en "Diario Las Américas". Fue coeditor de la revista electrónica *Nexos* (números 2-11), y en la actualidad es director de *El ateje* (www.elateje.com), publicación también de carácter electrónico.

Héctor Santiago

La Habana. Comenzó su carrera como teatrista, dramaturgo y crítico. Fue expulsado de la Universidad de La Habana por motivos políticos, internado en los campos de concentración de la UMAP y sufrió prisión varias veces. Toda su obra fue incautada por la Seguridad del Estado. Vive en el exilio desde 1979 donde reescribió y recomenzó su obra. Ha recibido varios premios, publicado poesía, cuentos, ensayos, artículos, obras de teatro.

Pío E. Serrano,

San Luis, Oriente, Cuba, 1941. Poeta y ensayista. Fue profesor del Departamento de Filosofía de la Universidad de La Habana. Participó en el proyecto cultural "El Puente" de los 60. Exiliado en Madrid desde 1974. Entre sus libros sobresalen, *A propia sombra* (1978), *Cuadernos de viaje* (1981). Dirige la Editorial Verbum, fundada en 1990. Cofundador y codirector de la revista "Encuentro de la cultura cubana" hasta su número 3.

Carlos Victoria,

Camagüey, Cuba 1950. Exiliado en los EE UU desde 1980. Uno de los autores principales de la conocida "Generación del Mariel". Fue miembro del consejo editorial de la "Revista Mariel". Ganador del Premio Letras de Oro, 1993, con la novela *Puente en la oscuridad*. Además ha publicado *La Travesía Secreta* (novela), *Las sombras en la Playa* (relatos), así como *El resbaloso y otros cuentos* y *La ruta del mago* (novela). La versión francesa de este último libro, apareció en 1999.

FOTOS

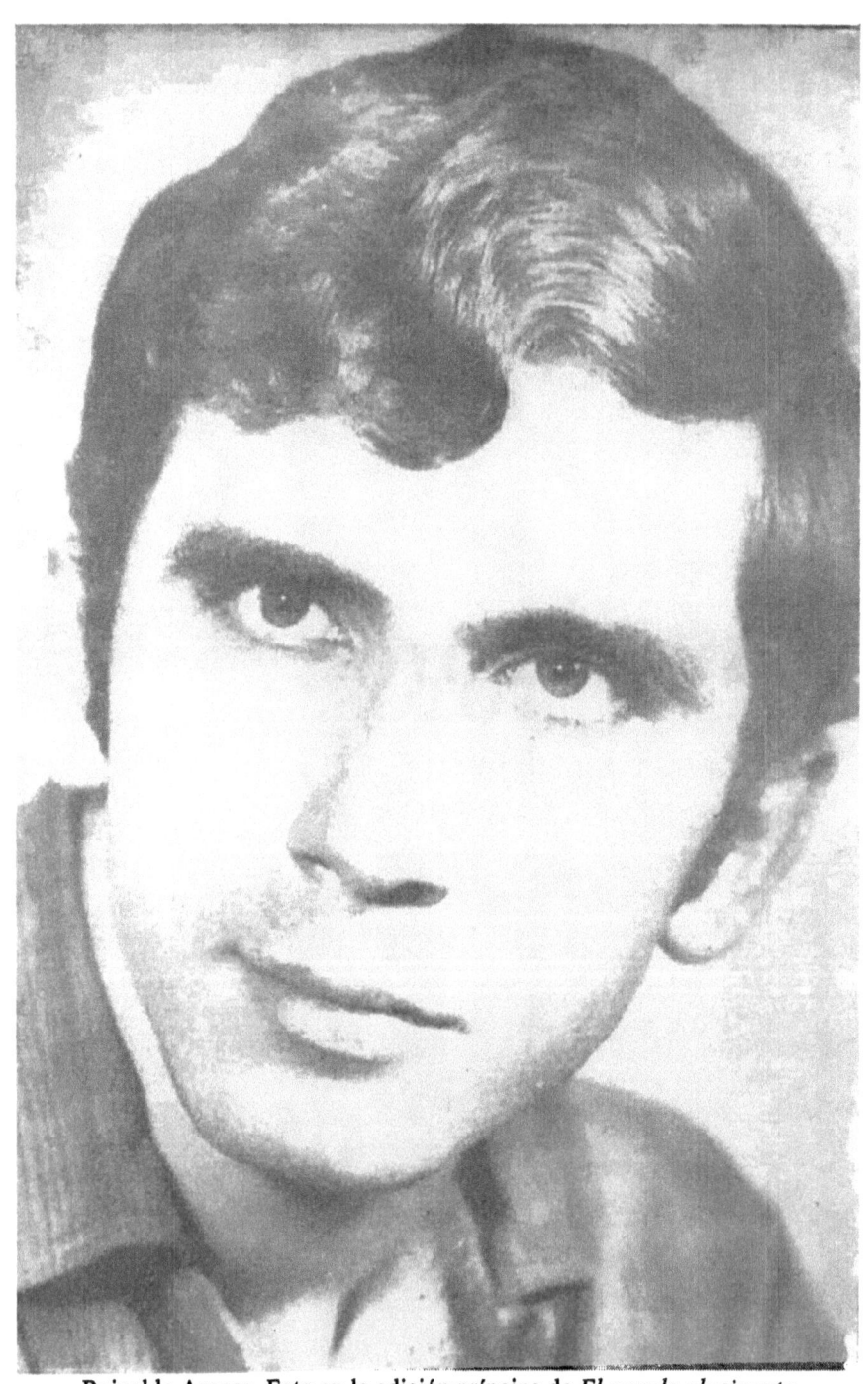

Reinaldo Arenas. Foto en la edición príncipe de *El mundo alucinante*

Nicolás Abreu Felippe con su hija Lisa, José Abreu Felippe, Carlos Victoria, Reinaldo Arenas y Luis de la Paz, durante una Feria del Libro en Miami, 1985. Foto © Exys Abreu.

Juan Abreu, Lázaro Gómez Carriles, Reinaldo Arenas, Luis de la Paz, Bernardo Morejón, Marcos Martínez y Exys Abreu, en 1980.
Foto © Nicolás Abreu Felippe.

Reinaldo Arenas y José Abreu Felippe en Miami Beach, noviembre de 1985.
Foto © Luis de la Paz.

Reinaldo Arenas y Luis de la Paz, navidades de 1980 en Miami.
Foto © Nicolás Abreu Felippe.

Reinaldo Arenas y Nicolás Abreu Felippe, en 1980. Foto © Exys Abreu.

Reinaldo Arenas en la Plaza Mayor de Madrid. Foto © José Abreu Felippe.

Reinaldo Arenas y Roberto Valero.

Reinaldo Arenas en El Escorial, España, en 1983. Foto © José Abreu Felippe.

Algunas obras publicadas de REINALDO ARENAS:

Novelas:
La pentagonía:
>   *Celestino antes del Alba*
>   *El palacio de las blanquísimas mofetas*
>   *Otra vez el mar*
>   *El color del verano*
>   *El asalto*

Otras novelas:
>   *El mundo alucinante*
>   *Arturo, la estrella más brillante*
>   *Viaje a La Habana*
>   *El portero*
>   *La loma del Ángel*

Teatro:
Persecución (Cinco piezas de teatro experimental)

Relatos:
Termina el desfile
La vieja Rosa
Adiós a mamá

Poesías:
El central
Voluntad de vivir manifestándose
Leprosorio (Trilogía poética)

Ensayos:
Necesidad de libertad
Plebiscito a Fidel Castro (en colaboración con Jorge Camacho)

Antes que anochezca (autobiografía)

Reinaldo Arenas
La Loma del Angel

Ediciones Universal

VIAJE A LA HABANA
REINALDO ARENAS

Reinaldo Arenas
Adiós a Mamá

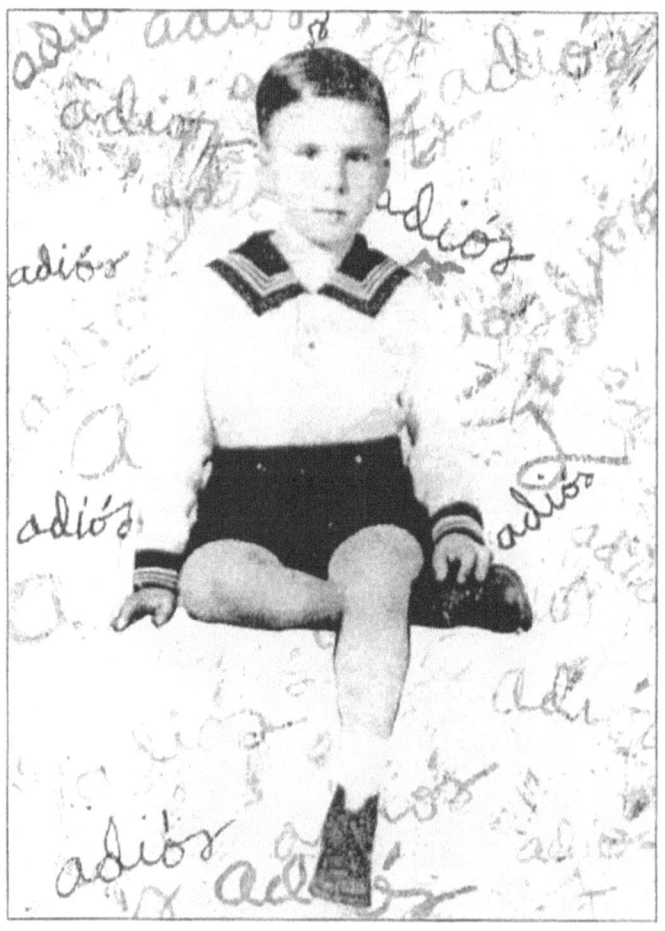

Ediciones Universal

Persecución
(Cinco piezas de teatro experimental)

REINALDO ARENAS

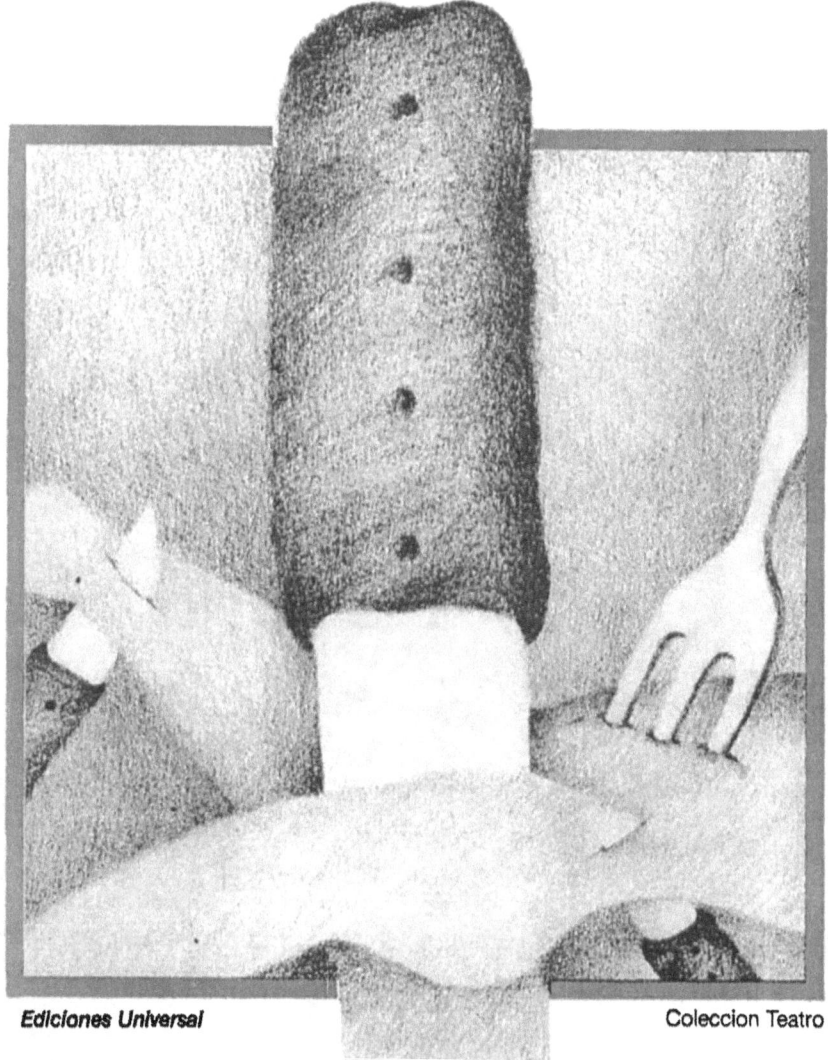

Ediciones Universal   Coleccion Teatro

Reinaldo Arenas
ARTURO,
LA ESTRELLA MÁS BRILLANTE

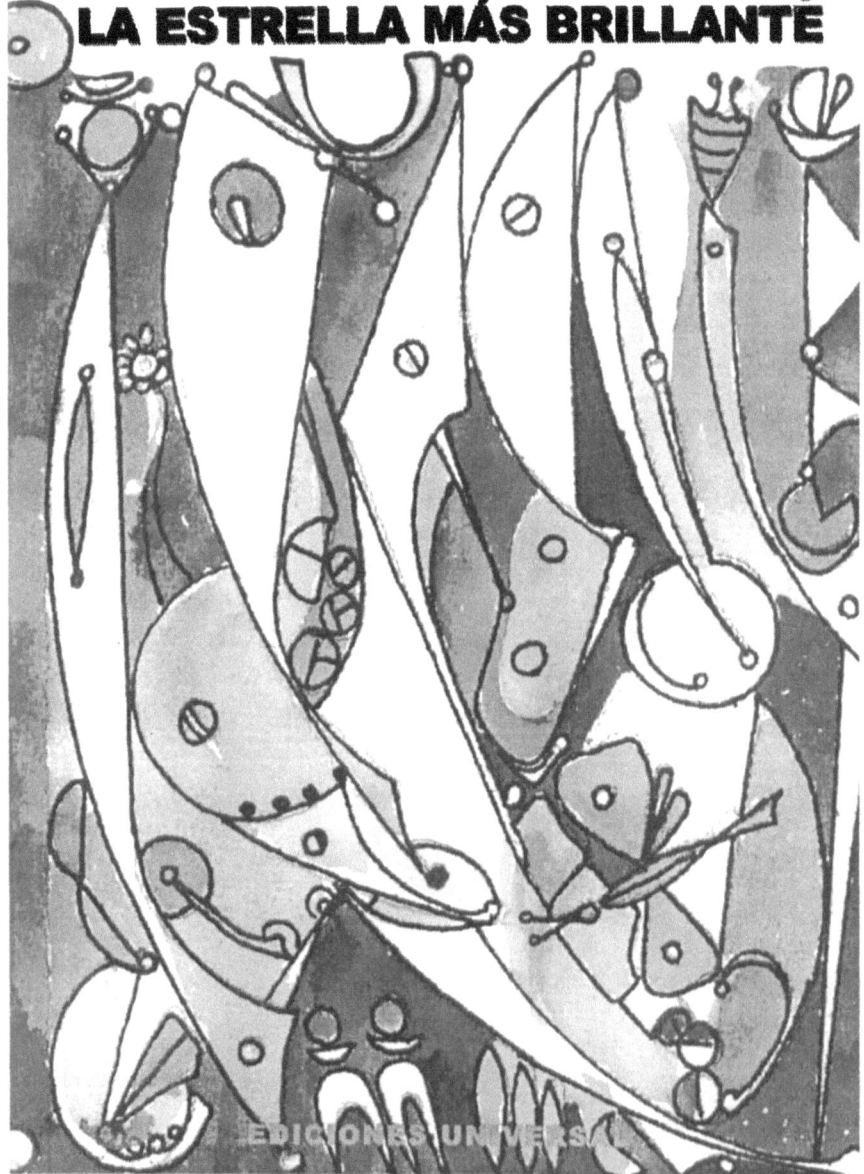

EDICIONES UNIVERSAL

OTROS LIBROS PUBLICADOS EN LA COLECCIÓN POLYMITA:
(crítica y ensayo)

CARLOS FUENTES Y LA DUALIDAD INTEGRAL MEXICANA, Alberto N. Pamies y Dean Berry
CUBA EN EL DESTIERRO DE JUAN J. REMOS, Josefina Inclán
JORGE MAÑACH Y SU GENERACIÓN EN LAS LETRAS CUBANAS, Andrés Valdespino
REALIDAD Y SUPRARREALIDAD EN LOS CUENTOS FANTÁSTICOS DE JORGE LUIS BORGES, Alberto C. Pérez
LA NUEVA NOVELA HISPANOAMERICANA Y TRES TRISTES TIGRES, José Sánchez-Boudy
EL INFORME SOBRE CIEGOS EN LA NOVELA DE ERNESTO SÁBATO «SOBRE HÉROES Y TUMBAS», Silvia Martínez Dacosta
CHARLAS LITERARIAS, Roberto Herrera
PABLO NERUDA Y EL MEMORIAL DE ISLA NEGRA, Luis F. González Cruz
PERSONA, VIDA Y MÁSCARA EN EL TEATRO CUBANO, Matías Montes Huidobro
LUIS G. URBINA: SUS VERSOS (ENSAYO DE CRÍTICA), Gerardo Sáenz
ESTUDIO CRITICO HISTÓRICO DE LAS NOVELAS DE MANUEL GÁLVEZ, Joseph E. Puente
TEATRO EN VERSO DEL SIGLO XX. Manuel Laurentino Suárez
PANORAMA DEL CUENTO CUBANO, Berardo Valdés
AYAPÁ Y OTRAS OTÁN IYEBIYÉ DE LYDIA CABRERA, Josefina Inclán
LA NOVELA Y EL CUENTO PSICOLÓGICO DE MIGUEL DE CARRIÓN, Mirza L. González
IDEAS ESTÉTICAS Y POESÍA DE FERNANDO DE HERRERA, Violeta Montori de Gutiérrez
DOS ENSAYOS LITERARIOS, Silvia Martínez Dacosta
LA POESÍA DE AGUSTÍN ACOSTA, Aldo R. Forés
LA OBRA POÉTICA DE EMILIO BALLAGAS, Rogelio de la Torre
JOSÉ LEZAMA LIMA Y LA CRÍTICA ANAGÓGICA, Luis F. Fernández Sosa
PANORAMA DE LA NOVELA CUBANA DE LA REVOLUCIÓN, Ernesto Méndez Soto
BIBLIOGRAFÍA SOBRE EL PUNDONOR: TEATRO DEL SIGLO DE ORO, José A. Madrigal
REALISMO MÁGICO Y LO REAL MARAVILLOSO EN «EL REINO DE ESTE MUNDO» Y «EL SIGLO DE LAS LUCES» DE ALEJO CARPENTIER, Juan Barroso VIII
ARTE Y SOCIEDAD EN LAS NOVELAS DE CARLOS LOVEIRA, Sarah Márquez

NUESTRO GUSTAVO ADOLFO BÉCQUER (1870-1970), Grupo Coaybay
LA FLORIDA EN JUAN RAMÓN JIMÉNEZ, Ana Rosa Núñez
BAUDELAIRE (PSICOANÁLISIS E IMPOTENCIA), José Sánchez-Boudy
LA SERENIDAD EN LAS OBRAS DE EUGENIO FLORIT, Orlando E. Saa
TEATRO LÍRICO POPULAR DE CUBA, Edwin T. Tolón
EL MARQUES DE MANTUA, Hortensia Ruiz del Vizo
GUILLERMO CARRERA INFANTE Y TRES TRISTES TIGRES, Reynaldo L. Jiménez
LA POESÍA NEGRA DE JOSÉ SÁNCHEZ-BOUDY, René León
NOVELÍSTICA CUBANA DE LOS AÑOS 60, Gladys Zaldívar
ENRIQUE PIÑEYRO: SU VIDA Y SU OBRA, Gilberto Cancela
CUBA, EL LAUREL Y LA PALMA, Alberto Baeza Flores
LAS ANSIAS DE INFINITO EN LA AVELLANEDA, Florinda Álzaga
EL DESARRAIGO EN LAS NOVELAS DE ÁNGEL MARÍA DE LERA, Ellen Lismore Leeder
JORGE MAÑACH, MAESTRO DEL ENSAYO, Amalia de la Torre
LA ÉTICA JUDÍA Y LA CELESTINA COMO ALEGORÍA, Orlando Martínez Miller
DON JUAN EN EL TEATRO ESPAÑOL DEL SIGLO XX, María C. Dominicis
QUEVEDO, HOMBRE Y ESCRITOR EN CONFLICTO CON SU ÉPOCA, Ela Gómez-Quintero
JUEGOS DE VIDA Y MUERTE: EL SUICIDIO EN LA NOVELA GALDOSIANA, Serafín Alemán
HOMBRES DE MAÍZ: UNIDAD Y SENTIDO A TRAVÉS DE SUS SÍMBOLOS MITOLÓGICOS, Emilio F. García
HEREDIA Y LA LIBERTAD, Julio Garcerán
POESÍA EN JOSÉ MARTÍ, JUAN RAMÓN JIMÉNEZ, ALFONSO REYES, FEDERICO GARCÍA LORCA Y PABLO NERUDA, Eugenio Florit
JUSTO SIERRA Y EL MAR, Ellen Lismore Leeder
JOSÉ LEZAMA LIMA; TEXTOS CRÍTICOS, Justo C. Ulloa, editor
JULIÁN DEL CASAL: ESTUDIO COMPARATIVO DE PROSA Y POESÍA, Luis F. Clay Méndez
LA PÍCARA Y LA DAMA, Mireya Pérez-Erdelyi
LA EVOLUCIÓN LITERARIA DE JUAN GOYTISOLO, Héctor R. Romero
HOMENAJE A GERTRUDIS GÓMEZ DE AVELLANEDA, Rosa M. Cabrera y Gladys Zaldívar
JOSÉ REVUELTAS: EL SOLITARIO SOLIDARIO, Marilyn R. Frankenthaler
NOVELÍSTICA CUBANA DE LA REVOLUCIÓN (1959-1975), Antonio A. Fernández Vázquez
LA OBRA NARRATIVA DE CARLOS MONTENEGRO, Enrique J. Pujals
FEMENISMO ANTE EL FRANQUISMO, Linda G. Levine & Gloria F. Waldman
LO CHINO EN EL HABLA CUBANA, Beatriz Varela,
HISTORIA DE LA LITERATURA CATALANA, Juan V. Solanas

ANÁLISIS E INTERPRETACIÓN DE DON JUAN DE CASTRO DE LOPE DE VEGA, Antonio González
LEZAMA LIMA: PEREGRINO INMÓVIL, Álvaro de Villa y José Sánchez-Boudy
NUEVAS TENDENCIAS EN EL TEATRO ESPAÑOL (NATELLA-NIEVA Y RUIBAL)., Anje C. Van der Naald
EL MUNDO DE MACONDO EN LA OBRA DE GABRIEL GARCÍA MÁRQUEZ, Olga Carrera González
LA PROBLEMÁTICA PSICO-SOCIAL Y SU CORRELACIÓN LINGÜÍSTICA EN LAS NOVELAS DE JORGE ICAZA,, Anthony J. Vetrano
LA TEMÁTICA NARRATIVA DE SEVERO SARDUY, José Sánchez-Boudy
THE STRUCTURE OF THE ROMAN DE THEBES, Mary Paschal
JULIÁN DEL CASAL, ESTUDIOS CRÍTICOS SOBRE SU OBRA, Varios autores
ÍNDICE BIBLIOGRÁFICO DE AUTORES CUBANOS (DIÁSPORA 1959-1979). José B. Fernández,
CARMEN CONDE Y EL MAR/CARMEN CONDE AND THE SEA, Josefina Inclán
ORÍGENES DEL COSTUMBRISMO ÉTICO SOCIAL. ADDISON Y STEELE: ANTECEDENTES DEL ARTÍCULO COSTUMBRISTA ESPAÑOL Y ARGENTINO., Gioconda Marún
JUEGOS SICOLÓGICOS EN LA NARRATIVA DE MARIO VARGAS LLOSA, María L. Rodríguez Lee
LA NARRATIVA DE LUIS MARTÍN SANTOS A LA LUZ DE LA PSICOLOGÍA, Esperanza G. Saludes
NUEVAS PERSPECTIVAS SOBRE LA GENERACIÓN DEL 27, Héctor R. Romero
LA DECADENCIA DE LA FAMILIA ARISTOCRÁTICA Y SU REFLEJO EN LA NOVELA ESPAÑOLA MODERNA,, Heriberto del Porto
EL BOSQUE INDOMADO...DONDE CHILLA EL OBSCENO PÁJARO DE LA NOCHE, Josefina A. Pujals
EL INDIO PAMPERO EN LA LITERATURA GAUCHESCA, Conrado Almiñaque
LA CRÍTICA LITERARIA EN LA OBRA DE GABRIELA MISTRAL, Onilda A. Jiménez
LA NARRATIVA DE JOSÉ SÁNCHEZ-BOUDY (TRAGEDIA Y FOLKLORE) Laurentino Suárez
HISTORIA, ÍNDICE Y PRÓLOGO DE LA REVISTA «LA PALABRA Y EL HOMBRE» (1957-1970)., Samuel Arguéz
JORGE LUIS BORGES Y LA FICCIÓN: EL CONOCIMIENTO COMO INVENCIÓN, Carmen del Río
SOCIEDAD Y TIPOS EN LAS NOVELAS DE RAMÓN MEZA Y SUÁREZ INCLÁN., Manuel A. González
ENSAYO SOBRE EL SITIO DE NADIE DE HILDA PERERA, Florinda Álzaga

ESTUDIO ETIMOLÓGICO Y SEMÁNTICO DEL VOCABULARIO CONTENIDO EN LOS LUCIDARIOS ESPAÑOLES, Gabriel de los Reyes
ANÁLISIS ARQUETÍPICO, MÍTICO Y SIMBOLÓGICO DE PEDRO PÁRAMO, Nicolás E. Alvarez
EL SALVAJE Y LA MITOLOGÍA: EL ARTE Y LA RELIGIÓN, José A. Madrigal
POESÍA Y POETAS (ENSAYOS TÉCNICOS-LITERARIOS), Luis Mario
PLÁCIDO, POETA SOCIAL Y POLÍTICO, Jorge Castellanos
EDUARDO MALLEA ANTE LA CRITICA, Myron I. Lichtblay, editor
LA ESTRUCTURA MÍTICA DEL POPUL VUH, Alfonso Rodríguez
TIERRA, MAR Y CIELO EN LA POESÍA DE EUGENIO FLORIT, María C. Collins
LA OBRA POÉTICA DE EUGENIO FLORIT, Mary Vega de Febles
LA EMIGRACIÓN Y EL EXILIO EN LA LITERATURA HISPÁNICA DEL SIGLO VEINTE, Myron I. Lichtblau
VIDA Y CULTURA SEFARDITA EN LOS POEMAS DE «LA VARA», Berta Savariego & José Sánchez-Boudy
HISTORIA DE LA LITERATURA CUBANA EN EL EXILIO, VOL. I, José Sánchez-Boudy
EL PLEYTO Y QUERELLA DE LOS GUAJALOTES: UN ESTUDIO, Gerardo Sáenz
EL OBSCENO PÁJARO DE LA NOCHE: EJERCICIO DE CREACIÓN, María del C. Cerezo
VIDA Y MEMORIAS DE CARLOS MONTENEGRO, Enrique J. Pujals
TEORÍA CUENTÍSTICA DEL SIGLO XX, Catharina V. de Vallejo
RAYUELA Y LA CREATIVIDAD ARTÍSTICA, Myron Lichtblau
LA COSMOVISIÓN POÉTICA DE JOSÉ LEZAMA LIMA EN «PARADISO» Y «OPPIANO LICARIO», Alina Camacho-Gingerich
LA INTUICIÓN POÉTICA Y LA METÁFORA CREATIVA EN LAS ESTRUCTURAS ESTÉTICAS DE E. BALLAGAS, L. CERNUDA, V. ALEIXANDRE, Israel Rodríguez,
LA ESCRITORA HISPÁNICA, Nora Erro-Orthmann & Juan Cruz Mendizábal
ES HEREDIA EL PRIMER ESCRITOR ROMÁNTICO EN LENGUA ESPAÑOLA?, Ángel Aparicio Laurencio
TRES VISIONES DEL AMOR EN LA OBRA DE JOSÉ MARTÍ, Louis Pujol
ANACRONISMOS DE LA NUEVA LITERATURA HISPANOAMERICANA, Arthur A. Natella
MODALIDADES DEL CASO Y EL PROCESO JURÍDICO EN EL TEATRO HISPANOAMERICANO, Teresa Rodríguez Bolet
AGUSTÍN ACOSTA (EL MODERNISTA Y SU ISLA), María Capote
LA PREFIGURACIÓN COMO RECURSO ESTILÍSTICO EN «AMALIA», Héctor P. Márquez
EL HOMBRE Y LAS METÁFORAS DE DIOS EN LA LITERATURA HISPANOAMERICANA, Israel Rodríguez

EL COSMOS DE LYDIA CABRERA, Mariela Gutiérrez
HUELLAS DE LA ÉPICA CLÁSICA Y RENACENTISTA EN «LA ARAUCANA» DE ERCILLA, María Vega de Febles
LOS ESPACIOS EN JUAN RULFO, Francisco Antolín
CIENCIA Y ARTE DEL VERSO CASTELLANO, Luis Mario
MENSAJE Y VIGENCIA DE JOSÉ ENRIQUE RODÓ, Orlando Gómez-Gil
SEIS APROXIMACIONES A LA POESÍA DE SERGIO MANEJÍAS, Orlando Gómez-Gil
ELEMENTOS PARA UNA SEMIÓTICA DEL CUENTO HISPANOAMERICANO, Catharina V. de Vallejo
LA SIGNIFICACIÓN DEL GÉNERO: ESTUDIO SEMIÓTICO DE LAS NOVELAS Y ENSAYOS DE ERNESTO SABATO, Nicasio Urbina
LA AFRICANÍA EN EL CUENTO CUBANO Y PUERTORRIQUEÑO, María Carmen Zielina
APROXIMACIONES A LA LITERATURA HISPANOAMERICANA, Manuel Gómez-Reinoso
REINALDO ARENAS: RECUERDO Y PRESENCIA, Reinaldo Sánchez (ed.)
TERESA Y LOS OTROS (Voces narrativas en la novelística de Hilda Perera), Wilma Detjens
LITERATURA DE DOS MUNDOS: ESPAÑA E HISPANOAMÉRICA, Ela R. Gómez-Quintero
LO AFRONEGROIDE EN EL CUENTO PUERTORRIQUEÑO, Rafael Falcón
AL CURIOSO LECTOR, Armando Álvarez Bravo
SEMBLANZA Y CIRCUNSTANCIAS DE MANUEL GONZÁLEZ PRADA, Catherine Rovira
THE YOUTH AND THE BEACH (A Comparative Study of Thomas Mann...and Reinaldo Arenas...), Miachel G. Paulson
LA ALUCINACIÓN Y LOS RECURSOS LITERARIOS EN LA NOVELAS DE REINALDO ARENAS, Félix Lugo Nazario
STRUGGLE FOR BEING: AN INTERPRETATION OF THE POETRY OF ANA MARÍA FAGUNDO, Zelda I. Brooks
MARIANO BRULL Y LA POESÍA PURA EN CUBA, Ricardo Larraga
ACERCAMIENTO A LA LITERATURA AFROCUBANA, Armando González-Pérez
ESCRITO SOBRE SEVERO (Acerca de Severo Sarduy), Francisco Cabanillas
PENSADORES HISPANOAMERICANOS, Instituto Jacques Maritain de Cuba
MAR DE ESPUMA: MARTÍ Y LA LITERATURA INFANTIL, Eduardo Lolo
EL ARTE NARRATIVO DE HILDA PERERA (De *Los cuentos de Apolo* a *La noche de Ina*), Luis A. Jiménez & Ellen Lismore Leeder (Ed.)
INTERTEXTUALIDAD GENERATIVA EN *EL BESO DE LA MUJER ARAÑA* DE MANUEL PUIG, Rubén L. Gómez
LA VISIÓN DE LA MUJER EN LA OBRA DE ELENA GARRO, Marta A. Umanzor

LA AVELLANEDA: INTENSIDAD Y VANGUARDIA, Florinda Álzaga
POÉTICA DE ESCRITORAS HISPANOAMERICANAS AL ALBA DEL PRÓXIMO MILENIO, Lady Rojas-Trempe & Catharina Vallejo (Ed.)
PASIÓN DE LA ESCRITURA: HILDA PERERA, Rosario Hiriart
LA MUJER EN MARTÍ. En su pensamiento, obra y vida, Onilda A. Jiménez
LAS MADRES DE LA PATRIA Y LAS BELLAS MENTIRAS: LA IMAGEN DE LA MUJER EN EL DISCURSO LITERARIO DE LA REPÚBLICA DOMINICANA, 1844-1899, Catharina Vallejo
EMILIA BERNAL: SU VIDA Y SU OBRA, Armando Betancourt de Hita. Edición de Emilio Bernal Labrada
JOSÉ MARÍA ARGUEDAS: MÁS ALLÁ DEL INDIGENISMO, Gladys M. Varona-Lacey
ÍNDICE BIBLIOGRÁFICO DE LA *REVISTA DE LA HABANA* (1930, Gustavo Gutiérrez, Director), Berta G. Montalvo
LITERATURA CUBANA DEL EXILIO, PEN Club de Escritores Cubanos en el Exilio
REINALDO ARENAS, AUNQUE ANOCHEZCA (TEXTOS Y DOCUMENTOS), Edición de Luis de la Paz

www.ingramcontent.com/pod-product-compliance
Lightning Source LLC
Chambersburg PA
CBHW031413290426
44110CB00011B/365